麦积山石窟艺术研究所
日本筑波大学世界遗产专攻　合编

麦积山石窟

环境与保护调查报告书

主　编　花平宁

副主编　魏文斌　八木春生

文物出版社

封面设计：周小玮

责任印制：王少华　张　丽

责任编辑：李　诤

图书在版编目（CIP）数据

麦积山石窟环境与保护调查报告书／麦积山石窟艺
术研究所，日本筑波大学世界遗产专攻编 . —北京：文
物出版社，2011.8

ISBN 978 - 7 - 5010 - 3218 - 1

Ⅰ．①麦…　Ⅱ．①麦…②日…　Ⅲ．①麦积山石窟 -
文物保护 - 调查报告　Ⅳ．①K879.244

中国版本图书馆 CIP 数据核字（2011）第 140517 号

麦积山石窟环境与保护调查报告书

麦 积 山 石 窟 艺 术 研 究 所
　　　　　　　　　　　　　　合编
日 本 筑 波 大 学 世 界 遗 产 专 攻

*

文 物 出 版 社 出 版 发 行

（北京东直门内北小街 2 号楼）

邮政编码：100007

http：//www. wenwu. com

E-mail：web@ wenwu. com

北京宝蕾元科技发展有限责任公司制版

北京京都六环印刷厂印刷

新 华 书 店 经 销

889 × 1194　1/16　印张：12.5

2011 年 8 月第 1 版　2011 年 8 月第 1 次印刷

ISBN 978 - 7 - 5010 - 3218 - 1　定价：190.00 元

序

甘肃省文物局　廖北远

麦积山石窟艺术研究所与日本筑波大学从 2006 年开始，合作开展了环境调查与保护方面的试验研究，取得了一系列的成果，并完成了调查报告书。希望我能为报告书写个序，在此我仅谈点个人的认识。

众所周知，麦积山石窟以其精美的北朝造像和特殊的环境景观在中国古代石窟寺中独树一帜。其北朝造像以泥塑为主，而且发展脉络清晰，代表了中国石窟寺中北朝泥塑造像的最高水平，具有无穷的魅力，形成了天水地区古代佛教艺术强烈的地方特点；而与麦积山石窟寺相依存的特殊景观，与文化遗存共同构成了麦积山这一文化遗产的突出价值。正是因为有这样的价值，麦积山石窟被列入丝绸之路整体申报世界文化遗产的备选点。

对于这样一处特殊的文化遗产包括其所依存环境景观的保护，是麦积山石窟目前面临的重大任务。近些年，当地政府十分重视麦积山保护范围内环境景观的恢复，大面积曾被垦为耕地的坡地退耕还林，一些不符合景观风貌的建筑被改造或拆除，使得麦积山周围的景观更符合历史的原貌。然而，对于环境科学系统的调查和研究工作还未能得到重视，限制了对于环境保护的深层次开展以及由此而开展的麦积山这方面价值的进一步发掘。麦积山石窟艺术研究所多年来做了大量的文物本体的保护与监测工作，许多病害严重的塑像和壁画得到了修复，洞窟内小环境的监测已纳入了常态化。但以前的保护修复工作基本上都停留在长期积累的经验式的手工水平上，科学的分析研究基础上的保护工作显然不够，在此基础上科学的理论性的修复报告也明显存在一些差距，致使许多比较成功的修复工作并不被外界所知。

让我们欣慰的是，以上两方面关系到麦积山石窟保护的重大课题，现在终于得到了重视和加强。麦积山石窟艺术研究所与日本筑波大学世界遗产专业五年来合作开展的环境调查与保护方面的试验研究，正是从亟待加强的问题展开，可以说弥补了麦积山石窟保护的不足。对于自然和人文环境的系统调查以及窟外气候、洞窟内小环境气候的监测有助于石窟保存的内部和外部环境规律的掌握，并应用于石窟文物本体的保护；崖体岩石的强化试验，对于比较松散的麦积山砂砾岩来说，可以有益于洞窟内裸露岩石的强化保护；用科学的配方反复试验泥塑造像修复材料的构成、耐久性等，可以为以后麦积山泥塑造像的修复起到指导作用；利用 X 射线摄影进行洞窟内壁画构造的观察，可以了解麦积山壁

画的制作技法、结构和程序，进而应用于壁画的修复保护；利用先进的设备测试震动对于栈道以及洞窟内文物的影响，可以帮助采取一些积极的措施，减少震动造成的栈道和文物的损坏。以上等等方面的调查与试验，无疑将会对麦积山石窟未来的保护提供科学的依据和指导，这是本次合作调查的最大收获。双方的合作还将继续深入开展，相信麦积山石窟的保护将会步入科学的轨道，并取得可喜的成绩。

2011 年 5 月 12 日

目　录

第一章 共同调查的缘起及经过

一、共同研究的背景及目的

2005 年，日本筑波大学人间综合学科世界遗产专业副教授八木春生来麦积山石窟考察时，提出筑波大学世界遗产专业欲与麦积山石窟艺术研究所合作开展麦积山石窟环境调查的设想。并与麦积山石窟艺术研究所就合作开展调查的具体事宜进行了初步的沟通。

日本筑波大学为日本国立综合性重点大学。该校分多个学群，其中第三学群设有艺术学系，系里设有人间综合科学研究科，下又设有世界遗产专攻。该科是日本大学中唯一的专门从事研究世界文化遗产及其保护的专业，分硕士和博士课程专攻，主要授予学位为世界遗产学。近年来，开设了多个领域的教学与研究，主要有文化领域的理念、世界遗产中心、海外研修、遗产保护理念、遗产的保护与利用及管理、遗产的现状与历史分析、遗产的保存与修复技术等，该专业将研究及学生培养的视野放在全世界的范围内，培养了一大批从事世界文化遗产保护、管理、利用以及研究的专门人材。

麦积山石窟在 21 世纪初即开始了申报世界文化遗产的工作，作为中国古代优秀的佛教石窟类文化遗产，麦积山石窟以其精美的雕塑、丰富的内涵以及人文与自然完美的结合，而享誉世界。在此之前，敦煌莫高窟、大同云冈石窟、洛阳龙门石窟以及重庆大足石刻申遗成功，而曾被誉为四大石窟之一的麦积山石窟步子迈得却迟了一些，使得其申遗的路子显得艰难起来。同类型的世界文化遗产，中国已经有了四处，因而单独申遗，麦积山石窟已经不大可能。2007 年，国家文物局提出联合中亚五国将"丝绸之路"作为文化线路进行整体申遗。中国的河南、陕西、甘肃、宁夏、青海、新疆等六省区的 40 多个与丝绸之路关系密切的遗产点被作为备选点进行申报工作。甘肃省为陆路丝绸之路最为重要的通道，留下了大量宝贵的各类文化遗产，从东到西分布着石窟寺、城址、古墓葬、驿站等反映中西文化交流的众多文化遗产。特别是石窟寺，不但开凿时代早，而且延续时间长，最能反映古代东西方文明的交融和互相影响。位于河西走廊西端的敦煌莫高窟早于 1987 年因其无可争议的重要价值而被列入世界文化遗产名录。而同样重要的麦积山、拉梢寺、炳灵寺、金塔寺、榆林窟等，这次都被列入备选点准备申报。

麦积山石窟位于甘肃省的东部，石窟所在的山区林木茂密，自然环境优美，自古被誉为"秦地林泉之冠"，秦州八景之一的"麦积烟雨"享誉世界。作为一处文化遗产，其所依存的自然环境景观是其重要的不可或缺的组成部分。保护文化遗产，必然要保护其相关的依存的自然景观。自然与人文景观是互相补充互相关联的，二者不可偏废。一处文化遗产都有与其相关联的特殊自然景观，麦积山石窟也是如此。麦积山石窟所在的山体是其存在的根本，而周围的环境景观更是与石窟紧密相连。纵观麦积山石窟的选址、洞窟的营造、造像与壁画的制作、文化遗存的保存与保护都离不开周围的自然环境。因此，在研究麦积山石窟古代文化遗存的时候，其所依附的自然环境也是必须要进行深入研究的课题。周围环境

对麦积山石窟的影响，非常深远，并且自始至终伴随着麦积山石窟的发展变化。尤其是现阶段对于麦积山石窟的保护，更要研究其所依附的自然环境对文化遗存影响的规律，从而更深入地理解文物与环境的互相关系，进而达到保护文化遗产与自然景观的目的。

基于此，日本筑波大学世界遗产专攻与麦积山石窟艺术研究所决定联合对麦积山石窟的环境进行调查，涉及到地质构造、岩石结构、植被、水文、光照等，并密切联系洞窟塑像及壁画以及所依附的崖体等，根据一系列调查的结果，制定出麦积山石窟塑像、壁画以及崖体的保护方案。这就是合作调查的目的。

二、共同调查的内容与经过

通过双方的共同协商，确定了调查与研究的范围和内容。

（一）现场调查研究

1. 讨论课题

a. 麦积山石窟价值评估。

b. 麦积山石窟编年研究。

c. 洞窟壁画和塑像的保存与修复。

d. 石窟地质构造和地下水的调查。

e. 植被及景观的保护。

f. 围绕上述课题而展开的修复材料和工艺方法研究。

2. 调查项目

a. 红外线、紫外线等光学方法在洞窟壁画、塑像构造方面的运用。

b. 壁画表面渗出物的调查与分析。

c. 石窟及周边地区地下水的调查。

d. 壁画颜料的调查与分析。

e. 光照条件下壁画褪色机理的研究。

f. 窟区内小环境的气象监测。

g. 石窟岩体、壁画及塑像材料的老化试验。

（二）调查的过程

2005 年 12 月，麦积山石窟艺术研究所花平宁、魏文斌赴日本筑波大学，就双方合作进行协商，并签署了合作协议。协议包括合作目的、方式、内容、人员交流、技术支持等。2006 年开始至 2010 年 3 月，筑波大学参与调查的人员先后十余次来麦积山，共同开展了地质、植被、水文、光照等方面的调查；对壁画颜料进行了采样分析；对塑像材料进行了实验研究；对洞窟环境进行了长期的监测，在一些洞窟内安装自动温湿度计进行科学记录；利用红外照相仪对烟熏壁画以及漫漶题记进行识别。同时，双方对麦积山石窟的价值及石窟的编年也开展了合作研究。2010 年 7 月，双方合作参与人员在麦积山就合作调查的初步成果进行了总结和交流。

（三）人员交流

除了对麦积山石窟的调查外，双方商定麦积山石窟艺术研究所派出人员访问日本筑波大学，并参观学习日本的文化遗产保护。

2005 年 12 月份，花平宁、魏文斌赴日本，除了与筑波大学签订合作协议外，还考察了日本的文化遗产保护。2006 年 9 月，麦积山又派遣参与合作调查的保护室业务人员马千和董广强赴日本交流学习。两次考察，不但参观了大量的日本文化遗产，并参与了文化遗产保护的会议，了解了日本的文化遗产保护情况，尤其是关于文化遗产保护的理念和做法，对于麦积山石窟的保护具有十分重要的借鉴意义。

同时，筑波大学世界遗产专攻每年派出数名从事保护与考古调查的教师和学生来麦积山进行合作调查。五年来，先后有 30 余人次参加了麦积山合作的项目。

双方人员在合作的过程中，互相配合，共同交流，不但取得了一系列的成果，而且加强了联系，为今后长期合作打下了坚实的基础。

三、共同调查的参与者

麦积山石窟艺术研究所：花平宁、魏文斌、马千、董广强、岳永强

日本筑波大学：日高健一郎、沢田正昭、斎藤英俊、八木春生、黑田乃生、松井敏也、上北恭史、末森薰

四、麦积山石窟的早期考察

麦积山石窟虽然是镶嵌在丝绸之路上的一颗璀璨的艺术明珠，但由于地处深山老林，交通不便，加之栈道长期毁坏未通，无法登临进入洞窟，故近代以来很少有人涉足。

大村西崖是日本东洋美术史家，密教研究者。静冈县人，幼名盐泽峰吉。由于被大村家收为养子，所以改名为西崖，号归堂。毕业于东京美术学校雕刻科。历任京都市立美术工艺学校教谕，及东京美术学校副教授、教授等职。1915 年，大村西崖著《支那美术史雕塑篇》，在此书中，引用了北周庾信《秦州天水郡麦积崖佛龛铭》一文，国外始知大都督李允信在天水麦积山建七佛龛事。但这条资料并没有引起人们对麦积山石窟的重视。

真正将麦积山石窟引入国人视野的是天水学者冯国瑞先生，冯先生祖居天水，出于对家乡的热爱，他整理家乡文献，搜集了大量历史古籍中有关麦积山石窟的历史材料。

1941 年，冯先生和朋友赵尧丞、聂幼莳等同行首次到麦积山实地考察，以"对证古本"的方式去找古迹，抄录碑文，勘察地理环境，并对洞窟做了编号，发现以前从未有人谈到的壁画，颇有收获。随后写成《麦积山石窟志》，由"陇南丛书编印社"石印 300 本发行。该小册子是国人对麦积山首次考察研究的成果，当时在《大公报》、《益世报》和《燕京学报》等新闻媒体均有相关报道，对宣传麦积山石窟胜迹起到很大作用。麦积山石窟始继敦煌之后显扬于世。《麦积山石窟志》石印小册在当时成为麦积山石窟唯一的介绍性读本。《志》中对麦积山石窟历史沿革、造像、壁画、建筑及有关碑刻铭文做了较全面的介绍和考证。全志包括 12 部分：1. 甘肃诸石窟中之天水麦积山佛龛。2. 秦汉间麦积山之史迹。

3. 西魏大统时之再建麦积山佛龛。4. 北周李允信之建造麦积山七佛阁与庾信之作铭。5. 散花楼遗迹间之六朝壁画与藻井画。其中附记民国九年（1920）天水天主教堂意大利国教士盗取麦积洞窟壁画事；6. 造像。7. 建筑。8. 六朝唐宋明人之摩崖。9. 宋明清人之石刻。10. 瑞应寺。11. 胜迹。12. 艺文附录。全志涉及的范围比较广泛，基本上对麦积山石窟遗存的各个方面都有反映，可以说是这一阶段对麦积山石窟全面记录的集大成者。难能可贵的是冯先生还涉及到了甘肃其他一些石窟如敦煌石窟、凉州石窟、泾州石窟及河州炳灵寺石窟等。还对麦积山石窟的有些问题进行了考证，如始建年代、庾信刻铭等，并对石窟造像进行分期，同时也涉及到了秦州地区史地的考察。当时因西崖栈道未通，西崖三大洞窟（127、133、135 窟）未曾登上考察，故未述及。

1945 年，北京大学教授阎文儒调查麦积山石窟，1960 年阎文儒第二次考察麦积山石窟，中国佛教协会、甘肃省博物馆和敦煌文物研究所参与，对麦积山所有洞窟进行了全面考察。这些考察成果集中发表于 1984 年甘肃人民出版社出版的《麦积山石窟》一书。

1947 年，敦煌艺术研究所李浴到麦积山调查，撰写调查报告，内容三项：（一）石窟寺创修源流考——说明石窟创建年代及麦积山石窟历史地理环境；（二）石窟内容记略——调查 169 个洞窟的雕塑和壁画内容；（三）碑记摩崖录识——抄录麦积山各种碑文题记，考证作者事迹及其他著作。报告约万字，惜未曾刊印。

1951 年辜其一先生在考察麦积山石窟之后，发表关于麦积山石窟建筑艺术的专论《麦积山石窟及窟檐记略》，内容包括：石窟历史、石窟及佛龛、装饰及妆銮、石造窟廊之制度，这是学者首次对麦积山建筑艺术的专题研究论文。

1952 年 9 月底，由中央政府文化部组织中央美术学院、西北军政委员会文化部、敦煌文物研究所三单位组成的考察团，在对永靖炳灵寺完成首次勘察后，又组织麦积山考察队。由常书鸿先生带队，参加人员有段文杰、史苇湘、范文藻、王去非、孙儒僴、窦占彪等，冯国瑞先生作为甘肃省文教厅官员及麦积山石窟首次个人踏察者也随队考察。勘察队从 11 月 1 日开始至 12 月 1 日结束，历时 30 天，对重点洞窟进行摄影、测绘和临摹工作，共发现石窟 157 个。这是麦积山石窟有组织勘察工作的开始。勘察小组对 133 窟 10 号造像碑及北魏造像评价极高，对有关建筑装饰艺术材料倍加注重，勘察小组的工作情况汇总为勘察报告，促使中央政府文化部在北京组织进一步的勘察。

1953 年 7 月，中央人民政府文化部社会文化事业管理局组织麦积山石窟勘察团以做进一步的勘察研究。团长吴作人，团员有王朝闻、常任侠、冯国瑞、李瑞年、罗工柳、邓白、孙宗慰、萧淑芳、戴泽、陆鸿年、吴为、张鸿宾、程新民、张建关等共 15 人。王朝闻、常任侠、冯国瑞为研究组，罗工柳、李瑞年、孙宗慰、萧淑芳等为绘画摄影组，张建关、程新民、张鸿宾为翻模测绘组。勘察团在 32 天工作中，写出《麦积山石窟勘察团工作报告》和《麦积山勘察团工作日记》。勘察团成员的临摹、特写和外景照片、翻模作品及测绘洞窟图纸等研究成果，后于 1954 年均选编入《麦积山石窟》图册刊印。研究者们编录的《麦积山石窟内容总录》共录编 194 个窟龛，相比西北文化部勘察小组新增 37 个窟，每个编号洞窟内容均涉及窟形、时代、建筑、造像、壁画、题记诸方面，有十多个窟因不通只给编号，窟内情况不明。此次编号一直沿用至本世纪初。勘察团的《报告》、《日记》及《内容总录》的发表，引起国内外研究我国古代佛教艺术、古代雕塑史和美术史界人士的极大关注，并一致肯定了麦积山石窟的重要性，它可与敦煌莫高窟、大同云冈和洛阳龙门三大石窟齐名。

1956 年，日本友人名取洋之助应邀来华参加纪念鲁迅逝世二十周年活动后考察麦积山，几乎拍摄了

全部能通洞窟的雕塑作品，后与日本美术史专家町田甲一合作著文，由岩波书店出版图文并茂日文本《麦积山石窟》一书。1956 年日本《每日新闻》报道麦积山新闻，同年，日中友好协会主持召开了麦积山石窟等照片展览。町田氏还发表《论麦积山石窟的北魏佛像》一文。将麦积山石窟正式地推向了海外。

美术史界人士也就麦积山石窟艺术及雕塑的风格、流布情况和继承等问题撰写专论或评价。王朝闻先生《麦积山石窟艺术》一文，从美学思想创作原则、绘塑技巧等方面分析了麦积山的雕塑及绘画所取得的杰出成就。史岩先生《麦积山石窟北朝雕塑的两大风格体系及流布情况》，从雕塑技法和样式上，将麦积山石窟北朝雕塑分出两种类型（每一类型各分前后期），对每型均从头型、脸型、发髻、眉目、姿态、服饰、衣褶作法、塑造技法诸方面来做前、后期对比，以寻找其不同阶段的变化及发展线索。可以说这是第一篇对麦积山石窟造像进行分类分期研究的专门文章。周石先生《从麦积山石窟谈古代雕塑的继承问题》中谈到麦积山石窟佛教雕塑艺术作品充满生活的气息和人民健康的高尚情感，艺术家通过作品表现活生生的现实社会的人，对其以后的现实主义艺术发展起到很大作用。创作者突破佛教教义题材的束缚来表现他心目中的现实社会和生活中的人物和情感，是艺术家积极健康向上的生活态度所决定的，麦积山石窟雕塑作品中表现的不断追求形神兼备，以传神为主的民族的雕塑传统，是我国雕刻艺术的最优秀的传统之一。这些优秀的传统和现实主义创作态度都是我们应该继承并发扬光大的。梅剑龙在《巧夺天工的佛塑艺术——试谈天水麦积山石窟艺术的成就》中指出"麦积山石窟艺术的价值和历史价值是无法估计的，麦积山石窟艺术所创造的辉煌业绩，是我们人类文化的骄傲"，"作品光辉地展示出古代艺术家们精湛的创作技巧和他们的观察生活的能力；他们的辛勤劳动，不仅给后代的艺术家留下了丰富的遗产，同时也给后代的历史家提供了研究古代人民生活的极其珍贵的资料"。洪毅然 1957 年春率西北师范学院学生到麦积山石窟考察学习，与麦积山保管所同志一道对 43 窟后壁洞室进行详细勘察、测绘和照相，并对地面部分清理，经研究最终确认其即为史载之西魏文皇后乙弗氏"寂陵"之墓室，进而认定 43 号崖阁为"寂陵"遗存。另有李丁陇、温廷宽、常任侠和傅抱石等知名美术家，均在不同刊物上撰文充分肯定和高度评价麦积山石窟艺术的成就及其在美术史上的地位。雕塑家刘开渠把麦积山石窟誉为"我国历代的一个大雕塑馆"。通过上述国内外学者的调查、评介和研究，使麦积山石窟的价值更加彰显于世，引起了国内外学界的重视，并为后来开展更加深入的研究奠定了基础。1961 年，国务院公布麦积山石窟为第一批全国重点文物保护单位之一。

60 年代初，进一步开展对麦积山石窟的调查与研究工作。以北京大学阎文儒为首，中国佛教协会、甘肃省博物馆和敦煌文物研究所参与，对所有洞窟进行全面考察。1963 年，甘肃博物馆文物工作队与甘肃省图书馆组织部分专业人员对重点洞窟进行了测绘、摄影和文字记录。"文革"开始，研究工作基本停顿，这些调查活动的部分资料也散失了许多，但在文革后陆续发表的成果中可以看到，这是继中央文化部麦积山勘察团的调查之后所进行的更为严格细致的调查和研究工作了。

70 年代，国家文物事业管理局指示进行全国性文物保护工作，麦积山文物保管所很快发表了有关新通洞窟的报告。报告中对 50 年代勘察团未能登临考察的新通 10 多个窟龛及两方刻石题记予以重点介绍。特别重要的新发现是 78 窟右侧基台上剥出的 18 身供养人画像及榜题"仇池镇□（经）生王□□供养十方诸佛时"等材料，成为研究麦积山石窟早期洞窟问题重要的考古学层位关系和服饰、史地研究方面的新证据。另外，3 号千佛廊通 4 号散花楼的栈道旁崖石上题记"麦积山胜迹始建于□秦成于元魏经七百年□□名额绍兴二年岁在壬子兵火毁历至十三年尽境□宁国泰□□二十七年丁丑六月……"，也成为研

究最早开窟年代问题的主要资料。这些重要新材料的公布，引发随后的学界关于麦积山石窟最早开凿年代及早期洞窟（尤以 74、78 窟为主）的争论，客观上起到了"一石激起千层浪"的作用。张宝玺先生发表论文，首次就开窟年代及最早洞窟造像壁画进行专门探讨，文中通过对史料及碑刻所记"六国共修"及"次七国重修"的综合分析，认为麦积山佛教活动史可上溯到东晋十六国的后期，其开凿年代晚于敦煌莫高窟，与天梯山、炳灵寺大体上属同时，早于云冈石窟及龙门石窟。在对 74、78 二窟的研究中，从历史地理、服饰史角度并结合考古发掘中的服饰形象资料，详细考证分析仇池镇供养人题记，认为供养人绘制上限在文成帝复法后，下限在太和改制前，即 452～486 年间。关于早期洞窟，作者认为与 74、78 这两个公认的早期窟同期的有 51、57、90、165 窟及 70、71、75 等龛。

以上列举了麦积山石窟 20 世纪 70 年代之前的一些考察活动。总的来讲，在 1949 年之前，考察活动基本上是相关学者个人行为。而在 1949 年之后，政府组织了相关的考察活动，并且集考古、美术、测绘等方面专业人员的勘察（组）团对麦积山石窟进行科学的、详尽的考察和研究，是政府行为的正规的学术调查和研究，为今后的研究奠定了基础。勘察报告及内容总录的发表及对洞窟的编号，运用石窟考古的理论更加专业化的对勘察情况进行科学地记录，避免了由于描述不规范所造成的诸多混乱，客观上有利于国内外学者的研究和资料引用，在一定程度上也使得麦积山石窟更加为世人重视，其自身的历史、艺术的价值得以彰显，从而带动了麦积山石窟研究的发展。

本章作者：花平宁、魏文斌、董广强

第二章　麦积山石窟的价值评估

一、麦积山石窟的价值

麦积山石窟作为中国早期开凿的重要石窟寺，具有多方面的价值。

1. 麦积山石窟是中国古代的泥塑艺术宝库之一，具有重要的历史、科学和艺术价值，并反映了 5～18 世纪这一地区传承不断的佛教思想和信仰

麦积山石窟的造像主要以泥塑为主，现存北朝以来的各种泥塑造像 3500 余身，其神态栩栩如生，时代特色鲜明，内容丰富、题材广泛，是世界泥塑艺术史上的瑰宝。其中北朝至隋唐阶段的泥塑造像是最精华的部分，集中展示出源于古印度的佛教艺术经丝绸之路传入中国，并完成佛教中国化的整个历史进程，是外来佛教造像艺术中国化、民族化和世俗化的生动再现，达到了宗教内涵与造型艺术的高度统一，具有永恒的艺术魅力。麦积山石窟现存的洞窟建筑、造像与壁画艺术、古代文书等都是杰出的古代建筑、艺术和文献实物资料，对于研究古代陇右地区的历史、建造技术、雕塑与绘画艺术等具有十分珍贵的价值。

麦积山石窟自 5 世纪以来，一直是关中以西佛教活动的中心，与周围地区关系密切，直到 19 世纪仍然是关陇地区佛教信仰的重要地区。这里所保留的造像、壁画内容以及一些重要的佛教文献，反映了历史上不同时期的佛教思想和信仰，是研究中国古代佛教发展史不可或缺的宝贵实物资料。

2. 麦积山石窟是中国北朝佛教艺术嬗变的杰出代表

外来的佛教艺术自中亚、河西走廊传入中原后，在 5 世纪初至 6 世纪末前后经历了两次造型艺术上的重要变化：一次是由"胡貌梵相"转为"秀骨清像"，另一次则由"体态清秀"再次转为"敦厚圆润"，这两次变化为隋唐时期中国佛教艺术的繁荣打下坚实基础。麦积山石窟的造像则真实记录下这种变化轨迹。由于秦州自古以来特殊的地理位置，各种文化因素在这里碰撞、交融，形成了麦积山石窟造像博大、包容的艺术特征，无论是来自西域、长安、洛阳还是南朝的佛教艺术样式，都在这里与当地的造型艺术相融合，并形成了以世俗化、人性化和民间化为主要特征的雕塑和绘画艺术风格，成为陇右地区的佛教艺术中心。对关陇、川北地区佛教石窟艺术的发展也产生重要影响，充分体现出麦积山石窟作为古代丝绸之路上佛教文化中继站和传承点的非凡意义。

麦积山石窟是中国北朝佛教造像保存最为完整的石窟寺之一，也是唯一能全面展示 5～18 世纪中国雕塑艺术发展演变历史进程的"雕塑陈列馆"。它不仅是关陇地区的佛教艺术中心，而且是外来佛教艺术经西域传入中原地区的杰出代表。与以石雕为主的龙门、云冈、大足石窟相比，麦积山的造像以泥塑为主，后秦和北魏早期的作品融合了古代印度、中亚、西域和中原造像艺术的特点，如佛身披

偏袒右肩裟裟、体态魁梧（图1）。菩萨上身袒露，斜披络腋，饰三珠冠等。北魏中晚期造像在中原佛教艺术样式影响下，呈现出"秀骨清像"和"褒衣博带"的时代特征，在题材组合、艺术风格、塑作技法、美学思想等方面都取得重大突破，从而形成鲜明的地方特色，特别是众多高度不足20厘米的影塑造像，内容丰富、神态传神、塑作精美，是麦积山石窟与众不同的造像形式。北朝时期第133窟的"小沙弥"（图2）、第121窟的"窃窃私语"（图3）、第123窟的童男童女（图4）、第44窟佛像（图5）等泥塑造像都是脍炙人口的精美造像。代表了北朝时期泥塑造像的最高水平，艺术成就极高。

图1　第78窟佛像　北魏

图2　第133窟"小沙弥"北魏

图3　第121窟菩萨与弟子（"窃窃私语"）北魏

图4　第123窟童女（局部）西魏

图5　第44窟佛像　西魏

　　麦积山石窟壁画数量不多，但保存有中国石窟寺现存最早的大型经变画，对中国佛教绘画艺术的传播产生了重要作用，并影响到包括敦煌在内的整个河西走廊地区北朝晚期到隋唐时期经变画的发展。第127窟是保存壁画最多的一个洞窟。该窟正壁绘涅槃经变、左壁绘维摩诘经变、右壁绘西方净土变、前披绘睒子本生、正披及左右披绘萨埵太子舍身饲虎本生（图6）、前壁下部绘地狱变，窟顶绘帝释天，这些壁画是北朝时期的壁画精品，具有很高的艺术水平。第26、27窟的法华经变和涅槃经变也是北周时期重要的成熟的经变画。北周第4窟的"薄肉塑"伎乐飞天组画，绘塑结合，构思奇妙，是中西文化结合的典范，不见于其他石窟（图7）。

图6　第127窟壁画《舍身饲虎》（局部）西魏

图7　第4窟"薄肉塑"飞天　北周

3. 麦积山现存的窟龛及栈道是中国古代石窟建筑工程技术的典范

　　在麦积山距地面20～80米，面积约10000平方米的悬崖上，各种大小窟龛和摩崖造像通过纵横交错、上下多达14层的栈道相连，其间又点缀多座崖阁，远眺极为壮观，令人叹为观止，堪称古代人类建筑艺术的杰出范例（图8）。整个窟龛建筑群开凿于5世纪初，终结于7世纪初。在300多年的时间里，后秦、北魏、西魏、北周、隋、唐时期的僧侣和佛教信徒在这里持续不断地开窟造像，最终

形成了这处关陇地区最为壮观、宏伟的石窟寺景观。它不仅是古丝绸之路上人类宗教活动史上的一个奇迹，也是 5～7 世纪中国北方地区佛教艺术空前发展和繁荣的历史见证。麦积山石窟崖面建筑群规模壮观，类型丰富，有洞窟、帐形龛、崖阁、长廊等多种建筑形式，甚至出现以崖阁作为陵寝的方式。各个时期的洞窟都有其时代特点，北魏早期的敞口大龛、北魏中期的方形平顶三壁两龛窟、北魏晚期的三壁三龛窟，以及众多小龛的形式；西魏时期开始出现与洞窟结合的崖阁建筑形式；北周流行仿帐式洞窟，内部结构华丽复杂，外部帐幔流苏，并根据造像题材的变化，流行七佛洞窟，七佛的布局又有各种变化形式，有一字形七龛的形式，也有正壁一龛三壁各三龛或者正壁一龛三壁无龛的形式，龛型有圆拱龛，也有带有龛楣龛柱比较华丽的龛。北周第 4 窟是仿木构建筑形式宏伟的建筑，是目前国内石窟保存最完美规模最大的仿木构石窟建筑，是研究北朝建筑最为直观的珍贵图像资料（图 9）；隋代洞窟流行平面马蹄形穹窿顶的形式。这些珍贵的建筑实体历经千年仍保存基本完整，在同时期石窟寺中独一无二。

图 8　麦积山石窟栈道全景

图 9　麦积山第 4 窟崖阁建筑

4. 麦积山石窟具有独特的自然文化景观

麦积山石窟人文景观与奇特的自然景观完美结合，与其他石窟相比，麦积山四周群山环抱、树木掩映，四季分明，景色秀丽，自古就有"秦地林泉之冠"的美誉，东汉以来就被称为"陇右名山"，历史上备受达官显贵和文人墨客的青睐。而山形奇特的麦积崖在绵延起伏的群山中突兀挺立，颇得大自然"鬼斧神工"之韵，配以崖面上历代开凿的宏伟壮观的窟龛建筑群，堪称是人类与自然和谐相处的绝妙结合（图10）。崖面上的窟龛建筑群与周边自然风光浑然一体，是文化与自然完美结合的典范。

图 10　麦积山石窟外景（由南向北）

在真实性和完整性方面，麦积山石窟是古丝绸之路上一处重要的宗教活动场所，从公元 5 世纪初到 20 世纪末，当地民众和僧侣的宗教信仰活动一直没有停止过。在隋代（581～618 年）已基本形成今天的窟区面貌。唐开元二十二年（734 年）的大地震，使麦积山石窟中区崖面坍塌，造成部分窟龛和造像损毁；宋代曾对窟区部分损毁的窟龛、造像进行了全面修缮，元、明、清时期也或多或少地对部分窟龛内残毁的造像及壁画进行过补塑和彩绘。1953 年 9 月，设立了专门的保护管理机构，对麦积山石窟开始实施科学有效的管理。20 世纪 70～80 年代，为防止地震可能对麦积山石窟山体造成的毁灭性损害，国家投入 300 万元，对整个山体在"不改变历史原貌"的前提下予以维修加固，工程采用"喷、锚、粘、托"等工艺和技术，较好地保证了整个山体的完整性和真实性没有受到大的影响；日常保护维修中严格遵循"不改变原状"的原则，在岩体加固、山体渗水治理、塑像及壁画修复等方面均采用传统工艺与现代科学技术相结合的方法，其材料选取、工艺流程、布局等方面均保持了历史的真实性。

作为窟区重要组成部分的瑞应寺建筑在石窟开凿之初已经存在，历史上因王朝的更迭名称多次发生变化，现寺名为宋代敕赐，其建筑主体系明清重建。2001～2003 年，国家文物局拨款 120 万元对瑞应寺进行了修缮，对主要殿宇采取了"不落架"方式进行维修，最大限度地保留了寺院内原有的梁架、斗拱、壁画等，使真实的历史信息得以较好地保存；山顶舍利塔为隋代修建，清乾隆八年（1743 年）进行过修缮。2008 年 5 月 12 日四川汶川大地震影响到天水地区，麦积山舍利塔受到地震的影响，塔身开裂，地基塌陷，2009 年对塔整体拆除并按原样进行了维修。在拆除的过程中，在塔顶、塔身及塔基内出土了不同时代的文物遗存，是舍利塔历史上不断重修的重要见证。尤其是地基内清理出土的 10 余件北朝晚期

石雕造像，是麦积山近年来的重大考古发现，在研究麦积山石窟石雕造像艺术、北朝晚期造像特征演变方面具有十分珍贵的价值。

　　综上所述，麦积山石窟在历史、科学、艺术方面具有其他同类文化遗产不可替代的重要价值。

本节作者：魏文斌

二、麦積山石窟の歴史的価値―麦積山石窟の編年研究

はじめに

　　秦嶺山脈の西端、甘粛省天水に位置する、収穫した麦藁を積んだ形に似たこの山は、古くから「麦積山」の名で親しまれている。五胡十六国時代（AD5 世紀）にはすでに、禅の修行場としてその名が広く知られていた。東崖と西崖に蜂の巣のように穿たれた石窟は総数 194 を数え、多くは今も南北朝時代のすばらしい彫刻と壁画を遺している[①]。桟道が落ちて入ることのできない石窟が多く、1941 年には郷土史家の馮国瑞氏によって実地調査がおこなわれたものの、研究は遅々として進まなかった。1952 年以降ようやく中国人研究者たちによる本格的な調査が始められ、その成果の一部が『文物参考資料』や『文物』などの雑誌上で発表された[②]。だが未だ不十分であり、解決されていない重要な問題も数多く残されている。194 窟の中で、現在像も壁画も残されない窟は、第 38、59、61、63、66、79、95、104、125、150、151、153、160、167、168、171、173、174、175、176、177、178、179、180、182、183、184、185、186、187、188、189、190、192、193、194 号窟の合計 36 窟である。残りの 158 窟は、そのほとんどが北魏窟、西魏窟、北周窟、隋窟のいずれかに分類される。中国仏教美術が最盛期を迎えた唐時代、麦積山石窟ではしかし造営がほとんどなされず、作例としては第 4、5 号窟の外壁壁画や第 137 号窟右菩薩立像など、若干の作例をあげることができるに過ぎない。これは唐時代に起きた 2 回の大きな地震と関係するとされるが、また長期間にわたる造営により崖面が飽和状態となり[③]、これ以上の造営が難しくなったためだと考えられる。唐時代以降も宋、元、明、清時代と造営は続けられたものの、宋窟の数は僅か 5 窟で、明清時代は基本的に前の時代に開かれた窟や造像の重修がなされた。それゆえ麦積山石窟の主要な造営は、隋時代で終了したと言うことができる。2005 年に筑波大学大学院人間総合科学研究科世界文化遺産学専攻と麦積山石窟芸術研究所が、「保護を前提とする石窟の予備調査およびそのための共同研究」を開始して以来、筆者はたびたびこの石窟を訪れる機会に恵まれ、多くの窟に実際に入り像や壁画の調査をおこなった。そこで以下においては、その成果を取り入れ、麦積山石窟の編年をおこないたい。

---

　　① 　麦積山石窟誌編纂委員会・張錦秀編撰『麦積山石窟誌』15 頁（甘粛人民出版社、2002 年）。その内訳は西崖 140 窟、東崖 54 窟である。ただし現在は、麦積山石窟の東に連なる山の峰に穿たれた石窟（王子洞窟区）を含む 15 窟を加え、合計 209 号窟まで編号がなされている。なお王子洞窟区の石窟については、麦積山石窟芸術研究所「麦積山石窟王子洞窟区調査簡報」（『敦煌研究』2003―6）を参照した。
　　② 　麦積山石窟の研究史は、麦積山石窟誌編纂委員会・張錦秀編撰『麦積山石窟誌』「第 9 章第 5 節 勘察与研究」245 ~ 251 頁に詳しい（甘粛人民出版社、2002 年）。
　　③ 　金維諾「麦積山石窟の創建とその芸術上の成果」197 頁（天水麦積山石窟芸術研究所編『中国石窟 麦積山石窟』平凡社、1987 年）。

　　北魏・隋窟の中でもっとも数が多いのは北魏窟であり、100 窟近くが存在すると報告されている①。それらは、494 年の洛陽遷都以前と以後に大別されるが、後者はまた 510 年代を境に 2 つに分類ができる。それゆえ北魏時代については、前期、中期、後期の 3 つのグループに分け論を進めていくことにする。続く西魏時代は 15 窟があるとされ、540 年の廃皇后乙弗の墓（第 43 号窟）造営以前と以後、言い換えれば皇室が造営に関与し始める以前と以後で二分される。北魏時代に次いで数の多い北周窟は、46 窟を数えるという。この時代、574～579 年に廃仏が断行され、その間造像活動が停止したので、廃仏の前後で分類ができる。そしてわずか 12 窟しかないとされる隋窟も、隋文帝により塔を賜わった仁寿元年（601）前後で大きくその性格を異にしていると思われる。

1．北魏時代前期諸窟

A．第 74、78 号窟

　　現存する麦積山石窟中、第 74、78 号窟を最古の窟であるとすることは、ほぼ定説化している。問題はその造営年代で、窟自体は後秦時代に開かれたが造像は北魏時代前期のものとする説と、石窟、造像がともに北魏時代前期に造られたとする 2 説がある。玄高が 422 年頃に麦積山石窟にいたとされることや、その当時から麦積山が禅の修行場として有名であったことが知られる以上②、北魏時代以前にそこで石窟の造営が開始されていた可能性は高い。だがそれが、第 74・78 号窟であったとは断言できないと思われる。第 78 号窟右壁基壇に描かれた供養人像（図 1）の傍らに、「仇池鎮経生王□□供養十方諸仏時」という題記が見られること、仇池鎮が設置された 446 年には、太武帝による廃仏が開始され大規模な石窟造営は不可能であったと考えられることなどが、第 74・78 号窟の年代を文成帝による仏教復興の詔発布（452 年）以降とする根拠となっている③。この窟の開窟時期を後秦時代と

図 1　第 78 窟右壁壇基下層供養人像

---

　　①　各時代の石窟の数は、基本的に麦積山石窟誌編纂委員会・張錦秀編撰『麦積山石窟誌』15 頁（甘粛人民出版社、2002 年）を参照。ただしこの本では、北魏窟を 92 窟としている。それは現存する石窟の中で、もっとも時期の早い第 74・78 号窟および第 51、57、90、165 号窟を后秦時代と比定し、北魏窟とは区別しているためである。しかし筆者は、後で述べる理由から、これらすべてを北魏時代前期に含めて考えるので、合計が 100 窟近くと表記した。

　　②　東山健吾「麦積山石窟の研究と初期石窟に関する二、三の問題」262 頁（天水麦積山石窟芸術研究所編『中国石窟 麦積山石窟』平凡社、1987 年）、「釋玄高」『高僧伝』巻 11（『大正大蔵経』2059、397 頁）。

　　③　東山健吾「麦積山石窟の研究と初期石窟に関する二、三の問題」263 頁（天水麦積山石窟芸術研究所編『中国石窟 麦積山石窟』平凡社、1987 年）。

する研究者たちは、供養人像の下にさらに一層壁画が存在すると主張する。かつてそこに飛天などが描かれているのが見えたとする李西民氏らの証言を、無視することはできないけれども、現在その存在を確認し得ない。

　　第78号窟と第74号窟は、西崖東下部のほぼ同じ高さに造営され、両窟の距離も近い。その規模のみならず、馬蹄形のプランと高い基壇を備える点、正壁、右壁、左壁それぞれに1体ずつ塑像如来坐像が置かれ、正壁上部左右に開かれた二つの小龕に、それぞれ交脚菩薩像と半跏思惟菩薩像が入れられるなど（図2、3）、多くの共通点を備えている。さらにこれら2窟の塑像は、その様式、形式において酷似している。それゆえこれら2窟は、一対として同時期に造営されたと考えられる。一対の石窟が中国で出現したのは、雲岡石窟第7・8窟など第2期諸窟においてであり、第74・78号窟がその影響を受けたとするのであれば、それは470~480年頃の造営であったことになる。

図2　第78窟正壁小龕交脚菩薩像　　　　　　図3　第78窟正壁小龕半跏思惟菩薩像

　　第74号窟左菩薩立像の周囲は、壁面が剥落して岩体が露出しているが、未だ崩落せず残る部分に、腎臓のような形の荷葉を手に飛翔する天人の姿が認められる（図4）。この天人が描かれた下には、もう一層壁画が存在しているようにも見受けられる。というのは、荷葉の下に別の荷葉が描かれていた痕跡が見つけられるからである（図5）。だがこれは、単に画工が荷葉の位置を修正しただけであった可能性が高い。そうであればこの飛天図が、第74号窟の最下層の壁画であったとしてよいと思われる。そしてこの形式の荷葉は、陝西省興平県出土の皇興五年（471）銘交脚仏像や雲岡石窟第9窟など、470~480年代に流行したことが知られている。同形式の荷葉は、先に問題とした第78号窟右壁基壇の供養人も持っていた。したがって第74・78号窟の造営は452年を遡ることなく、470~480年頃であったと考えられる[①]。しかしこの2窟の重要性は、現存する最古の窟であるという点だけにあるのではない。後述するように、北魏時代を通じて直接、間接的にその影響を受けた窟が造営され続けたことこそ、これらがもっとも評価されるべき点であると言える。北魏前期（遷都以前）の石窟は、ほぼすべて第74・78号窟のバリエーションであると見なすことが可能であり、北魏中、後期の石窟の多くも、その系譜に連なる工人たちによって開かれた。

---

①　八木春生「麦積山石窟第74及び78号窟に関する一考察」（『雲岡石窟文様論』法蔵館、2000年）。

図4　第74窟正壁天人像

図5　第74窟正壁天人像部分

B. 第68、70・71、73、77、80、128、144、148号窟

a. 第68、70・71、73号窟

　　西崖中部に開かれた第70号窟と71号窟も対窟であり、造像形式が非常に近いことから、第74・78号窟と比較的近い時期に造営されたものと考えられる。第74・78号窟の場合、本尊は袈裟を涼州式偏袒右肩に纏い、両足を袈裟から出すのに対して、左右壁の如来坐像は両足を袈裟下に隠していた。第70・71号窟では、三世仏ではなく如来坐像と脇侍菩薩立像の三尊像のみが造られ、本尊は第74・78号窟左右壁如来坐像と同じく足先を袈裟下に隠す形式を採用した（図6、7）。両像の類似はまた、禅定印を結んだ指の長い手の形などからも明らかである。菩薩立像では、胸前に腕を置き親指と人差し指で植物を摘む形式や、それとは反対の腕を身体に沿って垂下させ、折り曲げた中指と薬指の間に水瓶あるいは天衣の一部を挟む形式が、第74・78号窟造像と完全に一致している（図8、9）。三尊形式の如来坐像および菩薩立像が、第70・71号窟像と同形式を備え、窟形式が円拱龕で、やはり西崖中部に開かれた第68、73号窟①も、ほぼ同時期のものとしてよいに違いない。

b. 第80、128、148号窟

　　これらに続くと思われるのが、西崖中部の第128号窟と、西崖東上部の第148号窟である。如来坐像（図10）および菩薩立像が、第70・71号窟と同じ様式、形式を備えるだけでなく、三世仏をモチーフとすることや、正壁上部左右に穿たれた小龕にそれぞれ交脚菩薩三尊像（右側）、半跏思惟菩薩三尊像（左側）が配されるなど、全体として第74・78号窟の強い影響下にあったことが理解される。相違点としては、方形で左右壁に大龕を開くプランを持つこと、高い基壇の代わりに低い基壇が

───────────────

①　第68、73号窟は第70、71号窟とともに、西崖中部において1つのまとまりを形成していたと見なすことができる。

图 6　第 78 窟右壁如来坐像

图 7　第 70 窟正壁如来坐像

图 8　第 74 窟正壁菩萨立像

图 9　第 71 窟正壁菩萨立像

石窟三方に掘り出され、正壁上部左右以外にも左右大龕内部や前壁壁面などに多数の小龕が穿たれたこと、その中に如来坐像や二仏並坐像の影塑が入れられるようになったこと（図11）などがあげられる。これら新形式の出現から、第128、148号窟は、第70・71号窟より遅れて開かれたと考えられる。

　窟形式をはじめ、これらと共通点を多数有する窟に、また西崖東下部の第80号窟がある。この窟にも二仏並坐像の影塑が置かれているが（図12）、それらは右壁大龕内部に取り付けられた迫

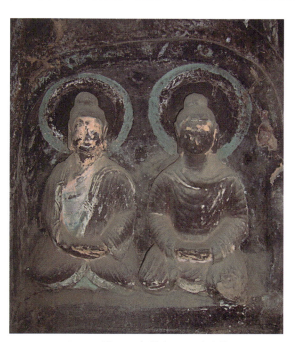

図10　第128窟正壁如来坐像　　　　　　　　　　図11　第128窟影塑二仏並坐像

図12　第80窟に見られる段

出し状のもの（段）に載せられていた。左右大龕内に小龕を穿っていないことから、その造営時期は、第128、148号窟より遅れると考えられる。小龕を掘り出す労力を削減する目的で開始された段の使用は、北魏中～後期に大流行したが、遷都以前にすでにそれが開始していたことは注目に価する。

c. 第77、144号窟

西崖東上部の第144号窟と西崖東下部の第77号窟は、主尊を含め窟のほとんどが大破している。しかし主尊の残存部分や、壁面に残された菩薩像天衣の先端（第77号窟）などから、両窟造像は、第74・78号窟像とほぼ同形式を備えていたと考えられる[①]。方形のプランを持つ第144号窟は、正壁に多数穿たれた小龕内に二仏並坐像の影塑が認められ、もっとも高い位置の小龕内には交脚菩薩像の影塑が入れられた。また第77号窟は、馬蹄形のプランであるが高い基壇は造られず、第70・71号窟より第128号窟に類似する台座に載っている。したがってこれら2窟は、第128、148号窟とほぼ同じか、その影響を受け少し遅れた時期に造営されたと推測される。

C. その他（第51、75、90、165号窟）

上記以外で遷都以前に開かれたと考えられる窟に、第51、75、90、165号窟がある。西崖西下部第51号窟、西崖中部第90号窟はどちらも重修され、現在の造像は宋～明時代のものとされる。だがこれらは高い基壇を備えているので、創建は第74・78号窟に近い時期と考えられている。また第165号窟は、第90号窟とほぼ同じ高さに開かれているだけでなく、第78号窟の真上に位置することから、第78号窟と第165号窟が一対として開かれたとする説がある[②]。現在この窟に本来の造像は見られないが、窟中央には籐座、また右壁には天衣の先端が残っており、籐座上に坐していたのは、交脚菩薩像であったことが知られる。その天衣の先端は、第74号窟の菩薩立像のものとほぼ同形式であり、第165号窟の造営は遷都以前であることに疑いはない。しかし高い基壇が造られず、そのため第78号窟とは、開窟時期が異なる可能性が高い。この2窟が一対に見えるとすれば、それは第165号窟の造営に際して、一対に見せようとする意図が存在し、そのための工夫がなされたからであって、第78号窟は本来第74号窟と対として開かれた事実に変りはない。

第74・78号窟をはじめ現存する最初期の石窟が、西崖に集中して造営された理由は不明である。ただし、第51号窟の上方に第74号窟が位置し、その付近に第70、71号窟、また第68、73号窟が開かれているのは、最初期の桟道がどこに造られたかを考察する上で示唆的である。これらより早い時期に開かれた石窟が存在していたことを否定できないが、第74・78号窟はそれらの中で際立った存在であり、特別視されたことは、これらを模倣した窟の数の多さにより確かめられる。

2. 北魏時代中期諸窟

A. 第115、155号窟

a. 第115号窟

このグループを代表する第115号窟は、景明三（502）年の墨書によって、洛陽遷都（494年）後

---

①　第144号窟菩薩像は、現在壁から外され床面に置かれているが、腕を胸前に置き、植物を摘む形式を備えている。
②　東山健吾「麦積山石窟の草創と仏像の流れ」15頁（『中国麦積山石窟展』図録、日本経済新聞社、1992年）。

に造営されたことが確定できる。人が 1 人ようやく入れる大きさの小窟で、西崖西上部に開かれた。方形のプランを持ち、どの壁面にも大龕小龕が穿たれず、左右壁上方には段が 1 段造られ、そこに如来坐像の影塑が載せられている。東山健吾氏は、この窟の本尊と、龍門石窟古陽洞南北壁第 3 層に彫り出された、何体かの西方式に袈裟を着けた仏坐像（498～503 年頃）との間に様式、形式上の類似があることを指摘している（図 13、14）[1]。確かに南壁第 3 層第 3 龕（比丘法生造像龕、503 年）を含むいくつかの龕との間には、本尊の様式以外にも重要な形式上の共通点が存在する。また古陽洞北壁第 3 層第 3 龕魏霊蔵造像龕の場合、本尊光背内側には西方式の飛天が高肉彫りされたが、外側には足先を裳の中に隠し雲に乗って虚空空間を飛翔する、漢民族化した飛天が低肉彫りされていた。これと同様の漢民族式飛天は、第 115 号窟本尊光背や天井に描き出されている。南斉陵墓（蕭道生修安陵、495 年）出土の磚画に刻まれたのと類似する仙人図が、彩色されず墨線のみで描かれることからも（図 15）、この窟の造営に、南朝の最新流行形式に関して豊富な知識を持つ工人が参加したことは明らかである。

図 13　第 115 窟正壁如来坐像

図 14　龍門石窟古陽洞南壁第 3 層第 3 龕如来坐像

　1 つの石窟内部に、未だ像の漢民族化の概念を理解しない工人と南朝の最新流行形式について知識を持った工人の二系統の工人が参加したこと。しかも古陽洞南北壁第 3 層造像龕と第 115 号窟の場合、それぞれの本尊如来坐像について様式上の類似を指摘できることなどから、後者は、かなり高い確率で洛陽（龍門石窟）から直接的な影響を受けた工人の手によると考えられる。そして遷都後に開かれただけでなく、造像の漢民族化という概念が、工人たちに完全には受容されていないことが、この北魏時代中期諸窟の多くに共通する重要な特徴であると言える。

---

① 東山健吾「麦積山石窟の草創と仏像の流れ」18 頁（『中国麦積山石窟展』図録、日本経済新聞社、1992 年）。

図 15　第 115 窟仙人図

b.　第 155 号窟

　　第 115 号窟本尊と、片足のみ裂裟から出すなど着衣形式上いくつかの類似を指摘できるものに、西崖東上部の第 155 号窟如来坐像がある（図 16）。正壁仏龕内に 2 段、また前壁上部には 3 段が造られ、仏坐像や遊戯坐の弟子像影塑が載せられた。それゆえ、第 155 号窟は、第 115 号窟より遅れて開かれたと考えられる。実際、3 壁 3 龕形式というそれまで見られなかった窟形式を備えることからも、このことは確かめられる。興味深いのは、現在正壁大龕左右の壁が一部崩落し、下から小龕の一部が覗いていることである（図 17）。正壁大龕左上方には、北魏前期諸窟と同様、影塑の半跏思惟像が入れられた小龕が見られる。だがその下にあった二つの小龕は、細長い身体の菩薩立像およびその光背によって覆い隠されていたのである。造営が一旦終了した後、なんらかの理由で改変が加えられたことは明らかである。その改変（第 2 次工事）に際して、細長い身体の菩薩立像が付け加えられ、小龕のいくつかが塞がれたと考えられる。左右壁に見られる細長い老若の弟子像も、その時に造られたに違いない（図 18）。そしてこの窟のように、本尊右に若年、左に老年の弟子像を配するのが一般化するのは、龍門石窟では古陽洞南北壁第 2 層（509 ~ 517 年頃）以降のことであった。そうであれば第 155 号窟は、第 115 号窟に遅れて開かれ、その後 510 年代に入り第 2 次工事がなされたと考えられる。

B.　第 69、76、86、89、100、114、156、169 号窟

a. 114 号窟

　　第 115 号窟に隣接する第 114 号窟は、方形で左右壁に大龕が開かれるプランで、壁面に小龕は穿たれない。段は正壁に 2 段、左右壁に各 1 段が見られ、上に載せられた影塑の中には、裳懸座つきの

图 16　第 155 窟正壁如来坐像　　　　　　　图 17　第 155 窟小龛

图 18　第 155 窟左壁弟子像

漢民族式袈裟を纏う如来坐像、Ｘ字状天衣を着けた菩薩立像、漢民族式飛天が含まれる（図19、20）。
影塑の如来坐像は、像の漢民族化の影響が認められ、それは本尊に裳懸け部分が加えられた着衣形式
である。本尊にも漢民族化の影響が認められるこの窟は（図21）、第115号窟より遅れて開かれたと
考えられる。第114号窟では、如来坐像が片足を袈裟から出す点に第115号窟の影響が認められるが、
菩薩立像は北魏前期諸窟の様式、形式を色濃く残していた（図22）。

　　ところで本尊頭上左右に貼付けられた漢民族化した影塑の飛天は、第155号窟に見られる飛天と
類似する。しかし第155号窟には、これ以外に第114号窟との繋がりを示す像が存在せず、また像の

図19　第114窟影塑如来坐像　　　　　　　　　　　　　　　図20　第114窟影塑飛天

図21　第114窟正壁如来坐像　　　　　　　　図22　第114窟左壁菩薩立像

漢民族化の影響も第 114 号窟と違ってほとんど認められなかった。すると第 155 号窟の第 2 次工事に際して、工人たちは第 114 号窟から影響を受けたと考えられる。だが彼らは、像の漢民族化に関する知識をある程度得たであろうものの、それをほとんど採用しなかった。これを要するに、第 114 号窟の造営は、第 155 号窟開窟より遅れるが、第 2 次工事開始より早い時期であったことになる。

b.　第 69、76、169 号窟

　　興味深いのは、第 114 号窟本尊と西崖東下部に開かれた第 76 号窟本尊如来坐像が、鼻や唇などの形の類似を指摘できることである（図 23、24）。第 76 号窟本尊は通肩であり①、菩薩立像は、植物を持つ手の甲でなく掌を正面に向け、垂下した手の人差し指を伸し、それ以外を軽く握るこれまで見ない形式を備えている。しかし裳裾（背面）の一部を裳の中を通して持ち上げ、腰の横のあたりから外へ垂らすなど、第 74・78 号窟に見られた特殊な菩薩像着衣形式を採用している以上（図 25）、第 114 号窟と同様、第 74・78 号窟の系譜を汲む工人たちにより造られたとして間違いない。そして壁面に多数穿たれた小龕には、合わせ襟の漢民族の上衣の上から U 字形に胸前を大きく開けて袈裟を纏う（ただし裳懸け座は見られない）影塑如来坐像が入れられていた（図 26）。

図 23　第 114 窟正壁如来坐像頭部

図 24　第 76 窟正壁如来坐像頭部

　　第 76 号窟像と表情が酷似する脇侍菩薩立像は、西崖西下部の第 69 号窟に見つけられ、X 字状に天衣を交叉させていた（図 27、28）。この窟本尊も、第 76 号窟と同じく通肩に袈裟を纏っている。また第 69 号窟と対窟の関係にある第 169 号窟は、交脚菩薩が本尊であるが、現在 1 体が残る脇侍菩薩立像は、76 号窟と同様、掌を正面に向けて蓮蕾を摘んでいた。このことから、第 74・78 号窟の系統に属する第 76、69・169 号窟の工人たちは、先の第 155 号窟第 2 次工事に携わった工人たち以上に、第 114 号窟工人と近い関係にあり、これらの窟はほぼ同じ時期に造営されたと考えられる。だが第 114 号窟工人のように本尊を漢民族化させるまでの積極性はなく、第 169 号窟で漢民族化した像がまったく造られなかったことからも、この時期の工人たちの像の漢民族化に関する受容のばらつきが窺われる。

---

①　第 114 号窟にも、左壁にこれと類似する通肩の如来坐像が存在する。

图 25　第 76 窟左壁菩萨立像

图 26　第 76 窟影塑如来坐像

图 27　第 69 窟右壁菩萨立像

图 28　第 76 窟左壁菩萨立像局部

c. 第86、89、100、156号窟

　第114号窟と類似するだけでなく、形と大きさが一致しており、それゆえ第155号窟同様同じ型から造られたことが知られる影塑の飛天は、西崖西上部の第86号窟に見つけられる。この窟では、交脚菩薩像の影塑も第114号窟と同じ型による。本尊は漢民族化していないが、第114号窟右壁の袈裟を偏袒右肩に着ける如来坐像との類似から、これら2窟の密接な関係が確かめられる（図29、30）。しかし第114号窟においては、正壁のもっとも高い位置に置かれていた交脚菩薩像（おそらく半跏思惟像も）の影塑が、第86号窟の場合上から2段目の龕に入れられていた。このことは、両窟の年代差を示していると考えられる。第74・78号窟以来特別視されてきた交脚菩薩像と半跏思惟菩薩像の影塑は、北魏後期諸窟において消失するが、それらが重要性を失っていく過程をここに見ることができる。

図29　第86窟正壁如来坐像　　　　　　　　　図30　第114窟右壁如来坐像

　第114号窟と同じ型の影塑が用いられた窟にはまた、東崖西部の第156号窟がある。本尊（図31）は、第86号窟像と同様、左肩に跳ねかけた袈裟の端を頸の後方を回してもう一度右肩にかける特殊な形式を採っていた[①]。しかし左肩に跳ねかけているはずの袈裟の端が、腹前を渡して左腕にもかけられており、部分的に第86号窟像には見られなかった像の漢民族化の影響（その理解不足に起因する混乱）が認められる。この窟では、影塑交脚菩薩像が、もっとも高い位置の段に載せられ、そのためそれが低い位置に置かれた第86号窟とどちらの造営時期が早いかは、容易に決められない。ただ

---

　① この特殊な着衣形式は、第115号窟本尊にも認められるので、これらは第114号窟のみならず第115号窟の影響も受けていたと考えられる。

し両者ともに第114号窟の影響下にあったとして間違いはない①。なお第156号窟に、第76号窟と同じ型を用いた供養人像が貼付けられていることも指摘しておく。

図 31　第 156 窟正壁如来坐像

図 32　第 89 窟正壁如来坐像

　　第156号窟と本尊の様式、形式が類似するだけでなく、同じ型による漢民族化した影塑如来坐像が見つかる89号窟（西崖中部）も、このグループに属すと思われる。だが本尊をよく観察すると、袈裟から片足のみ出す第115号窟に始まる形式を継承した第114、86、156号窟などとは違って、両足を袈裟の中に隠す第128、148号窟像の形式を継承していることに気がつく（図32）。するとこの時期、第115、114号窟の直接的な影響下にあった窟だけではなく、第74・78号窟の系統中、第128、148、80号窟と近い関係にある工人たちも、像の漢民族化の概念を受容し始めたことが窺われる。

　　なお西崖西上部の第100号窟は、本尊が袈裟の一部しか本来の姿を留めていないが、北魏前期諸窟（第128、148、80号窟など）と同じく、方形で左右壁に大龕が穿たれるプランを持つ。菩薩立像も、それらと非常に近い形式を備えている。しかし正壁下方に段が1段造られ、また壁面に穿たれた小龕内の影塑菩薩立像は、天衣をX字状に交叉させ、完全に漢民族化している（図33）。麦積山石窟芸術研究所副所長の魏文斌氏は、第100号窟は第128号窟などとほぼ同じ時期に開かれたのであり、段および影塑菩薩立像は、北魏時代後期に重修された際に造られたものであるとする。その可能性を完

---

　　①　本文では触れなかったが、これら以外で第114号窟の強い影響下にあると見なせるものに第170号窟がある。この窟は本尊が大破しているばかりか、壁面もほぼ剥がれ岩体がむき出しとなっているため、詳しい考察がおこなえない。だが同じ型の飛天が見られる以上、やはり第114号窟と関係があったとしてよいと思われる。影塑の半跏思惟菩薩像は高い場所に置かれるが、段は長く造られるのでなく、半跏思惟像1体のみを載せている。同様の段形式は第156号窟に認められることからも、この窟は第114号窟に遅れて開かれたと考えられる。

全に否定することはできないが、なぜ第100号窟のみその時期に修復されたのか、また敢えて影塑の菩薩立像を小龕内に貼付ける必要性があったかなど、疑問点も多い。さらに第156号窟の塑像菩薩立像も、第100号窟と同様の北魏前期諸窟と類似した様式、形式を備えている。それゆえ第100号窟は、一見北魏前期諸窟に属するように思われるが、その造営時期は、第89号窟などと近かったと推測される。

C. 第16、21、23号窟

東崖西部の第23号窟は、如来坐像が完全に漢民族化しているものの（図43）、菩薩立像が未だ第74・78号窟の系譜を汲む点に特徴がある。その傍の第21号窟は本尊しか残っておらず、それも頭部および左膝部分を欠損している。だが、鋭角的に開いた袈裟の前の部分や左右の手の位置、結紐の垂れ方などが近いので、第23号窟と密接な関係を持ったと考えられる。

東崖西部の第16号窟は、本尊および脇侍菩薩像がすべて漢民族化する。したがって、厳密には北魏中期諸窟には含めることができない。だが壁面には未だ多くの小龕が穿たれ、第80号窟のように左右大龕内には段が2段造られた。そしてそこに載せられた遊戯坐弟子像は、第155号窟正壁大龕内段上の像と同型であった。第155号窟と同型の影塑は、正壁大龕上部など第16号窟中に他にもいくつか見いだせる。また第16号窟の外壁右側に見られる小龕内には①、第155号窟と同じ型による影塑半跏思惟像が残っている。

図33　第100窟影塑菩薩立像　　　　図34　第16窟左壁菩薩立像

---

① これは、第16号窟右隣に開かれ、現在完全に崩壊してしまった窟の正壁一部に相当すると考えられる。麦積山石窟芸術研究所により、第218號窟とつけられた（魏文斌・白凡「麥積山石窟歷次編號と新編窟號の説明」「郭煌研究」2008-3）。

　　第 16 号窟脇侍菩薩立像も、X 字状天衣を着ける点が異なるが、第 155 号窟と同様縦に長いプロポーションを備えていた（図 34）。それゆえ第 16 号窟の工人たちは、第 155 号窟第 2 次工事に携わった工人たちと非常に近い関係にあったと考えられる[①]。後者に携わった工人たちは、脇侍菩薩立像や弟子像などの塑像に、西方式着衣を採用した。老若の区別をつけた弟子像を造ったものの、像の漢民族化について、未だ十分な知識を備えてはいなかったと思われる。これに対して第 16 号窟は、すべての造像に漢民族化した着衣形式が採用され始めた、像の漢民族化が一般化し始めた時期に開かれた。だが第 155 号窟第 2 次工事と近い関係にあった工人が造営に関わった以上、第 16 号窟は、北魏中期諸窟の最後に属すると見なすべきだと思われる[②]。

D. その他（第 98 号窟）

　　北魏後期諸窟について言及するに際して、忘れてならないのが西崖中部に造り出された磨崖大仏、如来三尊立像（98 号窟）である。造像は北魏時代に造られ、その後北周、宋、元、明時代に重修されたと考えられている[③]。当初は楼閣の中に置かれていたと言い、如来立像の像高は12、20メートル[④]。興味深いことに、この三尊像は周囲の石窟を 1 つも破壊していない。また足下左右には、対称となる位置に第 100 号窟と第 128 号窟が開かれている。このことから三尊像が造られたのは、周囲に石窟が開かれ始める以前の早い時期であったと考えられる。しかし第 100、128 号窟の間には、時間的開きがあった。すると第 128 号窟造営以降、この如来三尊像が造立され、その後第 128 号窟と対称となるように第 100 号窟が開かれたことも考慮すべきであろう。その場合、第 98 号窟磨崖大仏は、遷都以後の造像であった可能性もあると考えられる。ただし現在見られる像は、菩薩立像が天衣を X 字状に交叉させず左右互い違いにしていることなどから、北周あるいは隋時代に重修された姿を留めていると考えられる。

3. 北魏時代後期諸窟

A. 第 121 号窟

　　北魏時代後期諸窟を代表する窟の 1 つとしてあげられるのが、西崖西上部の第 121 号窟である。正壁にも仏龕を開いた 3 壁 3 龕形式であるのは、第 155 号窟と同じである。しかし小龕は穿たれず、また天井が折り上げ式である点が新しい。像はすべて漢民族化している。頭頂で結束した頭髪を扇形に広げ、前髪を何本かの細線によって表現する菩薩立像（扇形髻菩薩立像）や、これと同様の前髪表現を備え、螺形に頭髪を結い袈裟を纏う像（螺形髻像）など、これまで見られなかった種類の塑像が出現した（図 35）。扇形髻菩薩立像が、漢民族伝統の上衣を纏った上に X 字状天衣を着けている点も注目される。

　　3 壁 3 龕形式や螺形髻像、また漢民族の上衣を纏った上にさらに X 字状天衣を着ける形式は、龍門石窟など北朝のいくつかの地域で見いだせる。したがってこの窟は、麦積山石窟以外の地域（中原）からやってきたか、その影響を強く受けた工人の手によるものと推測される。しかし比丘（弟

---

　　①　第 16 号窟と同型の影塑の中で、第 155 号窟正壁大龕内部の段上に置かれた遊戯坐弟子像は、第 2 次工事ではなく創建時に造られたものである可能性が高い。そうであれば第 16 号窟の工人たちは、第 155 号窟開窟時に使用された影塑も用いることができたことが知られる。そしてそれは、第 155 号窟開窟時と、第 2 次工事に携わった工人たちとの間に断絶がなかったことを示している。

　　②　なお、現在漢民族式袈裟を纏った本尊以外像が 1 つも残っていないものの、正壁壁面にいくつも小龕が穿たれた痕跡が見られる第 149 号窟も、第 16 号窟と同じグループに含まれる可能性がある。

　　③　麦積山石窟誌編纂委員会・張錦秀編撰『麦積山石窟誌』85 頁（甘粛人民出版社、2002 年）。

　　④　麦積山石窟誌編纂委員会・張錦秀編撰『麦積山石窟誌』85 頁（甘粛人民出版社、2002 年）。

図35　第121窟正壁、左壁螺形髻像、菩薩立像

子）像と螺形髻像が、仏龕外側左右に配される新しい組み合わせは、洛陽をはじめ他地域には今のところ見つけることができない。正壁に穿たれた大龕内には1段のみが見られ、そこに影塑の十大弟子像が載せられた。本尊右の5体がすべて若年の弟子像であり、左5体は老年の弟子像であるので、この窟の造営時期が、509年以降（おそらく510年代）であったことは確実である。また左右壁の仏龕内に上方から下方まで5段もの段が造り出されたことは、1～2段しか造られなかった北魏中期諸窟とは一線を画している。

　　第121号窟の出現によって、像の漢民族化が完全に受容され、かつ塑像の形式や種類に大きな変化が生じることとなった。だがその一方で、この窟の工人たちも段を造るという伝統を受容した。彼らの場合労力軽減のためというより、仏龕内に数多くの影塑を飾る目的でそれを取り入れたと考えられるが、1、2段ではなく下方まで5段も造り出したことから、それまで以上に石窟装飾の可能性が広がった。結果、遷都前後のみならず北魏後期を通して麦積山石窟の造営に連続性を保持し、それを発展させることになったのである。第121号窟自身も麦積山石窟における独自の自立的発展の流れに組みこまれ、自らの役割を果たすことになったと言える①。

―――――――――――

①　壁の下方まで段を設けるというアイディアは、第121号窟の工人たち独自の発想によるものでなく、第121号窟の工人たちは、すでに麦積山石窟に存在していた形式を採用したという可能性も否定できない。なぜなら正壁と左右壁のすべてに段が下方まで造り出されている第93号窟には、第114号窟と同じ型による交脚菩薩像と半跏思惟菩薩像の影塑が用いられ、それらは第86号窟同様、上から2段目に置かれていたからである。第93号窟は、残念ながら造像すべてが宋時代に重修され原型を留めないものの、壁面に残る菩薩立像天衣の先端形式から、この窟が北魏中期諸窟（第86号窟など）と近い関係にある工人たちによって造られたことが確かめられる。だが第86号窟とほぼ同じ時期に、いくら小型窟であるとはいえ段のみで影塑を飾り、しかも壁面下方まで段を造る先進的な窟が存在したとは考えにくい。

B. 第 101、122 号窟

　西崖西上部の第 101 号窟は、麦積山北魏後期諸窟の多くと同じく正壁や左右壁に仏龕が開かれない正方形のプランで、天井は平頂。しかし漢民族の上衣を纏った上からX字天衣を着ける扇形髻菩薩立像、袈裟を纏う螺形髻像などの塑像が造られ、しかも後者は弟子像と組み合わせられるなど（左壁に塑像交脚菩薩立像が造られるといった相違点も見いだせるものの）、像形式に関しては、第 121 号窟との間に密接な関係のあったことが窺われる。仏龕の内側か壁面上かの違いはあるが、正壁に 1 段、左右壁は下方まで段が達している点も第 121 号窟と同じである。特筆すべきが、両窟造像の細く吊り上がった眼に特徴づけられた表情の類似である（図36、37、57）。

図36　第 101 窟正壁、右壁弟子、菩薩立像　　　　図37　第 121 窟正壁、右壁弟子、菩薩立像

　第 101 号窟以外で、造像において第 121 号窟と共通点を多く持つものに第 122 号窟がある。だがこの窟の場合、正壁にも下方まで段が造られていた。そして第 122 号窟に、片足を軽く持ち上げ袈裟の裾から膝を覗かせる、西崖西上部の第 85 号窟および西崖東上部の第 140 号窟に造られたのとほぼ同形式の像が存在することは注目に価する（図38、39）。なぜなら第 140 号窟は、後述するように、明らかに遷都以前からの系譜を汲む麦積山石窟既存の工人たちによる造営であると考えられるからである。また第 122 号窟如来坐像の薄い胸を引いて坐る姿勢も第 85、140 号窟造像と酷似し、これら 3 窟の工人が近い関係にあったとして間違いない（図40、41）。

　第 121 号窟の造営により、既存の工人たちはその影響を強く受けたグループと、それほど強く受けなかったグループに二分された。しかし両者は没交渉であったのではなく、互いに影響関係を持っていたことが理解される。なお近年、西安市内から、図39と同様の形式を備えた金銅製の菩薩立像が出土したことを報告しておく。

C. 第 85、103、139、140、142、154、159、163 号窟

　第 121 号窟と並び、北魏後期諸窟を代表する 1 つが、西崖東上部の第 142 号窟である。正方形のプランと平頂を持ち、（左壁と右壁の違いはあるが）塑像交脚菩薩像が造り出される点では、第 163

图 38　第 122 窟正壁、左壁螺形髻像、菩萨立像

图 39　第 140 窟左壁像

图 40　第 122 窟左壁如来坐像

图 41　第 140 窟左壁如来坐像

号窟と類似している。各壁面の下まで造られた段上に多くの
影塑が載せられるのは、第122号窟と共通する。それゆえ第
121号窟より造営時期は、遅れることが理解される。正壁左弟
子像は、螺形ではないが髻を結い、袈裟を纏った像と組み合
わされている点は第121号窟と同様である。だがどの塑像も
顔の輪郭が角張り、目が三日月形で独特の微笑みを湛えてい
る（図42）。この表情は、第121号窟およびその影響下にある
第101、122号窟などの像とは明らかに違っている。注目すべ
きは、この眼の形が第23号窟にまで辿れることである（図
43、44）。そして第23号窟は、菩薩立像が第74・78号窟の系
譜に属していた。また本尊の袈裟の胸前の開き方が第23号窟
と類似する西崖東上部の第163号窟は、正壁に段が1段しか
造られず、代わりに上部左右には小龕が穿たれる[1]。そしてこ

図42　第142窟正壁如来坐像頭部

こでも、遷都以前からの伝統を保持し続ける工人たちによる造像活動の様相が知られる。なおこの窟
の如来および菩薩像は、第142号窟像と目の形が若干異なるものの、同様に笑みをたたえた表情を浮
かべている。このような像を持つ窟は、他に第140、154、159号窟などがあり、これらは第121号窟
からの影響をそれほど強く受けなかった、既存の工人たちによる造営であったに違いない。

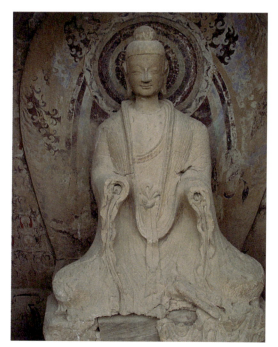

図43　第23窟正壁如来坐像

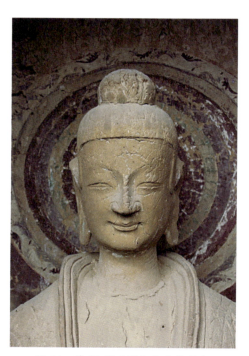

図44　第23窟正壁如来坐像局部

---

①　第163号窟正壁左右最上部に開かれた小龕には、その痕跡から本来交脚菩薩像や半跏思惟像の影塑が配されていたことが理解
される。この窟内に遷都以前の要素が多く残存しているのは、左壁にはX字状天衣を着けた交脚菩薩像とともに、絡掖のみを着けた
菩薩立像が造られたことからも明らかである。ただし左右壁には、下方まで段が造られている。それゆえこの窟は第121号窟より遅
れるが、第85、103、139、140、142、154、159、163号窟のグループの中では、もっとも造営時期が早いと考えられる。

　　西崖東上部の第 140 号窟壁面には段が設けられず、影塑が貼付けられた痕跡もない。この窟菩薩立像の 1 体は、身体を弓なりに曲げる、天衣が足下に巻き付く、天衣の上に珊瑚を含む瓔珞を載せる形式など第 142 号窟正壁左右像と類似する特徴を持つ（図 45、46）。これと類似する像は、他に第 85 号窟と第 139 号窟（西崖東上部）にも見つけられる（図 47、48）。ただし詳細に見れば、第 85、140 号窟像は高髻が五角形に纏められ、しかもその中央に稜が立つという第 142 号窟像に見られない形式を備え、また第 139 号窟は前髪を中央で左右に分け、高髻は五角形であるものの稜が 2 本表され手に荷葉を持つなど、第 142 号窟のみならず第 85、140 号窟とも細部形式を異にする。しかし、第 140 号窟の頭部を失う 2 体の菩薩立像（図 49）はほぼ直立し、下腹を突き出し側面観が h 字状を呈するが、これは第 139 号窟のみならず第 85 号窟とも一致していることは重要である。

図 45　第 140 窟正壁菩薩立像　　　　　　　　　　　図 46　第 142 窟正壁菩薩立像

　　第 103（西崖西上部）、139、154（西崖東上部）号窟本尊は、この後に言及する第 127 号窟など西魏時代前期諸窟像と袈裟の着け方において繋がりが認められる（図 50）。したがって第 139 号窟と近い関係の工人による第 85、140、142 号窟（また第 140 号窟と塑像に多くの共通形式を指摘できたことを思い起せば第 122 号窟も）の造営は、北魏時代後期諸窟の中でも遅い時期のものであったと考えられる。そして菩薩像に注目した場合、第 142 号像と第 85、140 号窟との間には違いが認められ、第 140 号窟の頭部を失う菩薩立像は、細部形式を異にしているが第 85、139 号窟像と類似する姿勢を採っていた。このことから第 142 号窟は、第 85、140および第 122 号窟より造営時期が早く、第 139 号窟

图 47　第 85 窟正壁菩薩立像　　　　　　图 48　第 139 窟正壁菩薩立像

图 49　第 140 窟正壁菩薩立像　　　　　　图 50　第 139 窟正壁如来坐像

は第 85、140、122 号窟と近いが若干造営時期が遅れたと考えられる。

D.　第 133 号窟

ほとんどすべての研究者たちに北魏後期の造営であることが認められ、「万仏堂」あるいは「万菩薩堂」の名称で親しまれてきた第 133 号窟は、西崖東上部、地上約 48mの高所に開かれ、麦積山石窟中最大級の規模を誇っている。

a.　第 133 号窟の概要

幅 14.94m、奥行き 13m、高さ 5.97m。「現存する造像の数は最も多」いとされる[1]。広い前室から横並びの二つの後室が伸びた形となっており、他に類例のない特殊なプランは四川地方の崖墓を思い起こさせる（図 51）。右側だけが折り上げ天井となっているので、本来異なる時期に開かれた二つの石窟が、境の壁を壊して合体させられたとも考えられる。しかし入口が前壁中央に開かれ、それに「二つの後室の間の部分」が対応して造られているため、その可能性は低い。また窟全体がほぼ左右対称になるよう龕が開かれていることから、例え最初の計画に変更が加えられた結果、このような珍しいプランの石窟ができたとしても、工人たちがこの窟に統一性を与えようと努力した痕が窺える。前室中央（後室と後室の間）には、宋時代に造られた釈迦とラフラの塑像が立っている。東山健吾氏はこれらの像が、北魏時代の像を造り直したものである可能性が高いとされるが[2]、そうであればそれらが本尊とされていたのであろうか。またいつ運び込まれたのか不明であるが、18 基の石製の造像碑が壁面に沿って並べられているのもこの窟の特徴である。

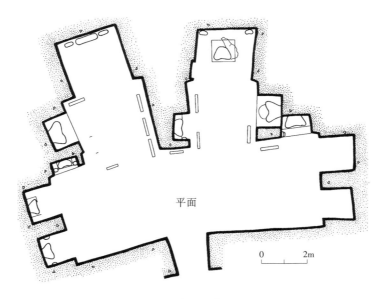

図 51　第 133 窟平面図

b.　第 133 号窟塑像

第 133 号窟に合計 16 個存在する仏龕中、底面と同じレベルに開かれたのは第 1 龕から第 11 龕までであり、第 12 龕以下第 16 龕は壁面上層に掘り出されている。前室仏龕内の如来坐像を概観すると、

---

① 蔣毅明、李西民、張宝璽、黄文昆「図版解説」278 頁（天水麦積山石窟芸術研究所編『中国石窟 麦積山石窟』平凡社、1987 年）。

② 東山健吾「麦積山石窟の草創と仏像の流れ」19 頁（『中国麦積山石窟展』図録、日本経済新聞社、1992 年）。

どれも裳懸座を備え、第1、2、3龕の如来坐像が足を袈裟の中から出していないのに対して、第9、10、11龕の如来坐像は右足先を前に垂らした袈裟の上に載せている。また前者と後者では像の大きさが異なり、前室の場合如来坐像の足の形式によって、大きく右側の仏龕と左側の仏龕の二つのグループに分類できることになる。後室では前室とは反対に、右側第4龕の像が袈裟から右足を出すのに対して、左側第6龕は足先を袈裟の中に隠している。ただし両者の顔の輪郭が角張り、像高は第9〜11号龕のものに近いことから、後室造像は前室左側グループの方に近いと考えられる。けれども、第1龕と第11龕には、どちらも段が龕内正壁のみならず左右壁に下方まで見られるので、前室左および後室の造営時期はほぼ同じであったと考えられる。

c. 造営に携わった工人の系統

　　第4、6、9、10、11龕といった窟左側のグループに属する如来坐像は、方円形の顔の輪郭や三日月形の目が、第142号窟造像などと類似している（図52）。また第8龕には、第142号窟と酷似する交脚菩薩像が造り出された（図54、55）。しかし窟右側の第3龕脇侍菩薩立像も、第142号窟の像と髪型や表情が類似している（図53、56）。そしてこのことからも、第133号窟内の造像時期に違いがなかったことが確かめられる。興味深いのは、第9龕弟子像が、第121、101号窟螺形髻像や弟子像と非常に似た表情をしている点である（図57、58）。その切れ長の眼は、第8龕や第142号窟の交脚菩薩像などに特徴的な笑いを含んだ眼とは、大きく異なっていた。繰り返し述べる通り、この時期の石窟は第121号窟と、第142号窟などに代表される二つのグループに分類され、それぞれが異なる系統に属する工人によって造営されていた。勿論、これら2つの工人系統のどちらとも関係を持った第122号窟のような例も存在する。しかし第133号窟内では、両グループに典型的な塑像が造り出され

図52　第133窟第11龕如来坐像

图 53　第 133 窟第 8 龛交脚菩萨像　　　　　　　图 54　第 142 窟右壁交脚菩萨像

图 55　第 133 窟第 3 龛菩萨立像　　　　　　　图 56　第 142 窟正壁菩萨立像

図 57　第 101 窟右壁弟子像

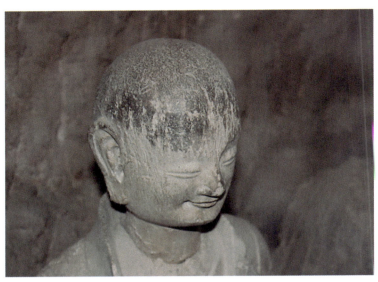

図 58　第 133 窟第 9 龕弟子像

ている。それゆえ第 133 号窟において、両系統の工人たちが共同で作業をおこなっていたことが理解される。これを要するに、第 133 号窟造営時期には、麦積山石窟のすべての工人たちが、自らが基本的には 1 つの大きな集団に属している（麦積山石窟の工人である）という強い意識を持つようになっていたと考えられるのである。

E.　第 133 号窟および、第 17、131 号窟の造営年代

　　第 133 号窟の具体的な造営年代を考える場合、窟内部にそれを指し示す要素が存在することが望ましい。しかし残念ながらそのヒントとなる様式、形式的特徴を見いだせないのが現状である。次善の方法として、この窟と壁面に設置された段の数や塑像の間に密接な影響関係が認められた第 142 号窟に注目することが考えられる。まず参考となるのが、像の配置法である。先にも見た通り、図 54 の造像は第 133 号窟第 8 龕の交脚菩薩像と類似し、第 142 号窟では右壁に置かれていた。石窟内に 3 体の如来坐像を造ることは遷都以前からおこなわれ、それらは三世仏であるとされたと考えられている。だが龍門石窟で 520 年に造営された慈香洞や 527 年の銘を持つ皇甫公窟が、右壁に明らかにそれが弥勒であることが分かる菩薩像を配すようになるまでは、基本的に左壁に弥勒が置かれるのが通性であった。また第 133 号窟に存在しないが第 142 号窟などに見いだされる要素として、力士像がある。残念ながら第 142 号窟の場合、本来 2 体あったはずの力士像が 1 体しか残っておらず、それも右半身の一部が壊れている。しかしその力士像は、遷都以前雲岡石窟第 2 期諸窟などにおいて造られた、西方的な像とは明らかに異なっている。上半身にX 字状天衣を着け、片腕を曲げ拳を造るが、これは 520 年前後から 530 年代にかけて洛陽や西安付近を中心として北朝の領域で大流行した力士像形式（漢民族化した力士像）であった[①]。それゆえ第 142 号窟は、520 年～530 年代初頭に造営されたと思われる。先にこの窟より造営が早いとした第 121 号窟が 510 年代、また第 142 号窟に遅れる第 139 号窟が北魏窟中もっとも遅い時期に開かれたと考えられることからも、この説は補強される。そして第 133 号窟の造営年代も、ほぼ同じ時期であったとして間違いない。なお第 17（東崖西部）、131（西崖

---

①　八木春生「中国南北朝時代における金剛力士像について」（『中国仏教美術と漢民族化』法蔵館、2004 年）。

東上部）号窟など、明らかに第133号窟と同一の工人が造営に携わったと考えられる小型窟は、第133号窟と重なる時期かそれより遅れて開かれたと思われる。

4. 西魏時代前期諸窟

このグループに属する石窟は、北魏後期あるいは西魏初頭と、造営時期に関して研究者の意見が一致しない点に特徴がある。西魏窟とされる場合、540年に死を賜った乙弗が葬られたとされる第43号窟以前に開かれたと考えられる。

A. 第127、135号窟

このグループを代表する、西崖西上部第127号窟の平面は横長の四角形で、天井は伏斗形。正壁、左壁、右壁にそれぞれ大龕が開かれる3壁3龕形式を備える。麦積山石窟の中では第133号窟と並び規模が飛び抜けて大きく、現在でも多数残された壁画の内容から、戒を授けるための儀式窟であったとする説が提出されている[1]。正壁本尊および左右脇侍菩薩立像は石彫である。麦積山石窟では北魏窟の像は、僅かな例外を除きすべてが塑像であった。また窟内に残された極めて水準の高い壁画は、「長安から派遣された画工集団が手掛けた可能性」があるという[2]。左右大龕内の塑像にしても、左壁

図59　第135窟正壁如来三尊像

左菩薩立像が、西壁西方浄土変に描かれた菩薩立像と、身体を極端に曲げる姿勢が一致することから、この窟の造営には麦積山石窟の既存の工人と異なる、まったく別系統の工人が関与したとして間違いがない。これは壁面に段が造られず影塑も用いられていないことから確かめられる。

左右壁の塑像如来坐像および脇侍菩薩立像は、宋時代に重修され、現在裳懸座の一部分だけしか原型を留めていない。けれども残った部分（膝の下に袈裟の一部が押し込まれる形式とフリルの裾飾りが袈裟の下より覗く形式）から、袈裟が右腕にかかった後、すぐに右脚下へと潜り込まされる、龍門石窟賓陽中洞本尊の影響により造り出された着衣形式を採用していたと判断される。第127号窟とは、窟形式、壁画、石像のどれにおいても密接に関係する西崖東上部の第135号窟でも、塑像如来坐像が同様の形式で袈裟を纏っていたことから、これは確かめられる（図59）[3]。しかしこの着衣形式の如来坐像は、先に述べた通り、第103、139、154号窟など北魏後期諸窟にすでに出現していた（図50）。

---

①　張宝璽「麦積山石窟壁画要説」225頁（天水麦積山石窟芸術研究所編『中国石窟・麦積山石窟』平凡社、1987年）。

②　東山健吾「麦積山石窟の草創と仏像の流れ」20頁（『中国麦積山石窟展』図録、日本経済新聞社、1992年）。

③　ただし厳密に言えば、袈裟を何重にも纏い、一番外側の袈裟をいわゆる涼州式偏袒右肩に着けている点で、賓陽中洞の如来坐像は第127（135）号窟像とは違っている。

B.　第 83、87、92、132 号窟

　　第 127 号窟および第 135 号窟と同様、北魏末あるいは西魏時代と評価が一定しない窟で、第 127（135）号窟の造営年代を考える上で示唆的なのが、第 83（西崖西上部）、87（西崖中部）、92（西崖東上部）、132（西崖東上部）号窟である。第 83 号窟は北魏末とされることが多いものの、残る 3 窟の開窟時期は、北魏末あるいは西魏の 2 説があり定説を見ない。西崖西上部および中部の第 83、87 号窟は、3 壁 3 龕形式で折り上げ天井という第 121 号窟同様の窟形式を備えるが、どの龕も浅い点に特徴がある。また第 92 号窟は方形のプランと平頂を備え、第 132 号窟は馬蹄形のプランを持つ円拱龕である。

　　これら 4 窟と、第 127（135）号窟との間の最大の相違としてあげられるのが、前者の壁面に段が設けられていることである。第 92、132 号窟は上から 3 段が造られ（ただし第 92 号窟は正壁のみ）、現在影塑のほとんどは失われるが、よく見るとそれらが貼付けられていた痕跡が認められる①。また第 83、87 号窟では、段は正、左右壁ともに 1 段ずつが敷設された。やはり影塑は残っていないが、剥落した跡からそこに貼付けられたものの多くが蓮華であったことが知られ、しかも同じものが龕の内側など、段上ではない部分に不規則に貼り付けられていた。このことから、第 83、87、132 号窟では段がその意味を失い、北魏後期に見られたのと同様、最終的な形態を示していると考えられる一方、第 127（135）号窟との共通点としては、如来坐像（塑像）の袈裟の纏い方のみならず、菩薩立像の髻を根元で結び、先端を扇状あるいは二つに割れた形として前方に傾斜させる形式や、耳と髪際の間に隙間が見られる形式などがあげられる。また第 92、132 号窟菩薩立像は、腹前に置いた供養物の形式が第 127 号窟東壁左像と類似することも注目に価する。しかし重要なのは、漢民族の上衣を纏う菩薩立像が見られ、第 83 号窟以外は、襟の部分から稜の立った内衣の襟を覗かせることである（図 60）。これら諸形式の多くは、北魏後期に洛陽で流行した仏教および墓葬美術に起原を持ち、麦

図 60　第 132 窟正壁菩薩立像局部

積山石窟北魏後期諸窟において、すでに採用されていたものであった。しかし 1 つの窟中に、上記着衣形式の如来坐像と、特殊な髪型で漢民族の上衣を纏い内衣の襟に稜が立つ菩薩立像が併存する例は、北魏後期窟中には見つけられない。このことから第 83、87、92、132 号窟などは、第 127（135）号窟の影響を受容した、既存の工人たちによって造営されたと考えられる②。

---

　　①　第 92、132 号窟の場合、影塑が剥がれ落ちた痕跡とともに、題記が書かれたと思われる短冊形が見られるので、本来壁面は影塑と絵画の供養人などが併存する状態であったに違いない。
　　②　しかし第 83、87 号窟菩薩立像の、両肩に羽織った天衣を体に沿って垂らした後、再び持ち上げ腕にかけ、まるで袖付きの衣のように見せる特殊な形式のように、これらの窟には、第 127（135）号窟のみならず、北魏後期諸窟にも見られなかった形式も存在する。

C. 第 72、83、87、92、127、132、135、146、147、162、172 号窟等の造営年代

　第 127（135）号窟には銘文がなく、現時点ではその造営時期を北魏末あるいは西魏初頭とすることができない。だが第 83、87、92、132 号窟以外にも、第 127（135）号窟の影響を受けたと思われる窟が多数存在する以上、それらが北魏末の混乱期に集中的に開かれたとは考えにくい。洛陽における北魏時代後期の流行形式が一気に流入してきたことを重視すれば、第 127（135）号窟は、麦積山石窟北魏後期諸窟とは一線を画して考えるべきである。そしてこれら 2 窟の造営が、『秦州雄武軍隴城県第六保瑞応寺再葬佛舎利記』の「西魏大統元年（535）再び崖閣を修理し、寺宇を重興す」という記載と関係するのであれば、第 83、87、92、132 号窟は、西安から来た工人たちの影響を受けた既存の工人たちにより、西魏初頭に造営されたと考えられる。菩薩立像が小型の第 162 号窟（西崖東上部）や、段および影塑が造られなかった第 146 号窟（西崖東上部）、破壊が酷い第 72 号窟（西崖中部）も、特徴的な如来坐像と菩薩立像の組み合わせから、同じ時期に開かれたとして間違いない。また第 172 号窟（東崖西部）など、現存する菩薩立像 1 体が第 83 号窟と同様内衣の襟に稜の立たない窟のみならず、菩薩立像自体が失われる第 64 号窟（西崖西下部）、そこに見られる如来坐像と同じく、螺髪が刻まれた像のみが造られた第 147 号窟（西崖東上部）も、このグループに属する可能性があると思われる。

5. 西魏時代後期諸窟

A. 第 44 号窟

　東崖西部の第 44 号窟は、廃后乙弗が埋葬されたとされる第 43 号窟（「寂陵」）西 3 メートルほどのところに開かれた。窟前部は完全に崩壊するが、天井の一部は残っていて、本来は方形のプランと方錐形天井を備えていたと考えられる[①]。仏像は、正壁に開かれた龕内に如来坐像および左右脇侍菩薩立像、および左壁の一弟子像が残るのみである。「ことのほか典雅で、整った瓜実顔の目じりから頬、頬からあごにかけた線がなんとも美しい」[②]と評される如来坐像は（図 61）、その美しさのみならず技術的水準の高さから、西魏窟の中でもっとも重要な石窟であるとされている。

　主尊である如来坐像は、「瓜実顔の輪郭と頬の柔らかな線の美しさ」以外にも、顎に柔らかな肉がつく点に特徴がある。頭部は菩薩が結う高髻のように大きな肉髻を備え、髪際の段差のため、まるでヘルメットをかぶっているかのように見える（図 62）。女性を思わせるような

図 61　第 44 窟正壁如来坐像

---

①　麦積山石窟誌編纂委員会・張錦秀編撰『麦積山石窟誌』36 頁（甘粛人民出版社、2002 年）。
②　東山健吾「麦積山石窟の草創と仏像の流れ」20～21 頁（『中国麦積山石窟展』図録、日本経済新聞社、1992 年）。

表情に対して、身体には厚みがあり、厚手の袈裟をゆったりと
纏っている。漢民族式に着けられた袈裟は、右腕によって持ち
上げられた後、垂下する袈裟の一部が右足首を覆っている。こ
れは、第127（135）号窟などに見られた着衣形式と類似する
が、右腕にかかった袈裟がすぐに右脚の下へと潜り込むのでは
なく、足首を覆って布が弛む点が最大の違いとなっている。第
127（135）号窟像などでは、袈裟が右脚の下へと潜り込む部分
に表現上不明確な点を有するのに対して、44号窟の方が現実に
即しており、表現として自然である点は重要である。それゆえ
この着衣形式は、第127（135）号窟像のバリエーションである
と考えられる。しかしどちらの着衣形式も、麦積山石窟以外で
も見ることが可能なことから、これらが麦積山石窟独自の形式
でなかったことが知られる①。

図62　第44窟正壁如来坐像頭部

　　高髻を結い正面に水晶形摩尼宝珠を飾る三面宝冠を戴いた
脇侍菩薩立像は、本尊と極めて良く似た表情をしている。それ
らが備える諸形式の中で注意を引くのは、耳と髪際の間にできた隙間であり、右菩薩立像が裳の膝の
あたりを摘んで縛る表現である（図63、64）。前者は、髪を上に持ち上げたことにより地肌が露出し

図63　第44窟正壁菩薩立像頭部

図64　第44窟正壁菩薩立像局部

① 　第127（135）号窟像と同じ形式で袈裟を纏う例は、山西省高平羊頭山石窟の北魏窟に見つけられる（張慶捷・李裕群・郭一
峰「山西高平羊頭山石窟調査報告」『考古学報』2000—1）。一方第44号窟と同じ着衣形式は、甘粛省博物館蔵西魏大統2年（536）
銘秦安造像塔中に見いだされる。

た様子を表わしたものと思われる。麦積山石窟では先に見たように、第 121 号窟および第 127 号窟などで、この形式を備えた菩薩立像が造り出された。そして洛陽では、永寧寺（516 年）塔趾出土の塑像頭部に、襟足までくっきりと地肌が現われたものが見つけられるので、これが本来北魏後期の洛陽における流行形式であったことが確かめられる。裳の膝のあたりを摘んで縛る形式も、洛陽出土とされるネルソン美術館蔵孝子石棺に刻まれた世俗人物像や、陝西省安康天監 5 年（506）銘墓出土の陶俑が備えていた①。

B. 第 20、102、105、120、123 号窟

　第 44 号窟と同じ系統に属する窟として、東崖西部第 20 号窟と、西崖西上部の第 102（図 65）、120 号窟が存在する。これら 3 窟の如来坐像は、第 44 号窟像と同様の着衣形式を採るものの、細部に違いがあり、同じ工人の手によるものでなかったことは明らかである。造像の形式分析から、第 44 号窟と第 102 号窟、第 20 号窟と第 120 号窟の二つに分類することが可能である。第 20、120 号窟には、第 44 号窟に見られない新たなモチーフや形式が出現した。そして第 120 号窟は、第 20 号窟と比べて形式上の簡略化が進んでいることを指摘できる。しかしまた、第 102 号窟と第 120 号窟の間にも（直接、間接的な）繋がりが存在する。それゆえ第 44 号窟の造営がもっとも早く、第 120 号窟は、第 102、20 号窟より遅れる可能性が高い。ただしこれらの間には、それほど時間の差はなかったに違いない。袖付きの着物を右前に纏いそれを肩口まで肌けるようにした菩薩立像や（図 66）、右肩ばかりか右上腕部あたりまで露出して袈裟を纏う弟子像など（図 67）、これら 3 窟の造像は、第 44 号窟以上に当時の流行を「リアル」に表現することが意図されたと考えられる。なお、第 123 号窟（西崖西上部）は、肩口まで肌けるようにした菩薩立像が見られるが、他には見られない少数民像の衣を纏った像が造られたことから、これらとほぼ同じ時期の造営であるが、若干遅れると考えられる。

図 65　第 102 窟正壁如来坐像　　　　図 66　第 20 窟正壁菩薩立像　　　　図 67　第 102 窟弟子像

---

① 　八木春生「麦積山石窟西魏窟に関する一考察」（筑波大学芸術学研究誌『芸叢』20 号、筑波大学芸術学系芸術学研究室、2004 年）。

C. 第 20、43、44、102、105、120 号窟の特徴

　　第 44 号窟の造像は、きわめて水準の高い工人の手によるものであった。第 102、20、120 号窟の 3 窟および第 105、123 号窟は、その強い影響下にあったが、第 44 号窟の像形式すべてを継承したのではなく、それぞれが取捨選択をおこなっていた。第 44 号窟系統の像はどれも、永寧寺塔出土塑像や洛陽北魏墓中に現われた人物像と共通する形式を多く備えている。これら造像の特色である「リアルさ」は、世俗の流行を巧みに取り込む永寧寺塔址出土塑像にとくに強く現われた特徴であった。このように第 44 号窟およびその系統諸窟の工人たちは、北魏後期の洛陽仏教美術や墓葬美術の強い影響を受けていた。第 127（135）号窟においても、洛陽北魏後期の流行形式の反映が認められた。しかしそれらとの間に違いが認められるのは、第 44 号窟如来坐像および菩薩立像、弟子像の様式、形式が、洛陽北魏後期の流行形式が西安の伝統と融合したことにより生み出されたためで、これこそ、540 年頃西安で流行していた様式、形式（西安西魏様式、形式）であったと考えられる。第 44 号窟が「寂陵」と同じ高さに 3 メートルしか離れず開かれたことは、その工人たちが、乙弗のため西安から派遣された可能性の高いことを示している。寂陵以降、造像が明らかに洗練されたものとなった以上、この時期に麦積山石窟が単なる地方の仏教石窟寺院ではなくなり、その性格が個人的なものから国家（西魏）と関係する、ある種の公的なものへと変化したことが理解される。またそれと同時に、麦積山石窟の北魏窟以来の伝統が途切れたことは、西魏初期窟との最大の違いであり、第 43、44 号窟の造営こそ麦積山石窟における大きな転機であったと言うことが可能である。

6. 北周時代諸窟

　　北周時代、麦積山石窟のおよそ 4 分の 1 を占めるとされる数の石窟が造営され、その多くが東崖に穿たれた。皇帝が関与したとされる石窟は存在しないが、大都督である李充信が 570 年頃に「七仏閣」あるいは「散華楼」と呼ばれる石窟を開いたことが知られている[1]。さらに秦州刺使であった宇文広一族がこの時期最大の施主であったとされ、574 年に武帝が仏道二教を禁止し北周の領域で多くの寺院や仏像が破壊された際も、この一族の庇護の下、麦積山石窟は破壊を免れたという[2]。廃仏時に宇文広一族の果たした役割を具体的に示す資料はないものの、破壊や造営が放棄された痕跡はまったく見られない。それでも 579 年に宣帝が三宝尊重の詔を下すまでの期間、麦積山石窟での造窟活動は、事実上ストップしたと思われる。

A. 第 22、109、157 号窟

　　東崖西部第 22 号窟は、平頂方形窟で、如来坐像は胸前を大きく U 字形に開いた漢民族式に袈裟を着け、台座に垂らした裳の中から右足を出している（図 68）。肉髻は低く、面部は角が取れて立体的となり、卵形を呈する。身体は円筒形を思わせる形で厚みがあり、写実的とは言い難いが、薄い袈裟の下から下腹部の緩やかな膨らみが看取される。これら特徴の多くは、麦積山石窟北魏後期諸窟や西魏諸窟の如来坐像にほとんど見られないものであった。ただし裳懸座表現は、（端の角ばりがなくな

---

　　① 李西民、張宝璽、黄文崑「図版解説」293 頁（天水麦積山石窟芸術研究所編『中国石窟 麦積山石窟』平凡社、1987 年）。また閻文儒氏は第 4 号窟をそれにあて、568 ～ 574 年の間に第 4 号窟が造営されたとしている（「麦積山石窟的歴史、分期及其題材」『麦積山石窟』〈甘粛人民出版社、1984 年〉）。
　　② 麦積山石窟誌編纂委員会・張錦秀編撰『麦積山石窟誌』6 頁（甘粛人民出版社、2002 年）。

り丸みを帯びるが）第154、127 号窟如来坐像など北魏後期～西魏初頭諸窟のものと、基本的に構成が同じである。それゆえこの窟は、北周窟諸窟の中で、早い時期の造営であったと考えられる。また面部が卵形で、袈裟を涼州式偏袒右肩に着け、裳の一部を覗かせる弟子像が造られたが、その着衣形式に関して類似した表現が見られる第157 号窟（西崖東上部）では、垂れ気味の目、卵形の頭部の形はもとより口元など本尊の顔の造作が、西崖西上部の第109 号窟右壁如来坐像と極めて類似している。

図68　第22窟如来坐像

図69　第141窟如来坐像

B. 第141 号窟

　　西崖東上部の第141 号窟は伏斗形天井で、平面は方形。正壁に1つ、左右壁に3つずつ龕が開かれ、それぞれ如来坐像が置かれている。窟形式と、全体で七仏を表現すると考えられるこの像配置は、第109 号窟と同じである。本尊は、第22 号窟で見たように胸前をU字形に大きく開き、漢民族式に袈裟を着けている（図69）。右足のみ袈裟から出す点や裳懸座の形式も同じで、卵形の面部、下腹の緩やかな膨らみなどからも、この2体の像が近い関係にあったと考えられる。眼の形も類似している。しかし本像は、肉髻を備えるが22 号窟像のものと違い頭部全体が盛り上がり、地髪との段差も明確でない（図70、71）。また左右壁如来坐像は、通肩と偏袒右肩のものが混在し、（前者は通肩にしてはかなり胸元を開く像が造られたが）どれも衣文が刻まれた薄い袈裟を通して身体の起伏が看取される。右足の踵だけを袈裟から出す像など、1体ずつ微妙に着衣形式が異なるものの、正壁像と異なり裳懸座をほとんど備えない点で共通している（図72）。第141 号窟は、北周窟中もっとも早期に属する第22 号窟に若干遅れて開かれたと考えられるが、それと密接に関係する第157、109 号窟とも造営時期が離れていたとは考えにくい。

　　正壁左右には、形式の異なる菩薩立像が造られた。左側像の面部は卵形で、台座に載った、水晶形の摩尼宝珠らしきものを飾る三面宝冠を戴いている。前髪中央が僅かだが下方に尖り、頭髪を肩のあたりで幾筋かに振り分ける。腰を捻り三曲法を取り、また膨らんだ腹部を下着が包んでいる。ひと

图 70　第 22 窟如来坐像局部　　　　図 71　第 141 窟如来坐像局部　　　　図 72　第 141 窟左壁如来坐像

きわ眼を引くのは着衣形式で、天衣を背中からかけるのでなく、胸を覆うようにして前から背面に向けて着け、背面でそれを交叉させている（図 73）。一方右側像は、左側像と違いほぼ直立している。三面宝冠を戴いていたらしく、正面飾が一部残っている。前髪を中央で左右に分け、蕨手状の垂髪を肩に沿って垂らし、こちらは天衣を X 字状に交叉させる。像全体として北魏後期の形式を色濃く残しているのが特徴的である（図 74）。

図 73　第 141 窟正壁左菩薩立像　　　　　図 74　第 141 窟正壁右菩薩立像

C. 第 7、12、26、27、32、35、36、39、45、65、67 号窟、

　これらの石窟は、円拱龕の第 45（東崖西下部）、67（西崖中部）号窟以外、どれも方形のプラン
と方錐形天井を採用している。第 141 号窟とは、それが天井中央に藻井を造り、塑土で造られた蓮華
をそこに取り付ける点で違っているものの、壁の四隅から半円筒形の辺框が伸び、窟全体で木造の仏
帳を模す点では両者共通している。また第 45、67 号窟を除く諸窟が、正面に 1 龕、左右壁にそれぞれ
3 龕ずつを開き、窟全体で七仏を表現するのも第 141 号窟と同じである。

　第 45、67 号窟菩薩立像は、第 141 号窟正壁左菩薩立像と同様、胸を覆った天衣の左端を左肩から
左腕と身体の隙間を通して垂下させ、腹前で U 字を描かせながら右腕にかけ、天衣の右端は、背中を
通して左腕と身体の隙間から出し身体に沿って垂らす形式を採っていた（図 75）。庫蔵第 1 号として
紹介される塑像①は三曲法を採るだけでなく、頭部正面に摩尼宝珠の蓮台らしきものが見られ、下腹
部の膨らみを包み込む下着の表現など第 141 号窟左菩薩立像と共通点を多数指摘できる。このことか
ら、これが第 45、67 号窟と同様、第 141 号窟と近い関係にある工人の手によるものであったとして間
違いない。重要なのは庫蔵第 1 号像頭部が卵形を呈し、頭髪を中央で分けるだけでなく、軽く腕を曲
げ胸前に置いた右手の形が、第 22 号窟菩薩立像と類似することである。

　　　図 75　第 45 窟正壁菩薩立像　　　　　　　　図 76　第 26 窟正壁菩薩立像

---

　①　「出品目録」解説、119 頁には、この塑像が第 161 号窟より出土したと記載される（『中国麦積山石窟展』図録、日本経済新
聞社、1992 年）。ただし、この窟は西魏前期窟であり、そこから北周様式、形式を備えるこの塑像が出土したとは考えにくい。

　　これらの像ほど高い位置ではないが同じ方法で天衣を前から着け、また腹部の膨みが下着を通して表されるものに、東崖西部の第 26 号窟および36 号窟の正壁右菩薩立像がある（図76、77）。片手を挙げ、後方に反らせた掌上に何かを載せている点も一致している。また隋時代とされることがある東崖東部第 12 号窟正壁左の像は、さらに低く腹のあたりを天衣が覆っている（図78）。正壁右像は、着け方は異なるけれども、第 36 号窟左菩薩立像と同様天衣で肩を覆わず U 字形状にして前に垂らし、肩口まで持ち上げた手の掌を後方に反らす形式を備え、腹部の膨らみが表現されている。そしてこれらの多くは、第 141 号窟正壁左菩薩立像以上に前髪中央の突起が明確に表現される点でも共通していた。このように第 12、26、36、45、67 号窟、また現在菩薩立像を失ったり、存在しても細部形式を異にしたりするが、方錐形天井と 1 窟 7 仏窟という形式を備える第 7（東崖東部）、27（東崖西部）、32、35、39（東崖中部）、65 号窟（西崖西下部）も、第 141 号窟と多くの共通点を指摘できる。しかしそれら石窟中、庫蔵第 1 号を介して第 22 号窟との繋がりを指摘できる第 45、67 号窟以外は、第 22 号窟のみならず、それとの関連が認められた第 109、157 号窟との間に多くの繋がりを見つけられない。それゆえ第 141 号窟の影響を受けた窟には、2 つのグループが存在し、第 45、67 号窟と、第 7、12、26、27、32、35、36、39、65 号窟に分類できることが理解される。そして第 67 号窟本尊は顔が第 141 号

図77　第 36 窟正壁菩薩立像　　　　　　　図78　第 12 窟正壁菩薩立像

窟本尊に近似するので（図79、71）、前者の2窟は他の141号の影響を受けた窟より、造営が早かった可能性がある。

D. 第7、12、26、27、32、35、36、39、65号窟の造営年代

a. 他地域からの影響（北周および北斉仏教美術）

第12、26、36号窟菩薩立像などに見られる、前髪中央がはっきり尖る形式は、隋時代初頭と考えられる西安市北郊漢城郷西査村で発見された白玉菩薩立像や、西安西郊から出土した隋時代とされる菩薩像頭部などに見いだせる[①]。それゆえこれらが隋時代初期の西安仏教美術と繋がりを持つことが理解される。しかし宝冠の金箔や唇の朱彩が残る西安市北郊漢城郷西査村出土白玉像は、右手に柳枝左手に浄瓶を持って直立し、体中を瓔珞で飾っていて第12、26、36号窟菩薩立像などとの間に密接な影響関係が認められない。

またこれまでほとんど指摘されることはなかったが、北斉仏教美術との間にも密接な影響関係が存在した。如来坐像において、低い肉髻の出現や裳懸座の消失は、インドや東南アジア、西域、また南朝などから流入した情報がきっかけとなった可能性を否定できない。けれども右足を下に敷いて坐す形式は、北斉仏教美術にその起源を求めることが可能である[②]。第7、26、32、39号窟左右壁像、また後述する第82、94号窟本尊などが、この形式を備えていた（図80）。鄴付近の石窟では、北斉初頭に造営された北響堂山石窟北洞（550年頃）をはじめ、確実に568年以前の造営である南洞には認められないが、570年代初頭～半ば頃とされる南響堂山石窟第1・2窟や第5窟などでこの形式が採用

図79　第67窟如来坐像局部

図80　第7窟如来坐像

①　菩薩立像の前髪中央をはっきりと尖らす表現は、西安西郊の西安市旧民航機場北側礼泉寺趾から出土した隋時代とされるいくつかの像に見いだされる（王長啓「礼泉寺遺趾出土佛教造像」『考古與文物』2000－2）。寧夏回族自治区固原の須弥山石窟第51号窟（北周窟）にもこの形式を備えた像が見られるものの、その尖り方は僅かである。

②　北斉の領域における、右足を下に敷いて足を組む如来坐像については、岡田健「南北朝後期仏教美術の諸相」304頁（曽布川寛・岡田健『世界美術大全集東洋編第三巻 三国・南北朝』小学館、2000年）を参照した。

されたことが知られている。一般的に北周の造像は、北斉石窟造像以上に保守的傾向が強いので、伝統を破るこの足の組み方が北斉造像に先んじて採用されたとは考えにくい。それゆえこの形式が麦積山石窟に流入したのは、早くても570年以降であったと思われる。寧夏回族自治区固原の須弥山石窟では、第51窟（北周窟）如来坐像が同様の形式を備えており、この窟が完成を見なかったのは、武帝の廃仏の影響であったとされることもこの考えを補強する[①]。

　第12、26号窟本尊などに見られる袈裟の着け方も同様に、北斉美術から影響があったことを示している。第12、26号窟本尊は、両肩を覆うようにして衣を羽織り、その上から（両肩を覆う衣の腕の下を通すようにして）涼州式偏袒右肩に袈裟を纏っている（図81）。鄴付近では、北響堂山石窟北洞などにほぼ同じ着衣形式の如来坐像が存在する。1975年、西安北郊の北草灘李家村より北周時代のものとされる白玉の造像龕合計17件出土したが、そこに刻まれた如来坐像のいくつかは、ほぼこれと同じ袈裟の着け方をしていた（図82）。おそらく麦積山石窟の工人たちは、西安からの情報を基にこの形式を受容したと考えられ、北斉仏教美術の情報は必ずしも北斉の領域から直接流入していたのでなかったことが理解される。

図81　第12窟如来坐像

図82　西安北郊北草灘李家村出土如来坐像

b.　第4号窟

　東崖上部、地上80メートルの麦積山石窟でもっとも高い場所に開かれたこの窟は（図83）、木造建築を模した「崖閣」形式であり、寄棟造りの屋根の下、8本の柱の間それぞれに帳形の龕が合計7

　[①]　須弥山石窟諸窟の造営年代については、寧夏回族自治区文物管理委員会・中央美術学院美術史系編『須弥山石窟』（文物出版社、1988年）および寧夏回族自治区文物管理委員会・北京大学考古系編著『須弥山石窟内容総録』（文物出版社、1997年）を参照した。なお造営が中断されたことに関して、前者は設計上の問題にも原因があった可能性を指摘している。

つ開かれた。現在開窟時の造像はすべて失われるが、開かれた場所のみならず規模の大きさ、塑像と壁画を組み合わせる他に例を見ない飛天（図84）、龕と龕の間に彫り出された石胎の天龍八部衆像など、技法やモチーフの新しさ、そして芸術的水準の高さから、これらが「当時の地位の高い上流の人物によって建てられたものであろう」とする説は肯首される①。また1仏2弟子6菩薩像（あるいは1仏8菩薩像）という、まったく新しい造像の組み合わせの出現からもこのことは補強される。一般的に、「散華楼」または「上七仏閣」と呼び習わされるこの窟は、大都督李充信により570年頃に造営されたと考えられている。しかしこれほど豪華な窟を開くのは、「宇文広のもとの官吏にすぎない」李充信には不可能であり、秦州刺使で麦積山石窟の最大の施主であった宇文広一族による造営であると考えられ、李充信が開いたのは第9号窟であるとする説も提出されている。さらに現在壁面がコンクリートで修復されたことにより分からなくなっているが、かつて第4号窟の下には、7体の如来坐像が一列に並んで配されていたらしいことが、1950年代に撮影された写真により確認できる②。それゆえこの7龕こそが李充信による「七仏閣」であったことも考慮する必要があると思われる。第4号窟の場合、下半身に本来の姿を留めていると考えられる如来坐像が、右足を下に敷いて坐していることから（図85）、570年以降の造営であったことが理解される。「七仏閣」であったか否かは簡単に結論を出せないものの、この窟が570年頃の西安北周形式を反映しており、麦積山石窟に大きな影響を与えたとして間違いない。

図83　第4窟

図84　第4窟飛天

c. 第7、12、26、27、32、35、36、39、65号窟の造営年代

　　第141号窟およびその系統に属する諸窟の多くが備える1窟7仏形式は、第4号窟と同様「七仏」をモチーフとしたものである。だが正壁に1体左右壁に3体ずつ如来坐像を配する形式は、他にほとんど例を見ない特殊なものであった③。そしてこれら1窟7仏窟では、左右壁の如来坐像が

---

①　李西民、張宝璽、黄文崑「図版解説」293頁（天水麦積山石窟芸術研究所編『中国石窟　麦積山石窟』平凡社、1987年）。

②　第9窟が李充信による造営であるとする説については、金維諾「麦積山石窟の創建とその芸術上の成果」195頁（天水麦積山石窟芸術研究所編『中国石窟　麦積山石窟』平凡社、1987年）を参照されたい。なお、第4号窟下に七仏が存在していた可能性については、末森薫氏が指摘している（「天水麦積山東崖面の復元的考察」日本中国考古学会2008年度ポスターセッション）。

③　このような像配置は、現在失われているものの、西安付近の寺院に見られたことは、充分に考えられる。また現在第4号窟には、1仏2弟子6菩薩あるいは1仏8菩薩という変わった形式で並べられる後代の像が見られるが、造営時においても、現在と同様左右壁に3体ずつ立像が配されていたとして間違いない。しかしそれらが菩薩像ではなく如来像であったことも否定できず、そうであれば第4号窟も1窟7仏形式であったことになる。それゆえ、1窟7仏形式が麦積山石窟で造り出された窟形式ではなかった可能性についても考慮すべきであると思われる。

図 85　第 4 窟如来坐像

禅定印を結び、ほぼ同じ姿勢で造り出されたことは注目に値する。第 7、12、26、27、32、35、36、39、65 号窟などでは、第 7 号窟のように如来坐像の着衣形式と足の組み方の組み合わせに規則性が認められる窟もあるが、第 141 号窟に見られた着衣の細部形式などの違いは認められず、さらにこの傾向が顕著であった。それらが造営された時期、麦積山石窟において造営数が急激に増加したため、効率良く石窟内部に像を充填する必然性から、1 窟 7 仏という形式が好んで採用されたことが考えられる。また石窟の規模や装飾の少なさからも明らかなように、これらの石窟を造営した壇越は、第 4 号窟のそれとは違い潤沢な資金を持っていなかった。左右壁に龕を彫らず、如来坐像を台上に並べる窟が多いのは、大壇越不在という状況が関係する。そしてそれらの中で、とくに右足を下に敷く如来坐像が見られる第 7、26、32、39 号窟などの造営時期は、570 年より遅れると考えられる。さらに第 7、12、26、27、32、35、36、39、65 号窟など造窟数が多いという状況を考慮すれば、建徳元（573）年に武帝により仏教が三教（儒教、仏教、道教）の中で最下位とされ、仏教に対する抑圧が増加し始めた廃仏直前の時期ではなく、廃仏終了（579 年）以後の造営であった蓋然性が高い。

　北周窟の造像を概観すると、北斉および西安北周仏教美術の影響が強い窟と、あまりそれが現れない窟に二分される。麦積山石窟で他地域からの影響が強くなり始めたのは、北周初期窟である第 22 号窟に遅れて開かれた第 141 号窟からであり、570 年代の北斉仏教美術や、西安北周仏教美術の影響が顕著になったのは、さらに時代が下った第 141 号窟系統に属する第 7、12、26、32、36、39、65 号窟などにおいてであった。1 窟に七仏を配し、天衣を前から着けるといった麦積山石窟独自の形式が確立したのも第 141 号窟であると考えられ、また第 7、12、26、27、32、35、36、39、65 号窟などにおいてそれが流行した。したがって第 141 号窟こそ、麦積山石窟北周窟を代表する石窟であるとして異論はないと思われる。そしてその系統諸窟は、多くが実年代的には隋時代に入ってからの開窟であ

った可能性が高いものの、麦積山石窟北周窟後期としてグルーピングできると結論される。現在麦積山石窟芸術研究所に保管される『秦州雄武軍隴城県第六保瑞応寺再葬佛舎利記』には、「又至隋文皇仁寿元年再（開）龕窟救葬舎利建此宝塔賜浄念寺」とある①。隋文帝による造営が601年におこなわれ、そこで様式、形式上に大きな変化が起きた可能性があると考えられるので、北周窟の最末期を飾る第141号窟系統諸窟の造営は、601年頃まで続いたことを否定できない。

8. 隋時代諸窟

A. 隋時代前期

　北周時代の造営とされる窟で、これまでほとんど言及しなかったものに第40、62、82、94号窟がある。第40号窟（東崖西部）は穹窿窟で如来倚坐像（交脚?）を本尊とし、円拱龕の第82、94号窟には、1仏2菩薩像や1仏2弟子2菩薩像が配される（図86、87）。これら3窟は、主尊が方形の台座、菩薩などの像は低い台上に載っている。西崖西上部第82号窟、西崖西下部第94号窟は、隋窟と比定されることがあり、第40、94号窟のように、本尊の前髪中央が尖る第8号窟（東崖東部）は隋窟と考えられている。また第40号窟は、北周末の第39号窟の壁の一部を破壊していることからも、隋時代に入って造営された可能性が高い。

図86　第94窟如来五尊像

図87　第82窟正壁如来三尊像

　第82、94号窟菩薩立像は、肩からかけた天衣を交叉させず左右互い違いにさせ、頭部が身体に比して大きい、幼児を連想させる身体を持つ像として造られる。しかしこの天衣の形式や、頸が長く下腹を突き出さずに立つ身体表現は、北周時代ではなく西安付近から出土する隋時代初期とされる時期の作品に多く見られるものであった。また第82、94号窟本尊が、右足を下に敷いて脚を組むだけでなく、後者の菩薩立像は瓔珞を襷がけするなど、第141号窟系統諸窟でも採用されなかった旧北斉領域

①　麦積山石窟誌編纂委員会・張錦秀編撰『麦積山石窟誌』168頁（甘粛人民出版社、2002年）。

内部での流行形式が認められる①。したがってこれらを西安経由で伝えられた新たな情報の影響を受けた、第141号窟の系統に属する諸窟と一線を画するグループ、言い換えれば「隋前期窟」として比定することが可能である。ただし造営時期は、第141号窟系統諸窟の一部と併行していた可能性がある。

　　ここで問題となるのは、第40、82、94号窟と、如来の前髪中央が突起する形式が共通する西崖西下部の第62号窟である。方形のプランと方錐形天井を備え、1窟7仏形式ではなく3壁3龕形式を採り、菩薩立像が7頭身のプロポーションを備える点で（図88）、第40、82、94号窟とは大きく異なっている。それゆえこの窟を隋前期窟に含めて考えることに問題がない訳ではない。しかし北周窟に属させるとしても孤立した存在であり、麦積山石窟北周窟を特徴づける第141号窟との関係がほとんど認められない以上、この窟を隋の最初期窟として位置づけることを否定できないと思われる②。前髪中央を尖らせる菩薩像から始まった形式を如来像が採用していることや（図89）、西安付近では隋時代前期に童子形を脱し成人男性を思わせるプロポーションを獲得した石造菩薩立像が彫り出されたこともこの考えを補強する。さらに正壁左菩薩立像は、腹部に1本の細線が認められる（図90）。これが、「裳を二重に纏い、外側は下腹部分で外側に折り返すが内側は高い位置まで持ち上げ、その上端が肩から斜めに着けた下着によって隠される」という西安付近で600年頃流行した形式と関係するのであれば、確実に隋代の造営と考えてよいに違いない。

図88　第62窟正壁左壁菩薩立像　　　　図89　第62窟右壁如来坐像　　　　図90　第62窟正壁菩薩立像

---

①　岡田健「北斉様式の成立とその特質」44頁（『佛教藝術』第159号、毎日新聞社、1985年）。

②　なお、先に第141号窟系統諸窟に属するとした第65号窟は、方錐形天井および1窟7仏窟形式を備え、菩薩立像が天衣を前から着ける形式を採るものの、頭部の大きい幼児を思わせる像として造られた。第141号窟の影響力が低下する一方で、隋以降盛んになる形式を備えることを重視すれば、この窟を隋前期諸窟のグループに属して考えることも完全には否定できないと思われる。

B. 隋時代後期諸窟

　隋文帝の勅令により、仁寿元年（601）、麦積山山頂に舎利塔が建立されたのに伴い、いくつかの石窟が新たに開かれたと考えられる。そしてそれらは、実質上麦積山石窟における最後のまとまった造営となったのである。この時期のものとして、東崖摩崖大仏（第 13 号窟）を含め、第 5、14、24、34、37 号窟などがあげられ、それらはみな東崖に穿たれた。窟形式としては、馬蹄形のプランとボールト天井を備えるもの（第 5、24、34、37 号窟）、北周後期の流行形式である方錐形天井と方形のプランのもの（第 14 号窟）が存在するが、後者は北周時代に造営され、造像はすべて隋時代に重修されたと考えられている①。

　西魏以降、窟を穿つためのスペースを求めて、西崖から東崖へと造営の中心が移ったが、この時期の石窟数の少なさは、唐時代以前すでに、東崖も空いた崖面が少なくなっていたことを意味している。また互いの窟の間に影響関係を多く指摘できないのは、造窟活動が低調で、麦積山石窟の造営を生業とする工人集団が消滅した、あるいはその工房形態に変化が生じたためだと考えられる。造像は、北周後期～隋前期から引き続き、如来坐像は両肩を覆うようにして衣を羽織り、その上から（両肩を覆う衣の腕の下を通すようにして）涼州式偏袒右肩に袈裟を纏っており、菩薩立像は左右互い違いにして天衣を着ける形式を採用した。北周窟に見られた三曲法や遊足などの形式をさらに洗練させた菩薩立像も存在する。また、頭部の大きな菩薩および弟子像も造られた。しかしそれらは成人の肉体を持っていた。また第 14 号窟（東崖西部）如来坐像が左肩に跳ねかけた袈裟の先端を紐で吊るし、第 24（東崖西部）および 5 号（東崖上部）窟菩薩立像が、やはり下着を 1 本の肩紐で吊るなど、実際の僧侶の着衣方法の流行を反映したと思われる新しい形式（図91、92）も出現した。それら造像と

　　　図91　第 14 窟正壁如来坐像　　　　　　図92　第 24 窟右壁菩薩立像

---

①　李西民、張宝璽、黄文崑「図版解説」296 頁（天水麦積山石窟芸術研究所編『中国石窟 麦積山石窟』平凡社、1987 年）。ただし、第 141 号窟系統諸窟の窟形式が残存したものである可能性も完全には否定できないと思われる。

隋前期以前の造像とを区別する最大の相違点は、身体の塊量性にある。自然な肉体表現の興味は、北周時代に顕著となり、肉体の膨らみが意識された像が造られ始めた。けれどもそれらは、この時代の造像に見られるリアリティーを獲得するには至らなかった。第14号窟の力士像を例にあげるまでもなく（図93）、厚みのある肉体は、それ以前のいかなる像より実在の人間を想起させる力を持っている。

　　塑像という素材とも関係するのであろうが、造像に関する限り、北魏時代前期から隋時代を通じて、現実の観察に基づく「リアル」な表現がなされる傾向が、麦積山石窟では見受けられた。北魏時代は、第78・74号窟に見られるように、両足を袈裟から出すという当時の僧侶たちの袈裟の着衣方法が再現された（図94）。また西魏時代には、当時の世俗の流行を反映した着物の着こなしが菩薩立像や弟子像に採用され（第102、20号窟）、垂れた結紐が袈裟の中に織り込まれる（第20号窟）といった表現もなされている（図95）。そして北周時代には、袈裟から踵部分だけが覗く様子が表された（図96）。隋時代にも、同様の「リアル」な表現は認められる。だが、それと同時に起伏によって、肉体の量感を表すことが積極的におこなわれた。これもリアルな表現であることに違いはない。だが詳細な観察に基づき、衣の細部を再現することで写実性を得るというのと、人体そのものの量感を表そうという姿勢の間には、根本的な違いがあると思われる。隋時代において、人体そのものを表現対象とすることが主流となり、ここに仏教造像が新たな段階に入ったことが理解される。

図93　第14窟左壁力士像

図94　第78窟如来坐像局部

図95　第20窟如来坐像局部

図96　第141窟如来坐像局部

　　窟と2つの大龕から形成される第5窟の場合、左右龕に入れられた造像は唐時代の作品であると
され、また廊正壁右上部には、唐時代に描かれた西方浄土変が見られる。このことから、造営が唐時
代にまで及んだことが指摘されている[①]。しかしこれ以外には、唐時代の造営がほとんど見られない
以上、この窟の完成をもって、麦積山石窟における造窟活動は基本的に終了したと考えられる。第5
窟菩薩立像のボリュームのある筒状の身体を見ると、敦煌莫高窟第427窟などの隋窟造像が思い起こ
される（図97、98）。このような造像様式、形式こそ、西安を中心に確立された始めた隋時代の統一
的な様式、形式であったに違いなく、首都西安で形成されたその新様式、形式が各地に伝播し、中国
全土に統一的な造像が造り出されていく様子が窺われる。

図97　第5窟右壁菩薩立像　　　　　　　　　図98　敦煌莫高窟第244窟菩薩立像

おわりに

　　以上、麦積山石窟における北魏時代前期から隋時代後期までの流れを概観してきた。もっとも造
窟活動が盛んであった北魏時代を通じて、長期間にわたり第74・78号窟の影響力が保持され、北魏後

①　麦積山石窟誌編纂委員会・張錦秀編撰『麦積山石窟誌』74～75頁（甘粛人民出版社、2002年）。

期、その直接的な影響が看取されなくなった後も、この 2 窟の系譜を汲む工人たちによって造営が続けられたことは興味深い。しかし西魏時代、とくに乙弗の墓が造営されたことで麦積山石窟の性格が一変した。つまりその墓の造営時である540 年頃を境として、伝統はあるものの、一地方の仏教石窟寺院であった麦積山石窟が、突如として首都西安の最新流行様式、形式を反映した国家レベルの石窟へと変貌を遂げたのである。遺品が少なくはっきりとしていない西安西魏仏教美術様式、形式を知る1 つの有力な手がかりとして、第 44 号窟に代表される麦積山石窟西魏後期諸窟の果たす役割は小さくないと考えられる。続く北周時代、第 44 号窟およびその系統諸窟の工人たちによって引き続き造営がなされたとは考えにくい。西魏後期から北周前期にかけて、像の様式、形式が大きく変化しているため、現時点では、それぞれの工人たちに何らかの関係があったことを否定できないものの、両者を 1 つの系統として考えることは難しい。第 22 号窟などの袈裟の着け方は、第 44 号窟以前、第 127、135 号窟像などと類似を指摘できるのは興味深い。いずれにせよ北周時代においても、西安との繋がりが密接であった麦積山石窟の重要性は、失われることがなかったと思われる。しかしこの時期、造営された石窟が必ずしも西安の流行形式を模倣したものばかりでなかったことは、第 141 号窟など 1 窟 7 仏形式といった今のところ他に類例を見ない像配置が好んで採用されたことからも理解される。

　南北朝時代終結により、すぐさま中国仏教美術に統一的な様式、形式が出現したわけではない。それまで各地で展開し、強い地域性を示していた仏教美術様式、形式は、容易に変化することがなかったと思われる。しかし仁寿年間に隋文帝が中国全土に舎利塔を建造したことで、多様な様式、形式が次第に統一的なものへと収斂されていく流れが生まれたと考えられる。仁寿年間に山頂に塔が建立された麦積山石窟でも、全国規模のこの流れに無関係ではいられなかった。しかしその頃すでに、麦積山の崖面はほぼ窟で埋まってしまい、新たな窟を多数造営しようにも、それがおこなえない状態にあったに違いない。さらに唐時代の 2 度にわたる地震で深刻な被害を受けた結果、麦積山石窟は再び地方の 1 石窟寺院へと戻り、多くの人々からは忘れ去られた存在となっていった。

　本論でおこなった考察を基に編年をおこなうと以下のようになる。

　　　　北魏時代前期諸窟（470 年代～494 年頃）
　　　　第 51、68、70、71、73、74、75、77、78、80、90、128、144、148、165 号窟
　　　　北魏時代中期諸窟（502 年～510 年代）
　　　　第 16、21、23、69、76、86、89、98、100、114、115、149、155、156、169、170 号窟
　　　　北魏時代後期諸窟（510 年代～534 年頃）
　　　　第 17、85、93、101、103、121、122、131、133、139、140、142、154、159、163 号窟
　　　　西魏時代前期諸窟（535 年～540 年頃）
　　　　第 64、72、83、87、92、112、127、132、135、146、147、162、172 号窟
　　　　西魏時代後期諸窟（540 年頃～557 年頃）
　　　　第 20、43、44、102、105、120、123 号窟
　　　　北周時代前期諸窟（557 年頃～574 年頃）
　　　　第 4、9、22、45、67、109、141、157 号窟
　　　　北周時代後期諸窟（579 年頃～601 年頃）

第 7、12、26、27、32、35、36、39、65 号窟

隋時代前期諸窟（581 年頃~601 年頃）

第 8、40、62、82、94 号窟

隋時代後期諸窟（601 年頃~618 年頃）

第 5、13、14、24、34、37 号窟

　本論では言及することができなかったものの、造像がすべて失われ窟前の建築装飾だけが残った第 28、29、30 窟のみならず、幾度か重修がなされ、造像は北周時代のものだが開窟時期が北魏時代前期あるいは中期である第 84、88 号窟①のような例がまだいくつか存在している。今後はさらに調査を重ね、すべての窟の編年を完成したいと考えている。

　　　　　　　　　　　　　　　　　　　　　　　　　　本节作者：八木春生

---

　①　この 2 窟の造像は、本尊の低い肉髻や裳懸け座形式から北周時代前期のものと判断される。だが、左右壁面などに小龕が穿たれ、北魏時代に開かれたことが確かであるものの、果たしてそれが北魏時代のいずれの時期かは、影塑が失われてしまっていて判断できない。

第三章　麦积山石窟周边环境与景观调查

一、麦积山石窟五十年变迁概要

麦积山石窟是国务院公布的全国第一批重点文物保护单位之一，位于甘肃省天水市东南约四十公里的陇山之中，这里茂林叠翠，风景静幽，群山之中一孤峰凸起，形如麦积之状，故有麦积山之名，密如蜂房的历代洞窟就开凿在这险峻的山崖上。

麦积山开凿于后秦时期，以后历代曾不断地营建，目前保留下来的洞窟 221 个，各类雕塑 7800 余身，壁画 1000 余平方米。以北朝时期的遗存为主，雕塑和壁画都表现出强烈的民族化、世俗化的倾向，形成了自己独特的艺术风格，在中国古代美术史上占有极为重要的地位，享有 "东方雕塑博物馆" 和 "中国四大石窟之一" 的美称。

同其他的文化遗存一样，由于经历了一千余年的各种因素的破坏，麦积山石窟的文物保护也面临着巨大的问题，如山体稳定性、洞窟渗水、环境变化、壁画和雕塑的各类病害等，这一切，都严重地威胁着这些珍贵的历史文物完整地向后世传递。

麦积山石窟自 20 世纪 50 年代初建立正式的管理机构开始，就做了大量实际有效的工作来保护这个著名的佛教遗迹，如山体加固工程、文物本体修复工程、山体渗水治理工程、瑞应寺古建筑修缮工程、退耕还林等，这些都从根本上改善了麦积山石窟的环境以及文物本体的根本面貌，现将各项工作的概要介绍如下。

1. 麦积山石窟加固工程

山体稳定性应该是所有的保护工作中最重要的一个问题，由于天水地区处在中国南北地震带和东西地震带的交汇点附近，在历史上曾发生过多次的重大地震，都对石窟所处的山体造成了巨大的破坏，山体表面布满了各种方向不同、深浅不一的裂隙，许多巨大的岩石危危欲坠，随时都有坍塌毁坏的危险，对洞窟以及塑像、壁画的威胁是显而易见的。

1953 年，文化部派出麦积山石窟勘察团，对麦积山石窟进行了全面的考察，当时便意识到了山体缺乏稳定性的严重危害性，在最后给中央政府的报告中，提出了保护建议，"建议政府能考虑以现代工程上应用的科学方法（即横穿崖石裂缝，贯以钢筋和灰浆）来加固这些危崖，以保护我们民族优秀的文化遗产"。

这个建议引起了各级政府和职能部门的普遍重视。之后，文化部、甘肃省文化厅、麦积山石窟保管所等单位在各级政府的支持下都有方向、有目的地展开了这个课题的前期调查研究工作，邀请地质、水文、建筑、岩石、文物等各个方向的专业人员，从各专业的角度对山体以及文物的安全性进行了勘察，为以后的山体加固方案提供了依据。

在对前期的各种基础资料进行充分调查、论证的基础上，专家们先后提出了几种加固方案，最后在反复对比、论证的前提下，于1975年，初步确定了"锚杆挡墙，大柱支顶，化学灌浆粘接"的加固方案，并且由甘肃省委领导主持成立了麦积山加固领导小组，标志着加固工程正式开始。

在初步的方案设计和工程实验中，工程技术人员在从铁道、矿山、隧道等建筑工程以及国外类似的工程中获得了启发，认为"喷锚支护的工程技术"是可以运用到麦积山加固工程中的，它比起起初的锚杆挡墙有更大的优越性，除了可以更有效地达到加固山体的目的，同时还可以保持山体以及洞窟的外形，达到不改变文物原状的目的，并且在劳动功效、材料、资金等方面有明显的优点，在充分论证的基础上，将原来的方案改变为喷锚支护，后来的具体施工过程中又增加了粘、托两项技术，所以，整个加固工程的技术措施最后定名为喷锚粘托。

喷锚是主要的加固手段和中心内容，是采用非预应力锚杆技术将表面破裂的岩石和山体基岩锚固在一起，然后在表面挂钢筋网，最后用水泥喷护，在工程期间，遇到了许多技术性的难题，如第五工段的巨型危岩（在5号窟东侧，重580吨）、各种情况的裂隙等，参与施工的工程技术人员都通过技术攻关等手段克服了一个又一个困难，保证了加固工程的顺利进行。

在喷锚的同时，对岩石内部的各种裂隙进行了化学灌浆，灌浆材料为环氧树脂，这种工艺方法在云冈石窟曾运用过，而且取得了比较好的效果。在麦积山石窟灌浆的主要目的不是起粘接的作用，而是将环氧树脂填充到岩石裂隙中，避免水分、空气等侵入裂隙，从而对锚固的钢筋以及岩石产生侵蚀作用。

1984年4月，麦积山石窟维修加固工程正式竣工，完成的主要工程量：喷护总面积9100平方米，打锚杆2300余根，总进尺12500米，架设钢筋混凝土结构栈道1100米。

在同年7月，由文化部和甘肃省政府组织的工程鉴定及竣工验收会议在天水召开，与会的专家充分肯定了喷锚粘托技术的优越性，认为麦积山石窟加固工程"在总结了国内岩石加固经验的基础上，结合麦积山石窟岩体的特点和不改变原状的原则，成功地采用了喷、锚、粘、托综合加固技术，为保护石窟文物开创了一条新的途径，工程造价仅305万元，经济效益显著，这样采用先进技术综合治理石窟的成功实例，在国内外都是突出的"。

麦积山石窟加固工程是在敦煌莫高窟维修加固工程之后，中国石窟加固史上的又一次重大工程，在加固理念、方法方面，比莫高窟的加固更进一步，最大程度地保持了山体及洞窟的原始风貌，为以后其他石窟的加固提供了宝贵的经验，具有普遍性的指导意义。[1] 1985年，该项工程荣获国家科技进步三等奖。

2. 山体渗水治理工程

在山体加固工程之后，另外一个重要的保护难题也逐步地摆上了文物保护工作者的议事日程，这就是山体渗水现象。由于地质构造运动、地震等影响，在山体上造成了许多裂隙，而大气降水则通过这些裂隙渗透到山体内部，然后又沿着岩层中的透水层渗透到洞窟位置，直接对窟内文物造成影响。一部分珍贵文物由于遭受长时间的渗水影响，产生了多种病害，如洞窟潮湿、落沙、壁画脱落、变色、褪色、空鼓、塑像木骨架糟朽，渗水严重的洞窟形制已经完全被破坏，个别洞窟的塑像不得已采取了搬迁措施。

---

① 张锦秀《石窟维修史上的新篇章——麦积山石窟维修加固工程的回顾》，《丝绸之路》1995年第4期。

对于这个问题的关注从很早以前就开始了。加固工程期间，为了给崖面上的渗水露头点留出挥发通道，采取了各种技术方法，但是由于渗水渠道、成因的复杂性，在加固工程之后，水路的运移方向和道路发生了一些变化，对洞窟的影响程度也与加固之前有所不同。但是限于当时国内尚没有一个石窟有成功的技术和经验，在渗水治理方法和理念上尚属空白。所以，在加固工程之后，这个问题仅限于相对简单的基础调查和监测。

随着时间的迁移，山体渗水对文物的影响也日益显得严重，麦积山石窟艺术研究所十分关注这个问题，数次邀请各个方面的专家对山体渗水问题进行考察和论证。

通过多方面的努力，1996 年，麦积山渗水治理研究工作终于获得国家科学委员会的审批立项，委托铁道部西北勘察设计院对麦积山石窟渗水现状、成因、影响方式、治理方式等进行综合性的调查。该单位利用水文地质学方面的调查方法，对大气降水（雨、雪）入渗山体的渠道进行了探察，认为有三种渠道：一是地质运动所造成的构造裂隙，共勘察出八条；二是山顶分布的微裂隙；三是庞大的植物根系网。降水通过这些渠道深入渗透到山体内部以后，又通过岩石软弱层和地震造成的表层裂隙向洞窟位置运移，依据洞窟的高程、位置、降水强度、渗水道路等综合因素的影响，水分到达洞窟的时间也不尽相同，到达渗水洞窟最严重的时间为降雨之后的 15—20 小时，而到达上层洞窟如 127、133、135 的时间要迟缓得多，一般来讲需要 2—3 天的时间，因此所表现的病害状态也不一样，如 57 窟、172 窟的洞窟形制已经完全破坏，而 127、133 窟则是壁画地仗脱落、窟内长时间处于高潮湿的环境中。

对渗水成因基本调查清楚后，就在这个基础上制定出渗水治理方案，在坚持保护文物、不改变历史原貌的基础上，提出了"堵截与疏排相结合，远堵近疏，上截下排"的方案，即在山顶部分以堵为主，在窟区以排为主，两种方法同时作用，就可以有效地解决麦积山石窟的渗水问题。

在以后的几次专家论证会上，专家们对方案提出了许多具体的修正意见，促进了方案的进一步成熟和完善，但对于方案中渗水治理的效果是"完全根治渗水"的提法提出了异议，认为目前的技术手段、资金以及渗水现象的复杂性，达到这一目的很困难，况且在其他石窟中，也还没有成功治理水害的先例，并且已经开展的治水工程，还在某种程度上出现了反复现象，所以最后将治理的目标改为"有效控制"。

方案确定以后，我所向甘肃省文物局以及国家文物局申请渗水治理工程立项，2002 年初，麦积山渗水治理工程获得国家文物局的审批立项，工程也于同年 5 月正式开工，工程本着先山顶后窟区，先封堵再排疏的原则，先对查明的裂隙进行封堵，对八条地质运动所造成的构造裂隙采用灌浆的方法进行封堵，灌浆的材料采用超细水泥，添加物是粉煤灰，用以增强水泥的流动性能，灌浆工艺是先将裂隙表面进行完全封闭，依据高度预留出注浆孔，然后利用山形高程所形成的自然压力向注浆孔内灌注超细水泥，材料的浓度依据裂隙的开张程度不同而进行调整，裂隙灌浆饱满后，浆液便会自然外溢，此时，便可以停止灌浆。

除此之外，在山顶的斜坡部分，还探查出许多微裂隙，这些裂隙也应该是雨水下渗的渠道之一，但是这些微裂隙分布面广，而且表面还有茂密的植被覆盖着，处理起来有一定的难度，针对这种情况，决定采用水玻璃压力灌注的方法，在斜坡位置开凿了十余道纵向的注浆槽，将水玻璃的浆液利用压力灌注到微裂隙中。

这些封堵的工作完成之后，工作重点就转移到了窟区。依据工程方案，在窟区的不同位置利用钻机打了 16 个排水孔，孔径为 10 厘米，孔深一般在 6—8 米，目的是将山体内部的水分沿着这些排水孔道排出，从而缓解水分对洞窟的影响。在 7 号孔的钻探中，山体内部的水喷涌而出，持续约半个小时，说明

这个孔的位置正打在山体内部的含水层上。

在高层洞窟，如127、133、135等窟，这些洞窟并没有明显的出水现象，只是在降雨的季节出现明显的潮湿现象，洞窟内部有固定的潮湿区域，这些区域或呈小面积的分布，或呈带状分布，对于这种情况，工程方案决定采用打孔通风的措施，即在这些洞窟的上方位置，各打两个深孔，希望山体内部的水分可以通过空气对流的方法排出一部分，从而减少山体内部岩石的含水量，尽量降低这些洞窟内部的潮湿环境。

工程结束之后，为了评估工程的效果，我们在山体各个位置设置了若干个观测点，对洞窟渗水现象进行了连续的观测。

这些排水孔多数都有出水现象，但一部分可能是由于孔的位置、角度等原因，并没有出水现象，另外有出水现象的孔其出水量也有比较大的差异，水量最大的7号孔每天最高的出水量可以达到2700毫升，每年开始出水的时间和停止出水的时间各个孔都不相同。一般是11号孔最先出水，在3月下旬便发现了出水现象，而7号和3号在5月底基本上同时出水。

94窟是落沙量最严重的一个洞窟，壁画全部脱落，为了观测落沙现象，在洞窟内放置了两个承盘，分别位于窟前和窟后，每7天为一个观测周期，并以100平方厘米为基本单位，进行对比。

总体来讲，窟前的落沙量少于窟后的落沙量，这符合水在山体内部从内向外渗透的规律。落沙量主要集中在4—8月份，但每一周期的变化量并不具有规律性，起伏变化较大，从近几年的观测数据对比来看，94窟的落沙量是在逐年减少，说明渗水治理工程起到了一定的作用。

通过对观测数据的综合分析，可以肯定，渗水治理工程对洞窟渗水现象起到了一定的作用，如渗水对94、52等窟的影响明显减弱，但是对于57、173、127、133等这些洞窟的渗水和潮湿现象却没有明显的改善，而一些得到改善的洞窟主要是布置在附近的排水孔将水分顺利排出。所以，可以肯定，大气降水入渗山体内部的渠道还是未得到有效控制，下一步还需在这个方面作更多的工作。

为了给下一步的治水工程提供更多的资料，我们将有方向地开展监测工作，进一步了解水分在山体内部运移的具体情况，如到达某一个洞窟所需的时间以及持续时间、来水的方向和道路、对洞窟的影响强度等，以期积聚资料，尽早开展下一期的治水工程。

3. 瑞应寺修缮工程

寺院和石窟是紧密相连的，有石窟就必然有寺院，两者的关系相辅相成。而瑞应寺就是麦积山石窟的一个重要组成部分。

从历史记载可以看出，在麦积山石窟发展的初期，就有寺院存在了，十六国时期麦积山的寺院名称为石岩寺，北朝时期是麦积山石窟发展的高潮阶段，寺院的规模也应该是最宏伟的，但是这一时期的寺名却没有流传下来，隋朝时敕赐寺名为净念寺，唐代敕赐寺名为应乾寺，宋徽宗大观元年，在麦积山隋代舍利塔旁发现有灵芝三十八本，经地方官员供奉给朝廷，朝廷赐寺名为瑞应寺，沿用至今。

目前的瑞应寺是一组保存得比较完整的建筑群，沿中轴线保留的建筑有山门、天王殿、钟楼、鼓楼、娘娘殿、财神殿、东西厢房、大雄宝殿等，另外在东侧还有历代方丈居住的山馆。从历史资料、建筑风格、保存的文物等综合判断，这些古建筑的主体部分建于明代后期，在清中期曾进行过修缮，在大雄宝殿中有明确的修缮梁记。

由于历史悠久，长期失于修缮，这组古建筑面临着巨大的危险，如屋面漏雨、塌陷，梁架歪闪、木

柱糟朽、支撑力降低、基础沉降、墙体酥碱等，还由于历代不规范的维修，各个建筑之间的标高差异、建筑群内外的高程差等，都直接或间接地对建筑群造成损害，而且对附属文物也造成了很大的影响。如大雄宝殿左右山墙上的大幅清代壁画，内容为十方佛、八大菩萨、十八罗汉等，总面积约 54 平方米。壁画人物众多，线条流畅，色泽鲜艳，是清代佛教寺院上乘作品。但由于建筑外侧的地平升高，致使高于室内地面，建筑外的水分直接侵入墙体，造成壁画大面积空鼓，下沿部分严重酥碱，并有一定程度的下沉，使壁画产生竖向裂隙，亟须抢救性保护。

2000 年，麦积山石窟瑞应寺修缮工程获得国家文物局审批立项，拨专款进行维修，工程的维修设计、施工、监理等都聘请有相关资质的单位进行，以确保文物工程的质量。

工程严格按照"修旧如旧，不改变文物原貌"的保护原则进行，对于中轴线上的重要建筑如山门、天王殿、大雄宝殿等建筑，为了保留更多的历史信息，保持历史的真实性和完整性，采用了不落架的维修方法，而对年代晚一点的附属建筑，如钟楼、鼓楼、东西厢房等则进行了落架维修，对后期（民国时期）增加的临时性结构进行了拆除，从而使整个建筑群的风格相协调。

为了保持建筑群的历史原貌，首先是最大程度地采用了原来的构件，将新增加（替换）的材料控制在一个比较低的程度，如对糟朽、劈裂的木柱，则普遍地采用了墩接、拼接等传统的木作工艺，梁架、檩、枋等大木构件则多数使用了原材料。其次，除了木作工程，其他各种工艺方法也都采用传统工艺，如屋顶苫背的做法、墙体的砌筑等。但是为了提高防水性能，采用了一部分的现代材料和工艺方法。第三，对一些新替换的材料，如阶沿石、脊饰、吻兽、瓦件等，则都按照原来的规格、材料、形制等进行补配，并且忠实地做好档案记录。

另外，麦积山地处多雨的林区，所以，文物建筑的病害也多由此引起，如封闭在墙体内的木柱有 80% 都存在着柱根糟朽的现象，所以这次我们在糟朽的柱根进行了墩接修复后，在对天水地区的古建筑群如伏羲庙、文庙、兴国寺等建筑的防潮工艺进行调查后，决定采用柱身用竹帘包裹后再砌筑墙体，然后在柱根部分的墙体外侧做通风孔，使墙体内的木柱周围保持一种比较好的通风状态，这就从根本上解决了由于潮湿而使木柱糟朽的现象。

在对瑞应寺的建筑本身进行维修的同时，对附属的文物也进行了保护维修，对大雄宝殿的壁画依据不同的情况，采取了不同的保护措施。南侧壁画整体保护情况比较好，采取了灌浆、边缘加固等保护方法；而北侧壁画由于所依附的墙体长时间地受到地下水的侵蚀，出现了基础沉降、墙体失稳、酥碱等病害，在建筑工程维修时决定对墙体整体进行重新砌筑，而壁画保护工作则配合建筑工程同步进行，利用地仗加固、麻布粘接等综合技术将壁画地仗和新墙体牢固地结合在一起，另外对霉变壁画也采用了现代化学方法进行了处理。①

修缮以后的瑞应寺建筑群，很好地保持了这组古建筑原有的历史风貌，和麦积山石窟之间的映衬关系更加紧密和和谐。

4. 文物本体的修复工作

作为一处佛教遗存，洞窟内的历代造像和壁画是最主要的部分，前述的山体加固工程以及渗水治理工程的根本目的都是为了保护这些珍贵的造像和壁画。

---

① 柳太吉、花平宁、马千《麦积山瑞应寺大雄宝殿的修复》，《敦煌研究》2003 年第 6 期。

　　由于自然环境（区域降水量大、林区生物危害多）和人为因素的综合影响，洞窟内的雕塑和壁画普遍性地都存在着各种不同类型的病害，如泥质雕塑肢体断裂、木骨架糟朽、身体前倾、泥层疏松、结构性松动等，石雕与泥塑造像表面风化，壁画普遍存在空鼓、破损、褪色、变色、部分颜料层脱落、起甲、地仗层酥碱、腐蚀、烟熏、重层等，木雕塑像表面糟朽、自身强度降低等。

　　这些文物病害产生的具体原因很多，除了文物本身的工艺、结构以及组成材料等因素以外（如泥塑分件制作、木骨架、芦苇内胎，壁画颜料层的自然老化、胶结物质含量偏高或偏低），大部分原因是由于所处的自然环境的影响，如地震、温湿度变化、阳光照射、各种动物危害等。

　　在麦积山文物管理所建立初期，限于资金、专业人员结构等多种原因，对文物本体（塑像、壁画）的保护工作仅仅局限于一般性的清理、简单的支撑、统计调查等，尚没有展开真正意义上的保护工作。

　　20世纪70年代中后期，随着麦积山石窟山体加固工程的筹备和正式开展，麦积山的文物保护工作也得到了各方面的重视，一部分有专业技能的人员逐步充实到管理机构中，另外这一时期对于塑像和壁画的修复在敦煌莫高窟已经有比较成功的经验可以借鉴，所以，对文物本体的保护工作就在这种环境中展开了。

　　首先展开的是一部分大型圆雕塑像的复位工作，这些塑像由于地震和自身结构的原因，有的扑倒于地，有的整体歪闪、前倾，存在着很大的危险性，采取的具体措施是在泥塑的重心位置（一般在前胸），用手术刀将塑像表面泥层打开一个十字形开口，然后将开口延伸至塑像背部，并在其中埋设一个预先制作的铁件。同时在崖壁的对应位置锚固一个钢筋螺杆，之后用螺栓将塑像体内的铁件和崖壁上的钢筋螺杆连接在一起，使塑像归位，最后是将打开的十字口用原来的泥皮覆盖，而不影响塑像的外观效果。这些塑像包括第4窟右侧力士、第9窟菩萨与弟子、第14窟左壁力士等，共计泥塑十余身。

　　这些修复的塑像，现在看来虽然工艺方法比较粗糙，文物保护理念尚处在一个初步发展的层面，但通过近几十年的持续观测，这一时期所修泥塑、壁画在潮湿环境下，至今效果良好，没有出现新的问题，而且，保护人员的实践经验也在这一时期得到了很大的提高。

　　第98窟（西崖大佛）是一组北魏时期开凿的摩崖大佛，高13米，石胎泥塑，曾经过北宋时期的重修，但由于风雨侵蚀，大佛产生了很多的病害，有塌毁破坏的可能。为了配合加固工程，抢救性地保护这组大型摩崖造像，在山体加固维修工程后期，邀请了敦煌研究院的技术人员来我所制定第98窟的加固维修方案，确定以拉、锚、粘、托为主，并有根据地对一些部位进行必要的复原。首先在修复前对不同土质进行了大量筛选，选择不同配方调和的泥质，找出了适合麦积山石窟独特环境下黏结性强、收缩性小、对文物无损伤的泥质，即黄土、细砂、麻刀等，按比例合成，塑像表面细部则选用棉花泥。首次在泥中加入化学黏合剂（聚醋酸乙烯乳液5%—10%）。在已脱离崖壁或即将脱离崖壁的残损塑像上钻孔超越塑像本身直达崖壁深处，然后插入螺纹钢筋，再在孔内注入加膨胀剂的高标号水泥浆使其凝固后与山体紧密相连，再将脱离崖壁的塑像复位。通过黏结修补等一系列重要措施，在锚杆末端处卡上钢板，最后用螺丝旋紧固定，从而达到加固维修目的。

　　这次成功的修复加固工程，是在利用传统修复材料的基础上加入有机化学黏合剂，在麦积山文物保护工作中尚属首次，开创了麦积山修复中传统与现代科学技术材料结合运用于文物本身的先河。

　　此后，在修复人员总结了第98窟大佛文物修复的成功经验后，我所决定对第13窟大佛（东崖大佛）采用同样的修复方法进行拉锚加固，对主佛原残缺的右脸右臂及右侧菩萨下部大面积残缺部位，在有根据的情况下，用素泥进行了复原修复。

在此期间，我所修复工作者在修复过程中，取得了一定的宝贵经验后，对病害最为严重濒临塌毁的部分洞窟进行了抢救性的修复，如第 4、127、85、86、165、132、133、135、147、69、169 窟等，主要对壁画进行边缘加固、泥塑复位等工作。经过近年来观测，其状况保存良好。

20 世纪 90 年代，我们遵循"修旧如旧，保存文物原状"的原则，总结古人在制作壁画过程中，使用崖壁钉木橛方法的基础上，又进行了一次创新，就是用冲击电锤打眼，清洗桩眼后使用环氧树脂，使麻、木桩牢固地粘合于窟壁桩眼内拉固回贴壁画。对于塑像内部木质骨架糟朽、塑像与主牵拉桩脱位、防地震时平放于地面的部分塑像进行了归位，采用更换糟朽的木质骨架，将铁件结合化学黏合剂埋设于窟壁桩眼内复位。这种传统与现代科学技术相结合的方法，在不改变文物原貌的原则下，使部分文物得到了有效保护，如第 59、105、120、108、122 窟等。

第 123 窟是一个开凿于西魏初期的洞窟，因窟内的童男童女造像而著名。但这个洞窟内的壁画空鼓现象特别严重，利用一般的灌浆、粘贴等技术很难达到良好的效果，经反复思考和论证，决定采用将空鼓壁画整体揭取，对地仗进行处理后再回贴的方法进行处理。首先利用自然裂隙和边角位置，将空鼓壁画揭取下来，在修复台上将地仗部分减薄，然后在窟壁上钻眼、钉木橛、挂麻、抹泥后拉固回贴，使濒临坠毁的壁画得以继续长期保存。

可以讲，利用传统修复技术并将其发扬光大，同时辅助以现代科技手段对石窟或寺观中的塑像和壁画进行保护修复，在麦积山石窟已经有一套完全成熟的实践经验，并且还不断地随着时代的进步和文物保护理念的深化而进一步地成熟和完善，而利用传统方法修复古代壁画和塑像，在修复材料和工艺上，基本相同于文物本身的材料和工艺，也最大程度地接近了文物的原始面貌，从而保证了历史的真实性，所以这些修复方法和手段也必然继承下去。[①]

在对文物保护修复的同时，文物环境的监测在近几年也得到了进一步的加强，对大气环境中影响文物保护的因素如降水、温度、湿度、蒸发量等都建立了科学的监测手段，而对洞窟微环境的监测也逐步地完善起来，将文物保护工作纳入到一个完整而系统的体系中。

虽然，近几十年在文物保护方面做了大量的工作，但仍然有很多保护方面的课题摆在我们的面前，如崖阁的防风化问题、露天文物保护环境问题、壁画褪变色问题、下一步的渗水治理问题、生物危害的防治问题等，都需要在以后的工作中逐步地解决。保护工作任重而道远，所以，我们只有不懈地努力，才可以将这项事业进行下去，从而使这些珍贵的文物得到良好的保存。

5. 退耕还林工作

麦积山石窟处于林区，起初一直保持着比较良好的生态环境，附近森林密布，地形、地貌、植被等环境都保持着历史时期的面貌，基本上没有遭到过度的人为干扰和破坏。

从 20 世纪 60 年代开始，随着本地人口的增加和外来人口的逐步迁入，附近区域的土地压力也逐步增大，一些缓坡地带都被开辟为农田来种植各种农作物，同时，附近居民为了满足生产、生活等各种需要，森林地带的林木也被大量砍伐，麦积山石窟的周边环境也逐步地被改变，人为干扰和破坏的痕迹逐年加重。但由于宗教信仰的力量，紧邻石窟的林木没有遭到砍伐。

从 20 世纪 90 年代开始，出于防止水土流失、恢复麦积山石窟周边自然生态、改善附近居民的生活

---

① 柳太吉《麦积山石窟历年文物修复概述》，《丝绸之路》文论 2004 年下半年版。

状态等综合考虑，在麦积山附近及其周边环境开始封山育林和退耕还林工作，原有的林区将禁止放牧、开垦耕地、采伐林木、狩猎等活动，而石窟附近的开垦耕地将采用国家补偿的方式进行退耕还林，种植各种本土性的树木，逐渐地恢复石窟周边的原始生态。

为了保持这种植被恢复工作的长久性，国家和地方政府都相继出台了许多的配套性政策，将附近的农民土地收归国有，农民的身份也成为城镇居民，并推广沼气、节能建筑等，同时国家给与相应的财政补贴，这样使农民的生产、生活方式产生了根本性的变化，使之对自然环境的影响力降到最低限度。另外在石窟保护范围内的居民数量、建筑规模给与一定程度的控制，这样就可以使麦积山石窟周边的自然环境逐渐地恢复到历史时期的面貌。

近年，随着麦积山石窟申报丝绸之路工作的开展，周边环境的治理也得到了加强。麦积山瑞应寺广场建于 20 世纪 80 年代的一些用于展示、接待、保卫工作等的建筑因与瑞应寺的整体风貌不符，在经过国家文物局的批准后，2010 年全部进行了拆除，并拟采用新的更符合瑞应寺建筑风貌并与周边环境相协调的建筑代替，将极大地改善瑞应寺周边的环境。

总之，经过五十年的不断努力，麦积山石窟的整体面貌、文物、周边环境景观都有了很大的更适于麦积山文化遗存的改观。

本节作者：董广强

二、麦积山石窟周边环境与景观调查

1. 麦積山石窟の周辺環境

（1）周辺環境及び景観
① 文化遺産と景観の考え方
世界文化遺産と景観に関わる視点として、1990 年以降注目されているのが文化的景観の考え方と緩衝地帯である。それぞれについて概略を述べる。

• 文化的景観
世界遺産委員会では1992 年に文化的景観の概念を導入した。この背景には、自然遺産と文化遺産のどちらにも属さないような、「自然と人間の結合による所産」を遺産として登録できるようにすること、ヨーロッパ偏重の世界遺産の地域格差を概念の拡大によって緩和するという目的があったとされている①。世界遺産では文化的景観は 3 つのカテゴリーが提示されている。第一カテゴリーは庭園、公園などのデザインされたもの、第二は棚田や果樹園など常に変化している景観、第三は信仰や芸術の対象となる景観である。麦積山は、三番目の信仰の対象となる景観に該当する。同じく信仰に関連するものとして日本では2004 年に「紀伊山地の霊場と参詣道」が登録された。

信仰の対象となる文化的景観で重要なのは目に目ない部分に価値がある場合が多いことである。例えば有名なオーストラリアのウルル‐カタ・ジュタ国立公園（Uluru-Kata Tjuta National Park）のエアーズロックは先住民アボリジニの信仰の対象である。大きな岩そのものと共に、「信仰」という目に

---

① 本中眞（1999）：「文化と自然のはざまにあるもの‐世界遺産条約と文化的景観」，奈良国立文化財研究所学報58，231‐318。

見えない要素が価値となっている。麦積山の場合は、石窟という目に見える信仰対象と共に、形状及び崖面の方角などによりその信仰が始まるきっかけともなったと考えられる「山」自体が非常に重要な価値である。また、文化的景観の重要な価値としては、歴史的に蓄積された人々の「まなざし」が重要である。具体的には、著名な文人画家が賛美のあるいは信仰の対象とし、その結果が絵画や文学的な作品となって残されているということである。麦積山では杜甫が「山寺」という詩を詠んでいるが、こうした過去の文人の「まなざし」の『対象であったことは麦積山の重要な価値の一つとしてあげることができる。

　日本における文化財としての山（森林）と石窟の例として奈良県の春日原始林と春日山石窟仏がある（図1～3）。1924年に春日山石窟仏は史跡に、隣接する春日山原始林①は特別天然記念物に指定されている。この石窟の規模は麦積山にくらべ遥かに小さいが、山と一体である点は共通している。春日山の石窟の保存状態はあまりよくないが、春日山原始林は特別天然記念物として、現状変更は禁止されている。原始林の内部は舗装されていない歩道があり、来訪者が散策することができる。このように、史跡などの保護はその周辺の自然環境と一体に行なわれることが望ましい。

図1　春日山石窟仏　　　　　図2　春日山原始林と歩道　　　　図3　春日山に隣接する国有林

● 緩衝地帯

「世界遺産条約履行のための作業指針」によれば、「緩衝地帯」は、次のように述べられている。

　　緩衝地帯は、推薦資産の効果的な保護を目的として、推薦資産を取り囲む地域に、法的又は慣習的手法により補完的な利用・開発規制を敷くことにより設けられるもうひとつの保護の網である。推薦資産の直接のセッティング、重要な景色やその他資産の保護を支える重要な機能をもつ地域又は特性が含まれるべきである。緩衝地帯を成す範囲は、個々に適切なメカニズムによって決定されるべきである。（世界遺産条約履行のための作業指針第104項）

　2008年の世界遺産委員会では緩衝地帯に関する報告があった。これによると、緩衝地帯はそれ自身が「顕著な普遍的価値」を有するものではないが、構成資産の保護に影響を与える範囲であるとされている。

---

　① 春日山原始林は春日大社の社叢として伐採や利用が歴史的に排除されてきたため、貴重な植生が残ったとされている。世界遺産に登録された「古都奈良の文化財」の登録資産でもある。

　例として、2004 年から2006 年まで危機遺産に登録されたケルン大聖堂が上げられる。ケルン大聖堂はゴシック様式の代表的な教会で、1996 年に世界遺産に登録された。しかし周囲に高層ビルが建設される計画がもちあがったこと、この計画に対してドイツが報告を怠ったこと、また周囲の計画を未然に防ぐ緩衝地帯の指定が予定通りに進んでいなかったことなどから2004 年に危機遺産に登録された。問題になったのは、ケルン大聖堂をとりまく「景観」であって、大聖堂の建造物そのものではない。大聖堂そのもののOUVは誰もが認めるが、周囲の開発によって景観が損なわれていることが「危機」の根拠である。ケルン大聖堂をめぐる議論では' visual integrity' という言葉が用いられ緩衝地帯の重要性が強調された。' visual integrity' は「見た目の完全性」ということである。結果的に開発は停止し、開発予定地が緩衝地帯に指定されたことで 2006 年には危機遺産リストから除外された。

　先にも述べたように麦積山は様々な価値を持つ構成資産である。麦を積んだ形が周囲から独立しており、石窟のある垂直な崖面と、北側のなだらかな斜面が独特の形状を呈している。ケルンのような高層ビルの開発は麦積山では考えにくいが、後述する視点場、視対象としての麦積山の' visual integrity' を確保するための緩衝地帯の設定が必要である。「麦積山石窟寺保護規則」（以下「保護規則」）によれば麦積山を中心に緩衝地帯に相当する一般保護区が山の尾根線で設定されているが、世界遺産委員会で指摘されているように、より詳細な調査に基づく線引きが必要である（図4）。

　② 麦積山の景観と日本の文化財の比較
　麦積山の景観を考えるときに、まず想定される緩衝地帯を含む広い範囲での景観について考察する。あわせて可能な限り該当する日本の事例を紹介する。

- **周辺の資産**

　麦積み山の周辺には、仙人崖（図5）、豆積山（図6）などの宗教施設が点在する。これらの史跡と麦積山との歴史的な関係を明らかにしたうえで、関連のあるものを資産として特定することが必要である。特に仙人崖には麦積山に似た形状の山が存在し（図7）、同じ石窟であることからも、仙人崖石窟そのものの宗教的な価値だけではなく、麦積山との関連という視点で価値評価をする必要がある。

　また、豆積山の山腹からは良好な農村景観が望めること（図8）、仙人崖には豊かな自然資源が存在すること（図9）も評価すべき点として加えることができる。

- **集落**

　麦積山の周囲には草薙をはじめいくつかの集落があり、麦積山からも見ることができる。「保護規則」によれば、重点保護区内に1 集落、一般保護区内に4 集落が存在している。草薙（図10）は新農村であり、麦積山と周辺の集落（自然村）の歴史的な関係は明確ではないが、石窟を造営するためには僧を中心とした生活が周辺とかかわりを持ちながら営まれていたはずであり、その生活と集落との関連を明らかにすることで、異なる視点からの価値を捉えることができる。賈河（チユウホウ?）は麦積山から最も近い商業地であるが、歴史的な建造物も僅かに残されている（図11）。今後の調査の結果、かつて麦積山の生活に必要な物資の供給地であったことがわかれば、こうした建造物や町並みにも保護対象の枠を広げていくことは可能である。

　日本の例をあげると、2007 年に文化的景観として世界遺産に登録された「石見銀山遺跡とその文化的景観」は、宗教施設ではないものの、銀を採掘し、積み出すという一連のストーリーの中で採掘

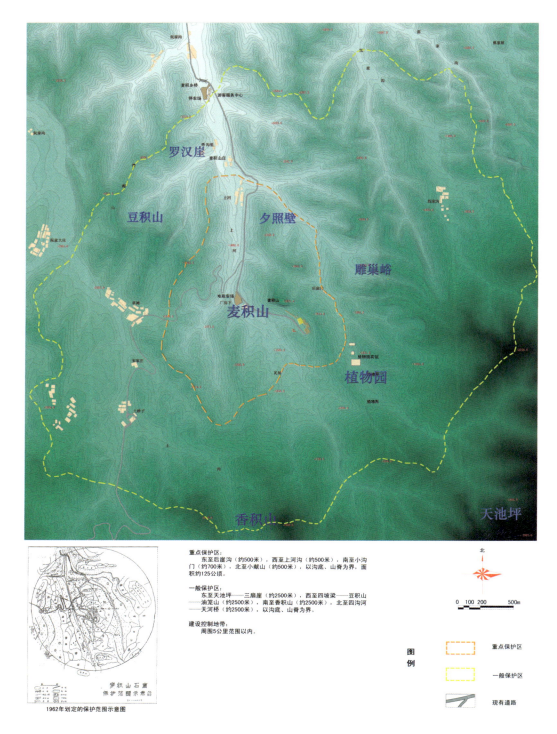

重点保护区:
　　东至后崖沟（约500米），西至上河沟（约500米），南至小沟门（约700米），北至小献山（约500米），以沟底、山脊为界，面积约125公顷。

一般保护区:
　　东至天池坪——三扇崖（约2500米），西至四坡梁——豆积山——油笼山（约2500米），南至香积山（约2500米），北至四沟河——天河桥（约2500米），以沟底、山脊为界。

建设控制地带:
　　周围5公里范围以内。

1962年划定的保护范围示意图

北

0　100　200　　　500m

图
例

重点保护区

一般保护区

现有道路

図4　麥積山石窟保護區劃図

関連の集落、積出港の集落、近隣の温泉地（図12）などが保護対象となっている。文化的景観として捉えた場合には、麦積山をめぐる重要な拠点を保護の対象とすることが必要である。

● 麦積山から見る（視点場としての麦積山）

　景観を考えるときに、風景を見る場所を視点場、そこから見える風景を視対象という。麦積山は視対象であると同時に視点場でもある。それぞれについて簡単に考察する。

図 5　仙人崖

図 6　豆積山の寺院

図 7　麦積山に似た形状（仙人崖）

図 8　豆積山付近の農村風景

図 9　仙人崖の自然

図 10　草薙集落（新農村）

図 11　貫河

図 12　石見銀山（温泉津）

　　まず、視点場としての麦積山について述べる。麦積山の山頂への歩道は現在十分整備されておらず、一般の来訪者は登りにくい状況である（図 13）。麦積山の来訪者のなかで山頂に登る人はあまり多くないと考えられるが、草刈や案内板などの簡単な整備は必要であろう。山腹、山頂からの眺めは生長した木によってさえぎられているところもあるため、眺望を確保するための最低限の枝の伐採を行なうことが必要である（図 14、15）。

　　また、麦積山から見ることができる範囲を、GIS などを用いて分析し、緩衝地帯の範囲とすることもひとつの方法として考えられる。

図 13　山頂までの歩道

図 14　山腹からの眺望

図 15　山頂からの眺望

● 麦積山を見る（視対象としての麦積山）

　「保護規則」には、麦積山を見るための視点場が何箇所か設定されているが、アクセスが容易ではないものも含まれている。このような視点場は大変重要であり、視点場へのアクセスを確保すると同時に、良好な眺望を妨げないような措置が必要である。特に香積山からみる麦積山は、現在は学校の実験林の敷地内であるが、名前の由来となった山の形状がはっきりわかる場所である（図 16）。また、「保護規則」の景観環境分析の項に掲載されている、豆積山の南側の展望地点も香積山とは異なる角度の麦積山を望むことができる（図 17）。これらの場所は今後整備をすることで、麦積山への来訪者に多様な体験を提供することが可能になると考えられる。

　日本では「展望地点」は名勝として文化財指定されている。これは日本の文化財制度の特筆すべき点であり、例えば、富士山を見ることができる日本平は1959 年に名勝に指定され、保護対象となっている（図 18）。

図 16　香積山より

図 17　豆積山南より

図 18　日本平から見る富士山

● 森林保護

　麦積山そのものの森林は50 年間で大きく変化していない（図 19）。1970 年代から80 年代にかけて周辺では多くの森林が伐採されたとされる中で、麦積山とその周辺の森林が良好な状態で残されたことは非常に重要である。周辺の森林は甘粛省小隴山林業実験局の管轄であり、全国初の天然保護プ

ロジェクト模範、持続可能な造営テスト模範となっている①。これら森林についてはすでに詳細な報告書が林業実験局によって書かれている。重点保護区は麦積山研究所が、一般保護区は林業実験局が樹種の決定と管理を行なっているが、相互の連携と情報交換も必要である。

　　また、麦積山に隣接する植物園はよく整備され、多くの貴重な樹種が育成展示されている。これらの新しい施設は文化遺産の構成資産にはならないが、観光計画などに積極的に取り込んでいくことが必要である。

　　③ 麦積山の小景観

　　ここでは麦積山の重点保護区における景観的配慮について述べる。「保護規則」には工作物に関する規定があり、現在の整備はサインや建造物などに対して十分に景観的配慮がなされている（図20）。このため、本稿では誘導が必要な仮設物について簡単に述べる。

図19　1950年代（保護規則より抜粋）

図20　2008年

　　麦積山のゲート内にはお土産物店が並ぶ広場がある。この広場は石窟からも良く見える位置にあり、景観的な配慮が特に必要とされる。この広場そのものが歴史的にどのように利用されていたのかを踏まえ、必要であれば別の広場や下の駐車場付近に店を移動させるなどの対応を考える。また、現在の場所に店を開く場合は、パラソルの色を誘導するか、自然素材の仮設の屋根を設けるなどして景観的に配慮する必要がある。

　　日本の事例として、世界遺産に登録されている「白川郷・五箇山の合掌造り集落」が挙げられる。白川郷では、ビニールシートの色の誘導（図21～23）、伝統的材料の使用（図24、25）により、景観的に大きな向上がみられた。

　　④ 今後の方向性

　　麦積山の景観保護のために必要なこととして、次の3点が挙げられる。

_____

　　①　尚文博、郝明（2008）「以绿之名，守护神山圣水——来自甘陕交界全国最大国有林场群的报道」，http：//www. forestry. gov. cn/distribution/2008/11/24/lyyw－2008－11－24－23145. html 参照，日本語訳 日中林業生態研修センター計画 http：//cnjp-forestry. cn/jp/indexjp. php 参照

图 21　便所

图 22　便所のサイン

图 23　土産物店

図 24　白川郷における伝統材料の使用

図 25　白川郷における仮設物の色の誘導

- 周辺地域と麦積山との宗教的、文化的なかかわりを調査する。そのうえで、関連の深いところを一体となる文化的景観の構成資産として特定する。
- 周辺地域と麦積山との景観的な「見る」「見られる」の関係を整理し、上記の文化的なつながりと合わせて、一般保護区域のエリアを特定する。
- 重点保護地区の中の景観基準を見直し、仮設物の誘導などを行なう。

本节作者：黒田乃生

2. 麦积山石窟周边人文环境简要调查

在麦积山石窟的保护范围和附近地带，有许多村落、古寺院、古镇、小型石窟等，这些都和麦积山石窟的发展存在着一定的相互关系，在不同的历史阶段、以不同的形式和麦积山石窟的发展产生着或强或弱、或直接或间接的关系，所以，有必要对这些人文环境进行科学的调查工作（图1）。

图1　麦积山周围卫星图

　　调查的基本方法采用史料学和实地调查以及走访相结合，以期获得更全面的资料，从而对麦积山石窟周边的人文环境做到详细的掌握。

　　（1）自然村落

　　在麦积山石窟的保护范围内，存在着校场里、上河、寺沟等三个自然村落，居民大多数是祖辈居住在这里，少数是近现代从附近地区（秦安县）迁徙而来。

　　麦积山石窟附近的村民应该是和石窟的历史发展有着紧密的联系，从明清时期的题记、匾额等可以知道，晚期的信众主要是来自于附近的村庄。另外，一些大型洞窟的俗名如散花楼、千佛廊、天堂洞、万佛洞、魏后墓、天桥、牛儿堂等，都是通过当地村民祖辈口口相传而来的，而通过历史调查和考古学研究，这些俗名都得到了验证，因此也说明了这些村庄的历史是相当长的。

　　校场里在麦积山石窟南侧的香积山脚下，传说这里曾经是寺院僧兵演武的地方，所以有校场里的名称，目前这里居住有7户村民，约40人。

　　寺沟在清代的碑刻中称为庙沟，可能是这里与豆积山石窟相距较近的缘故，而当时在豆积山上应该有相应规模的寺庙，所以才称为寺沟，目前这里居住约30户，约120人。

　　上河因相对而言位于寺沟的上游位置（该河流在地图上称为大峡河）而得名。目前居住约30户村民，约150人。

　　（2）古寺院

　　在麦积山石窟核心区内分布着香积寺、豆积寺两处寺院，罗汉崖摩崖造像，另外在附近地区分布着朝阳寺、崇福寺、双玉兰堂等寺院，在历史时期，这些寺院都是麦积山瑞应寺的"下寺"（附属寺院）。

　　香积寺： 位于麦积山对面的香积山顶部南侧的平缓台地上，寺院建筑现已不存，仅保存部分遗迹。

　　香积寺的始建年代目前没有任何资料可以考证，在明代诗人胡瓒宗的诗中有"南有香积寺，北有麦积山。山人拾瑶草，白云相与还"的诗句，清代也有数首和香积寺相关的诗作，可以证明，香积寺在明代已经具有相当的规模。由于在地理位置上形成了和麦积山石窟相互对望，从而形成了良好的自然和人文景观，所以在明清时期便成为膜拜的信众和游览俗众重点观览的景点。

　　香积山显然是以香积寺的创建来命名的，山以寺名，而香积寺也应该是和长安香积寺有一定的关系，长安的香积寺建于唐中宗神龙二年（706年），是为纪念净土宗的善导大师而创建的，是净土宗的祖庭，所以这里的香积寺也应该是净土宗的寺院。

豆积寺：该寺位于麦积山西侧的豆积山上，该寺在历史资料中没有任何资料可以寻觅，但豆积寺在清代的诗作中有一定的表述，另外结合对附近农村的调查，可以肯定该寺的创建时间不晚于明代晚期。目前的寺院建筑为近期在原来的遗址上重建。

朝阳寺：位于麦积区麦积镇柳家坪村，目前的建筑也是现代重建，据寺院的僧人讲述，该寺是麦积山瑞应寺的下寺（附属寺院），在寺院内遗存有北朝时期的小型造像塔，虽然残损严重，但和麦积山保存的造像塔在风格上是基本一致的。

崇福寺：位于麦积镇街子村，街子是天水保存状态相对较好的历史古镇，明清时期的古建筑在这里有较多的遗存。

崇福寺现今的规模比较大，但多数建筑属于现代重建，仅有个别建筑属于清代早期，另外该寺保存有较多的明清时期的碑刻，对研究该寺的历史以及相关问题提供了重要的资料，从碑刻提供的资料可以知道，在明清时期该寺院是佛道合一的寺院（图2）。

图2　崇福寺

寺院内有明万历时期铸造的铁钟一口，铭文中有"前朝敕建观龙山崇福寺"，另外从相关的历史文献中可以知道在唐代天水便有崇福寺，应该是和现今的崇福寺是同一寺院，可见该寺院的历史比较久远。

净土寺：位于麦积镇后川村，在仙人崖石窟对面的山岭中，清代诗人任其昌的诗作便有对净土寺的描述，从周边地区的历史人文环境分析，该寺的历史不晚于明代，该寺在20世纪60年代仍有一定的遗存，但目前遗址被辟为新的宗教活动场所，早期的历史痕迹已经难以寻觅。

双玉兰堂：位于甘泉镇，该镇是麦积区通往麦积山石窟的必经之路，也属于天水的历史古镇。唐代大诗人杜甫在躲避安史之乱时，曾在天水的东柯谷居住三月有余，曾作《太平寺泉眼》一诗，据考察，诗中所称的太平寺便位于现今的甘泉镇，可能就是双玉兰堂的前身，现今寺院内保存着一些清代的碑刻，另外寺内还有数百年树龄的玉兰树，可以证明该寺的古老性，花开时节，满树缤纷，是天水重要的人文景观，玉兰双柯和麦积烟雨并列于秦州八景之内（图3）。

崇果院、胜仙寺：在南宋时期的《四川置制使司给田公据碑》中，便有崇果院和胜仙寺的名称，当时都是麦积山石窟的附属寺院。

图 3　双玉兰堂

崇果院的遗址当在东柯谷的杜甫草堂附近，这一点从明代诗人的诗作中可以得知，但是目前已经没有遗迹可寻。胜仙寺大约也在麦积山石窟附近，但对其具体的位置尚不可知。

普华寺：位于秦州区李子园乡，从地理位置上看和麦积山石窟比较远，不属于麦积山石窟周边的范围中，但是相关历史资料表明该寺院同前述几个寺院一样，是属于麦积山的下寺，所以，也列入调查范围。

相传寺院建于唐贞观七年，但没有明确的证明资料，目前仅保存一些晚期的碑刻资料，寺院建筑都属于现代重建，在历史时期和麦积山石窟的关系有待进一步的调查分析。

（3）历史古镇

街子镇：属于天水地区的历史性古镇，在宋元以后曾是重要的贸易性古镇。

古镇在东柯河谷的尽头，虽然在地理位置上比较偏僻，但是由于有历史古道经过这里，在北魏时期就已经作为军事通道开通。自北宋以后，这条道路又作为商贸通道来联系秦州地区和陕西汉中、四川地区的经济联系，而街子古镇就位于这条道路的端点，所以这里的商贸经济比较发达。同时也正是由于这样，这里在现今仍保存了很多明清时期的建筑，其建筑类型有店铺、会馆、民居、寺观等。这些建筑不但具备地方建筑史等方面的研究价值，同时对茶马古道、天水历史时期的经济史等都有重要的实证价值，是天水地区除了城区部分保存的古建筑之外，保存古建筑最多的地方（图4）。

甘泉镇：位于麦积区通往麦积山石窟的道路上，在道路里程上基本处于中间位置。古镇的规模较大，但基本是在河流一侧呈一线布置，道路两侧均为各种类型的店铺，大多数尚保存原来的格局，但近年来随着经济的发展，被改造和拆除的逐渐增多（图5）。镇内有太平寺等古寺院。

（4）石窟及相关宗教活动场所

罗汉崖：在麦积山石窟西南侧，豆积寺北侧山崖。与夕照壁遥遥相望，形若一罗汉垂手而坐。始建于北魏，但已无北魏遗存，在高12、宽20米的悬崖峭壁上凿一长方形敞口大龛，龛高1米，宽6米，深1米，龛壁上并排摩崖泥塑三身坐佛，高2.4米，结跏趺坐于仰莲上，莲花下为方形或六角形须弥座。佛高肉髻，眉间有白毫，面圆润，着双领下垂式袈裟，结转法轮印或说法印。龛壁右侧又开一圆拱浅龛，内泥塑一护法像。龛壁满布方形或长方形桩眼，原木构建筑已毁。据说罗汉崖开凿时间早于麦积山

图 4　街子镇

图 5　甘泉镇

石窟，谚云："先凿罗汉崖，后开麦积窟"。该摩崖造像的特点与麦积山宋代造像一致（图6）。

　　仙人崖石窟：位于麦积乡后川村，和麦积山石窟的直线距离不足五公里。

　　目前仙人崖石窟保存的最早造像是北魏晚期的造像，主要保存在南崖，以千佛造像和小型龛为主，艺术风格和麦积山石窟133窟的千佛造像完全一致，可以肯定，仙人崖石窟和麦积山石窟是属于一个僧团管理的，而参加洞窟开凿和塑像制作的工匠也应该是同一批。所以对研究北魏时期麦积山石窟艺术的组成以及对外延伸等方面的研究都有重要的价值（图7）。

　　从目前的遗迹看，仙人崖石窟的洞窟开凿和造像在北魏晚期以后并没有得到很好延续，目前没有发现西魏、北周、隋、唐等时期的造像和壁画遗存。

图 6　罗汉崖

图 7　仙人崖石窟

宋代以后，仙人崖的遗存以殿堂壁画和造像为主，分布在西崖、东崖等区域，比较重要的殿堂有三教祠、喇嘛楼、三官庙、财神殿、三清殿、菩萨殿、大雄宝殿、华严殿、罗汉堂、燃灯阁等，但也有一些明清时期开凿的石窟，如梯子洞窟区、南崖卧佛洞等（图 8）。

仙人崖明清时期的造像和壁画艺术，无论是从造像的外在形式还是内在神韵，都有很好的把握，在造型方面达到了很高的艺术造诣，而在大雄宝殿和华严殿内部山墙上的壁画，在整体布局、线描、设色等方面都表现出很成熟的艺术风格，在天水地区同时期的壁画艺术中尚不多见，是珍贵的艺术品。

该石窟目前仍是宗教活动场所，在附近地区拥有比较多的信众。2006 年合并到麦积山石窟被公布为第五批全国重点文物保护单位。

街子千佛洞：位于麦积区杨家山村，在行政区域没有调整以前，属于街子乡的管辖范围，所以原来一直称为街子千佛洞（图 9）。

图8　仙人崖西崖

图9　街子千佛洞

　　该石窟的地理位置比较偏僻，目前基本呈废弃状态，附近的村民只是偶尔到这里膜拜佛像。

　　这是一处明代晚期的石窟，共有3个洞窟。第2、3号窟是利用天然岩洞修造而成，并且被重修严重，只有1号窟保存相对完好。

　　1号窟为平面横长方形、平顶洞窟，正壁坛台上供奉有三尊佛像，但头部都破坏无存，塑像内部木骨上有墨书题记，有"万历四十一年"字样，可以肯定这就是这个石窟的开凿年代。

　　石门： 位于麦积山东北15公里，主峰海拔2000米，山势陡峻，为天水地区著名的旅游景点，"石门夜月"是秦州八景之一。

石门山为道教胜地，名为五阳观，目前保存有众多的殿宇建筑，多为明清时期建筑，建筑在各山脊和山峰上自由布置，大略呈"S"形布局，和道教的太极图相对应，这是石门道教建筑在建筑布局方面表现出的独特特点。

（5）历史古迹

雕巢峪：位于麦积山石窟北侧，直线距离不足千米，该处山崖陡峭，形成三个光滑直立的大面积崖面，形如扇面，所以这里又称为三扇崖，山崖间有瀑布垂下，山脚下有相对平坦的台地。

在宋代的《方舆胜览》中称，雕巢峪"有隗嚣避暑宫，有瀑布注苍崖间，亦胜景也"。隗嚣是西汉末年在陇右地区割据称王的将军，在天水地区多有和其相关的遗址和遗迹，但通过对雕巢峪的初步调查并没有发现早期的建筑痕迹，仅发现一些明清时期的建筑砖瓦，通过民间调查得知，这里曾有方神庙。

杜甫草堂：位于东柯河谷的柳家坪村，唐代诗人杜甫在公元 759 年躲避安史之乱寓居秦州时，曾在这里搭设草堂居住三月有余，并创作了近百篇的诗作。

本节作者：董广强

三、麦积山石窟年度环境观测及第 133 窟年度小环境监测

环境监测是文化遗产保护的必须内容，科学的监测手段与结果，是保护的重要依据。为此，麦积山石窟艺术研究所在 2006 年建立了自动气象站，以便对麦积山石窟的基本气象环境进行科学、系统的观测。

1. 年度环境观测

麦积山位于东经 106°00′10″，北纬 34°21′09″，海拔高度 1742 米，属暖温带、湿润半湿润气候区。自动气象站的型号是长春气象仪器厂的 DYYL 型，目前建立的是三要素的气象站，即温度、湿度、降雨等。建站位置在位于距石窟崖面八十余米的平台中央，四周没有明显的遮蔽物，符合气象观测的基本条件。我们以 2007 年度的气象环境为基准将麦积山石窟的气象环境介绍如下。

（1）麦积山的温度环境

从 2007 年的各旬度的温度平均值看，年平均温度是 10.43 度，旬平均温度最低值是 1 月上旬，为 −3.8 度，旬度平均最高值是 8 月上旬，为 21.0 度。极度最低温度值为 −13.3 度，产生在 12 月 31 日，而极度温度最高值是 41.0 度，产生在 8 月 8 日（图 1、2）。

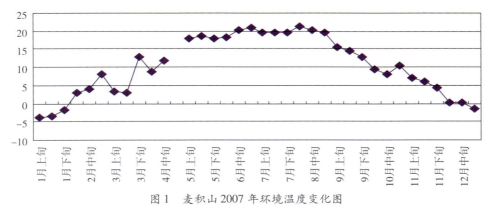

图 1　麦积山 2007 年环境温度变化图

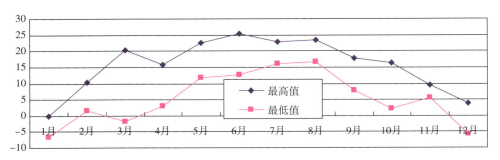

图2　2007年月度最高温度和最低温度对比图

因麦积山石窟的洞窟都是小型洞窟，洞窟内部的环境很容易受到外部环境的影响，所以依据温度的规律，可以将温度环境划分为三个阶段，即从12月至次年1月份，温度全部在零度以下，这个阶段完全不适合洞窟中的文物修复工作，因为这样的温度对各种修复材料有直接的影响。其次是前半年的2月到3月份和后半年的10月和11月份，这两个时间段温度都在零度至10度之间，个别时间也会出现零度以下的温度值，对修复材料有一定的影响，在这个时间段进行文物修复工作，需要对小型洞窟的温度环境进行人工干预，如一定程度地封闭窟门或人工提高窟内的温度，以减少外界温度对修复工作的影响。第三是从4月至9月，这个时间温度全部在10度至20度之间，完全适合文物修复工作（图3、4、5、6）。

从每个月的最高温度和最低温度对比看，3月份是温度变化最快的月份，从最低的－1.9度，上升到20.4度，差值达到了22.3度，而4、5、6、9、10等五个月份的变化差值在10～14.4之间，11、12、1、2、7、8等六个月份的温度差值是相对稳定时期，在4～9.7度之间。

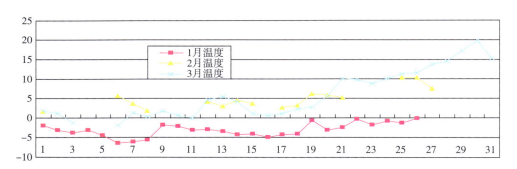

图3　麦积山石窟2007年1～3月份日平均温度对比图

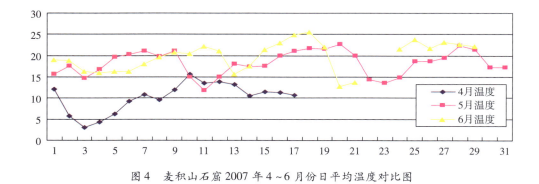

图4　麦积山石窟2007年4～6月份日平均温度对比图

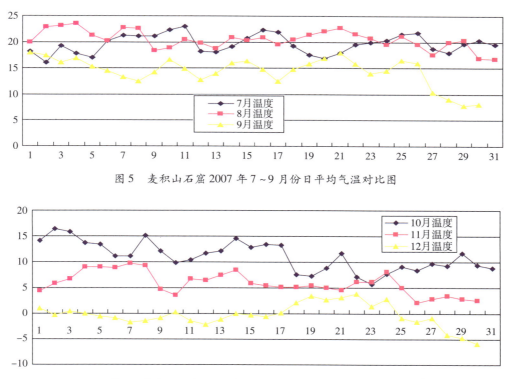

图 5　麦积山石窟 2007 年 7～9 月份日平均气温对比图

图 6　麦积山石窟 2007 年 10～12 月份日平均温度对比图

从 24 小时的温度变化规律看，全年的变化曲线的规律是基本一致的，即在每天的凌晨 8 时达到温度的最低点，然后温度逐步上升，在 15 或 16 时达到温度的最高值，一般来讲，温度在 24 小时之内的变化值都在 10 度以内（图 7、8、9、10）。

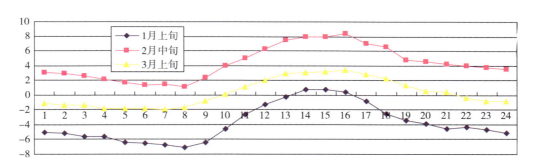

图 7　麦积山 2007 年 1 月～3 月日各时点温度变化对比图（平均数值）

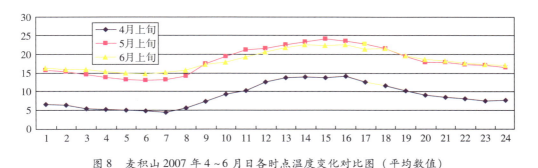

图 8　麦积山 2007 年 4～6 月日各时点温度变化对比图（平均数值）

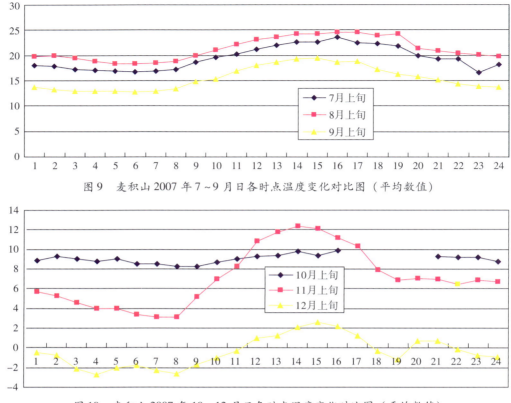

图 9　麦积山 2007 年 7～9 月日各时点温度变化对比图（平均数值）

图 10　麦积山 2007 年 10～12 月日各时点温度变化对比图（平均数值）

（2）麦积山的湿度环境

2007 年相对湿度平均为 69.16％，最高值为 96％（10 月上旬），最低值为 43％（4 月上旬），从曲线变化图来看，全年的变化不是太大，但是绝对湿度的变化起伏却很大，绝对湿度最高值为 8 月上旬，为 19.7 克/立方米。而最低值是在 1 月上旬，为 3.8 克/立方米（图 11）。

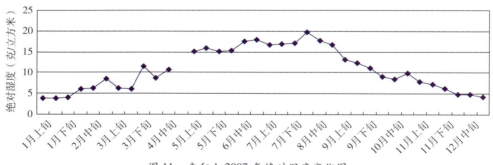

图 11　麦积山 2007 年绝对湿度变化图

从文物保护的角度看，70％以上的湿度环境称为高湿环境，不利于文物的保存，这仅是一个对文物保护普遍性的数值，对于泥质文物而言，这个数值应该向下调整一点，而仅以 70％为高湿环境的标准，麦积山每年一半以上的时间都在高湿环境中。

因为相对湿度是结合温度值所产生的数据，从相对湿度变化图来看，并没有表现出随着降水量的增加而增加的趋势。如果我们将其换算为绝对湿度，就可以看出，这个变化规律和温度的变化规律是一致的，其最高值是 19.7 克/立方米，产生在 8 月上旬，而最低值是 3.8，产生在 1 月上旬，在时间上和温度值的变化是基本一致的（图 12）。

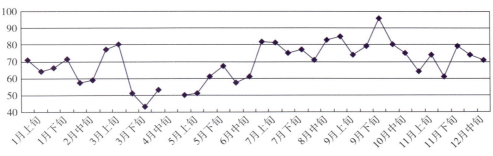

图 12　麦积山 2007 年环境相对湿度变化图

　　相对湿度在 24 小时之间的变化和温度的变化值是一致的，一般是在凌晨的 6～8 时达到最高值，然后相对湿度逐步开始下降，在 15～16 时达到最高值，24 小时之内相对湿度的差值一般都在 30% 之内，在一些连续降雨的时间，湿度在 24 小时内会一直保持着比较稳定的高湿度（图 13、14、15）。

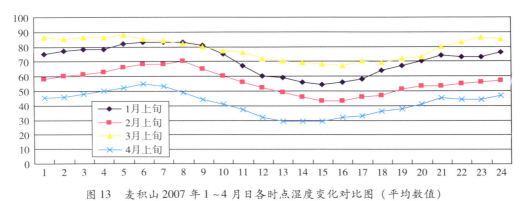

图 13　麦积山 2007 年 1～4 月日各时点湿度变化对比图（平均数值）

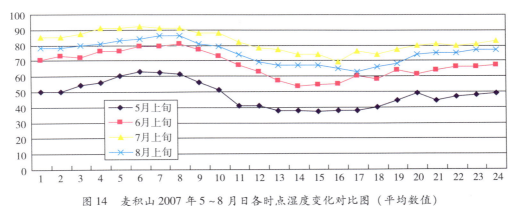

图 14　麦积山 2007 年 5～8 月日各时点湿度变化对比图（平均数值）

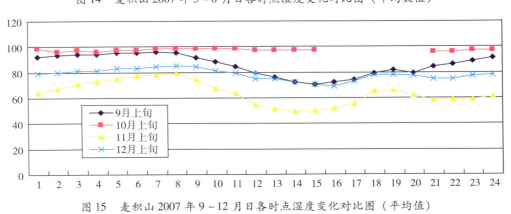

图 15　麦积山 2007 年 9～12 月日各时点湿度变化对比图（平均值）

（3）麦积山石窟的降雨环境

从气象术语讲，降水包括降雨和降雪两个部分，但目前自动气象站仅可以对降雨进行自动观测，无法对降雪观测，所以现在仅对年度降雨环境进行数据分析。

2007 年全年的降雨量总合为 823 毫米，这个数值要远远高于其他年份（图 16）。据天水市气象局对麦积山石窟地理区域内降水情况的调查，平均数值为 750 毫米，其中降雨仅为 680 毫米，但 2007 年的降雨量高于平均降雨量 143 毫米（图 17）。在近十年的观测中，2007 年也是一个降雨偏多的年份。

图 16　麦积山 2007 年降雨量分布图

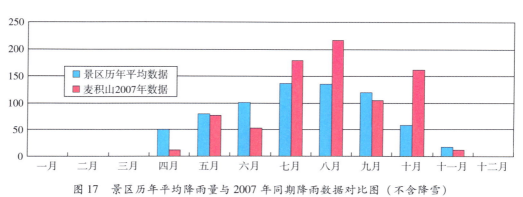

图 17　景区历年平均降雨量与 2007 年同期降雨数据对比图（不含降雪）

降雨的分布月份一般是在 4 月至 11 月初期，3 月份和 11 月份存在着零星降雨，而 12 月、1 月、2 月则完全是降雪的时期。

总之，了解麦积山石窟的气象环境情况对石窟文物保护修复工作有重要的意义，对山体渗水、修复材料、保护管理等具体工作都会有直接的指导意义。

本节作者：董广强

2. 第 133 窟环境年度监测

麦积山石窟所处的小陇山地区长年多雨潮湿，形成了比较高的湿度环境，对洞窟中的泥质塑像和壁画都构成了很大的威胁。另外，由于山体构造原因，大气降水顺着山体裂隙和岩石软弱层缓慢地渗入到洞窟内部，并因此又形成了多种文物病害。所以，我们对洞窟中的温湿度环境进行科学的监测，以掌握洞窟内部小环境的变化规律，第 133 窟就是所监测的重点洞窟。

第 133 窟属于麦积山石窟的大型洞窟，开凿时代为北魏晚期，又称碑洞或万佛洞，保存了大量精美的造像。由于这个洞窟的开凿深度比较大，不可避免地遇到了岩体内部的软弱层，山体渗水从这个渠道

对洞窟产生影响,所以其湿度环境要比其他开凿较浅的小型洞窟大。

目前麦积山石窟对洞窟环境监测使用了两种温湿度仪器,一种是美国产的 HOBO,一种是日本产的 CB3911。由于两种仪器在相同的温湿度环境下存在着差值,所以,为了对数据进行精确的对比,对这个洞窟的监测我们统一选配了日本产的 CB3911 温湿度采集器。

第 133 窟放置了 6 个温湿度采集器,分别位于窟外、门道内、前室、东室、西室、西室潮湿点等处,以对比不同情况下的温湿度变化情况。

(1) 第 133 窟位置外环境和气象站环境对比

首先我们将气象站所采集的环境温度和第 133 窟外温湿度采集的温度数值对比,我们就会发现,两者的起伏曲线是完全一致的,但两者之间也存在一些微小的差值,这主要是由于数据采集位置的不同。气象站的位置在石窟崖边平地上,位置较低,同时附近还有草坪、树木等,在一定程度上小环境的温度降低;而 133 窟的位置较高,附近都是山崖、混凝土栈道等,这些材料质地都会造成小环境的温度升高,所以造成两个位置温度的不同。另外各种仪器的差值也是一个影响温度数据的因素(图 1)。

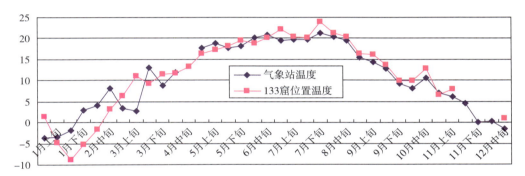

图 1 气象站温度和 133 窟温度对比图

两个位置的旬度温度差值多数在 2 度以下,个别的微高一点。全年的平均值气象站为 10.4 度,133 窟位置为 11.4 度,相差 1 度。另外,7 月上旬以前(上半年),133 窟位置的温度一般都比气象站温度略低,而之后 133 窟位置的温度则略高于气象站的温度,造成这种差别的原因主要是日照的因素,因为在下半年西崖位置的日照时间要远大于气象站位置,所以会造成温度的差别。

从两个位置相对湿度的对比图看,起伏变化也基本一致,气象站的相对湿度略高于 133 窟位置的相对湿度,气象站的年平均值为 69.2%,而 133 窟位置的年平均值为 54.8%,相差 14.4%。这是由于气象站附近的树木、草坪等的影响,而 133 窟位置不会直接受到降雨的影响,而日照时间也是一个重要因素(图 2、图 3)。

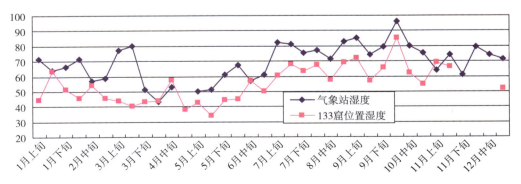

图 2 气象站及 133 窟位置相对湿度对比

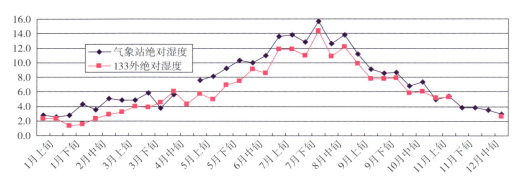

图 3　气象站及 133 窟位置绝对湿度对比

（2）窟外环境和窟内环境对比

第 133 窟是一个基本封闭的洞窟环境，内部空间比较大，这样的环境其内部的温湿度受到外界干扰比较小，温湿度起伏相对稳定，变化很小，而外部环境的温湿度起伏变化很大。外部环境旬度最低气温是 -8.9 度（1 月下旬），最高气温是 23.9 度（8 月上旬），差值达到 32.9 度；而洞窟内部（以前室为例）的最低气温是 4.5 度（2 月上旬），最高气温是 17 度（8 月上旬），差值是 12.5 度（图 4）。

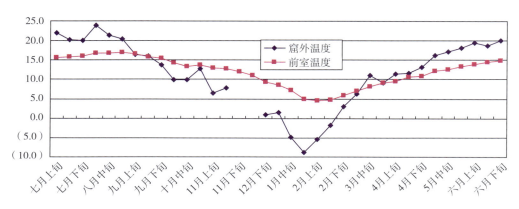

图 4　133 窟内外温度对比图

从 133 窟内外相对湿度的变化看，从 10 月上旬至次年的 2 月下旬，窟内的相对湿度低于窟外的相对湿度，而从 3 月上旬到 9 月下旬，窟内相对湿度则高于窟外的相对湿度，这和温度值的对比变化完全一致（图 5）。

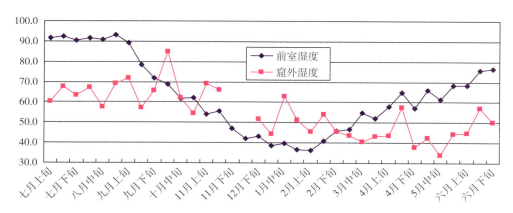

图 5　133 窟内外相对湿度变化图

　　但是，从绝对湿度对比图分析，洞窟内部的绝对湿度是全年度都高于窟外，这是因为洞窟内外缺乏空气流动，山体渗水造成洞窟内部空气湿度增加，而又很难通过空气流动将潮湿气体排放出去，所以就长时间地停留在洞窟内部，即便是在干燥的冬季，窟内部的绝对湿度也是高于窟外（图6）。

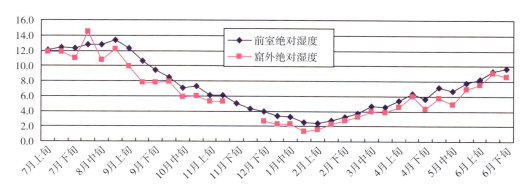

图6　133 窟内外环境绝对湿度变化图

（3）洞窟内各位置温湿度环境对比

　　为了对比洞窟各个位置的温湿度变化情况，我们在洞窟内部放置了 5 个采集器，通过一个年度的观测发现，洞窟内部温湿度整体上比较平稳，各个位置的差别不大，各个位置全年的平均值分别为：门道温度为 12.5 度，相对湿度为 60.6%；前室温度 11.9 度，相对湿度 63.1%；东室温度 12.2 度，相对湿度 61.9%；西室温度 11.9 度，相对湿度 63.8%；潮湿点温度 12.4 度，相对湿度 65.4%；各点之间的差值很小（图7）。

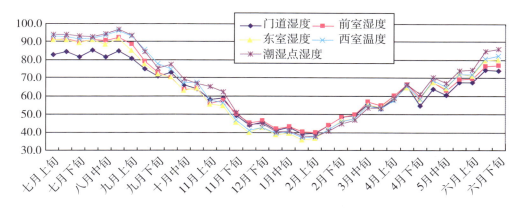

图7　133 窟内部各部位相对湿度对比

　　133 窟西室上方有一条岩石软弱层，潮湿并且有明显的脱落痕迹，是由于山体渗水对这个洞窟的影响，我们在这个位置的采集器就是为了了解潮湿点的温湿度和洞窟内其它位置温湿度的变化情况，以进一步了解渗水对这个洞窟的影响程度。

　　我们以 133 窟前室的温湿度为基准，和潮湿点的温湿度进行对比，发现潮湿点的温度在 4—10 月上旬低于前室的温度，而在其他时间则高于前室温度，相对湿度的情况也基本同步，这是由于在 4—10 月份是属于雨季，在潮湿点有渗水现象，这就造成了湿度的增高和温度的降低，而在 11 月至次年的 3 月，外部环境变得干燥，洞窟内部也就不存在渗水现象，而 133 窟的渗水点在洞窟的最后部而且位置偏高，所以相对前室而言，温度值要高一点。两个位置的温度差值最高时为 3.6 度（图8）。

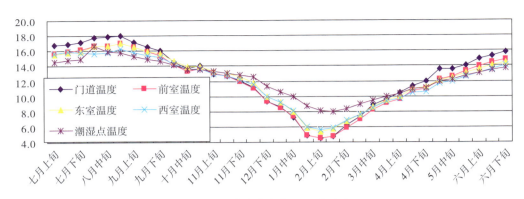

图 8　133 窟内部各部位温度对比

　　洞窟内部的温湿度在 24 小时之间的变化情况我们以 1 月 6 日和 7 月 6 日分别作为冬季和夏季的代表来进行分析：

　　1 月 6 日洞窟外的温度变化起伏比较大，在 7 时达到当天的最低值 –1.6 度，在 16 时达到最高值 11 度，差值为 12.6 度，8 时至 16 时为温度上升阶段，16 时至 21 时为温度下降阶段，21 时至 7 时为温度基本平稳阶段。洞窟内部的温度不同程度地受到外部温度的影响，其中门道内侧的温度变化最明显，而潮湿点位置的温度变化最缓慢。门道位置最低值是 8.3 度，产生在 9 时，而最高值是 10 度，产生在 15 时，差值为 1.7 度。10 时至 15 时是温度上升阶段，15 时至 18 时是温度下降阶段，16 至 9 时为温度相对平衡阶段。东室和西室的温度完全同步，起伏变化在 24 小时内的差值仅在 0.4 度，但温度上升的时间是在 11 时，相对于窟外和门道处温度升高的时间也延后一个小时。而潮湿点位置的温度变化更为稳定，24 小时的差值仅为 0.2 度，温度上升的时间是在 12 时，比前室的温度升高要延后两个小时（图 9）。

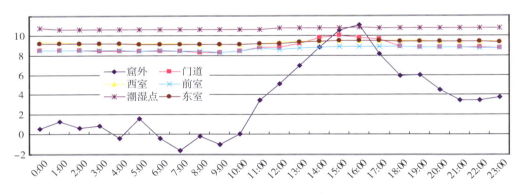

图 9　133 窟 08 年 1 月 6 日温度变化图

　　1 月 6 日的湿度变化和温度成反向，当温度上升时，湿度开始下降，从 9 时的 65% 下降到 16 时的 26.8%，差值为 38.2%，而洞窟内部各个位置的湿度变化均保持稳定，受外部的影响较小，差值仅为 1.8%，完全保持在一种稳定的状态中，可以讲，在正常环境下，洞窟内部的湿度环境基本不受外界环境的影响（图 10）。

　　7 月 6 日的温湿度变化和 1 月 6 日的变化有所差异，我们先对温度环境进行讨论分析，窟外环境的温度在 6 时达到最低值 16.7 度，6 时至 16 时 30 分是温度上升阶段，在 16 时 30 分的温度值是 28.2 度，日差值为 11.5 度，16 时 30 分至 20 时是温度下降时段，20 时至次日的 6 时是温度基本平衡阶段。洞窟内部的温度变化速率要缓慢得多，门道处的温度在 10 时 30 分才出现明显的上升，比窟外的温度变化要

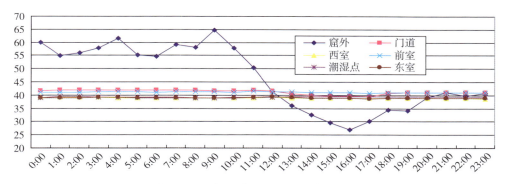

图 10　133 窟 08 年 1 月 6 日湿度变化图

慢 4 个小时，在 15 时便达到了最高值，日差值为 4.8 度。温度的上升和下降速率都很缓慢。而前室、东室、西室的温度值基本一致，10 时和 15 时 30 分是其起伏变化的时间段，但差值仅为 1.3 度。而洞窟深处潮湿点的温度变化更为缓慢，差值仅为 0.8 度（图 11）。

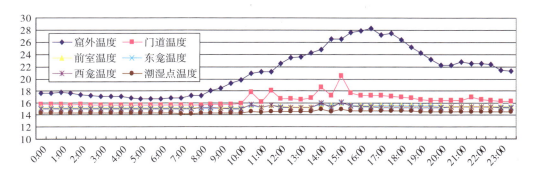

图 11　133 窟 07 年 7 月 6 日温度变化图

湿度的变化除了具体数值和 1 月 6 日不同外，基本规律是相同的（图 12）。

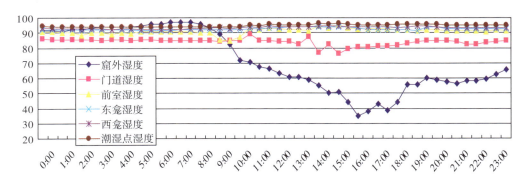

图 12　133 窟 07 年 7 月 6 日湿度变化图

通过对 133 窟在 1 月 6 日和 7 月 6 日在 24 小时之内的温湿度变化，我们可以得出这样一种基本结论，在一般情况下，窟外的温湿度环境对窟内的温湿度环境的影响是很缓慢的。在比较干燥的时段（冬季），潮湿点的温度高于窟内温度，而湿度是低于窟内湿度，在比较湿润的季节（春季、夏季），潮湿点的温度低于窟内，而湿度则高于窟内湿度。

（4）降水对洞窟环境的影响

降水对洞窟环境的影响是通过两个渠道来进行的，一个是降雨使外部环境的湿度增高，然后通过洞窟内外的空气交流来影响内部的湿度；另一种情况是通过山体渗水使洞窟内部的湿度增高。对这两种情况，我们通过对降雨和没有降雨的时间段的数据对比分析来进一步了解情况。

8月10日至22日是没有降水的时段，从图表可以看出，温度和湿度相互对应，以每天16时左右为起点，以8时左右为转折点，24小时完成一个有稳定规律的起伏曲线，洞窟内部温度也和外界温度作基本同步的变化，只是时间略为滞后和幅度较小（图13、图14）。

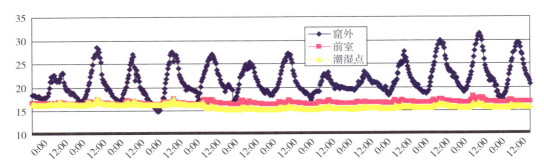

图13　133窟8月10日至22日温度变化图

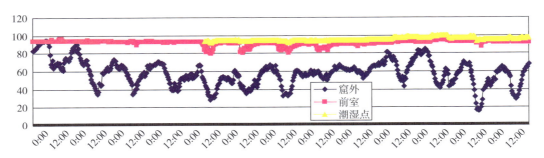

图14　133窟8月10日至22日湿度变化图

8月23日16时开始降雨，至24日9时完全停止，这个时间段的总降水量为21毫米，降水时间共计17小时，降水强度为中雨，其中前两个小时的降水强度较大，为11.3毫米。

在无降水的时段，环境相对湿度从16时开始上升，次日8时左右达到最高值，然后开始下降，而23日相对湿度从降雨开始之前的30分钟到一个小时便开始上升，因为这个时间空气中的含水量开始增加，然后一直上升到90%以上并保持一段时间。温度值从15时30分也开始下降，在降雨时段，温度值保持在相对平稳的数值（图15、图16、图17、图18）。

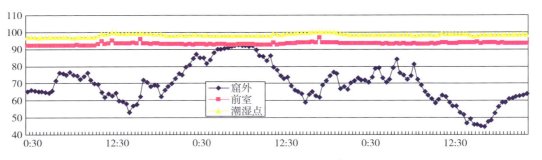

图15　133窟8月23日至25日湿度变化图

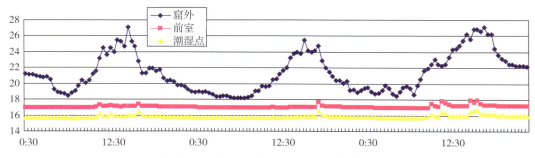

图 16　133 窟 8 月 23 日至 25 日温度变化图

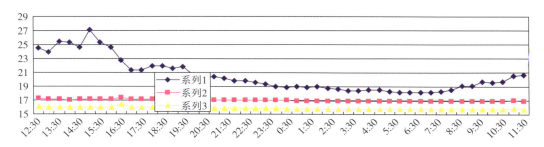

图 17　133 窟 8 月 23 日 12 时至 24 日 12 时温度变化

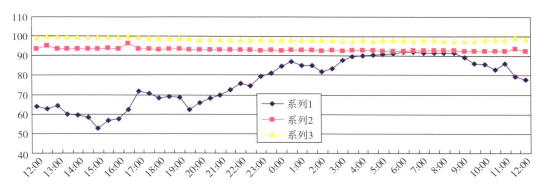

图 18　133 窟 8 月 23 日 12 时至 24 日 12 时湿度变化

在降雨时段，湿度虽然上升幅度比较大，但同时温度也下降比较快，和洞窟内部的温度值接近，洞窟内外的空气流动就基本停止，所以这个时段的湿度值虽然高，但是对洞窟内部的湿度环境不构成影响。因为在这种封闭性的大空间，空气流动是依靠内外不同的温度差而形成的空气压力差来完成的，而当内外温度平衡时，空气流动便停止或变得很微弱。

由于降雨前后空气中的含水量比较高，所以，窟外环境仍然会对窟内环境构成影响，但是其表现形式和没有降雨的时段不同。在没有降雨的时段，洞窟内部相对湿度和窟外的相对湿度起伏在时间上是同步的，只是幅度比较小而已，即窟外湿度下降，洞窟内部的湿度也同时段下降。这是由于洞窟外的空气绝对湿度和相对湿度都低于窟内，而温差也比较大，所以通过空气流动使洞窟内部的湿度降低。但是在降雨前后，窟外的相对湿度起伏曲线和洞窟内相对湿度起伏曲线却呈反向形式，即窟外相对湿度呈下降趋势，而洞窟内部的相对湿度却呈上升趋势，如 8 月 23 日 10 时至 20 时、24 日的 11 时至 23 时、25 日的 11 时至 16 时（图 19、图 20）。这几个时段都是窟外的相对湿度下降的阶段，但洞窟内的湿度却呈上升趋势，造成这种现象是因为虽然洞窟外的相对湿度值低于窟内的相对湿度值，但是由于降雨的影响，

窟外的绝对湿度值却是高于洞窟内部，当相对湿度下降时，正是温度上升的时段，洞窟内外的温差增大，空气流动速度增快，虽然相对湿度仍然是窟外低于窟内，但绝对湿度却仍然高于窟内，所以就通过空气流动使洞窟内的湿度增高。而当湿度上升的时段，温度值则是下降的阶段，和洞窟内部的温度值接近，在这种情况下，内外的空气流动便停止，所以在湿度上升阶段窟外的湿度环境不会影响窟内的湿度环境。

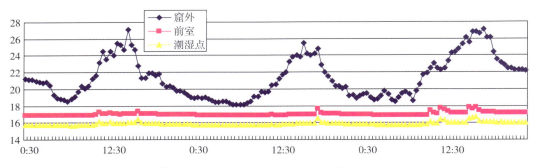

图 19　133 窟 8 月 23 日至 25 日温度变化图

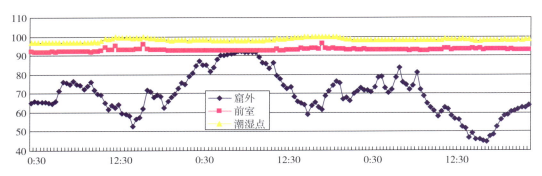

图 20　133 窟 8 月 23 日湿度变化图

　　窟外湿度环境对窟内影响的方式还有另外一种情况，即在没有降雨的正常时段，窟外相对湿度增加，洞窟内部的相对湿度却呈下降趋势，如 9 月 19 日 5 时 30 分和 20 日 5 时 30 分，这个时间段窟外的相对湿度达到最高值，但洞窟内的相对湿度却呈下降趋势，这是由于洞窟外的绝对湿度低，当温度值降低时（湿度增加），内外温差增大，产生空气对流，洞窟内的高湿空气流出，而窟外低湿度的空气流入，造成了这种反常的现象（图 21、图 22）。

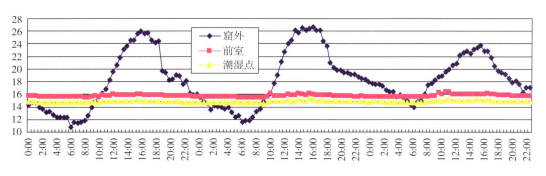

图 21　133 窟 9 月 19 日至 21 日温度变化图

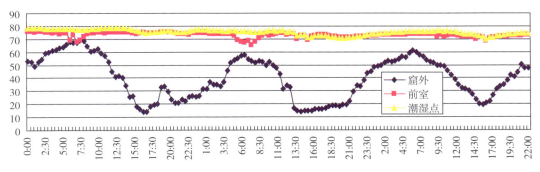

图 22　133 窟 9 月 19 日至 21 日湿度变化图

从以上的图表和分析中，我们知道洞窟内部潮湿点的湿度在一年中的大部分时间都是高于洞窟内部的湿度，而洞窟外的湿度除了降雨的时段以外，都是低于窟内湿度的，所以，可以肯定地讲，影响 133 窟内部湿度的应该主要是洞窟内部潮湿点的湿度，在春、夏、秋三个季节，潮湿点的湿度一直是居高不下，连续影响洞窟内部的湿度。

我们以 2007 年 8 月下旬潮湿点的湿度为例分析这个位置的变化情况，这个阶段的湿度值多数在 97% 以上，基本是达到了饱和值，而 20 日 13 时 30 分至 21 时、23 日 13 时 30 分至 18 时、24 日 11 时 30 分至 20 时 30 分（图 23），这三个时段的湿度值都达到了 99% 甚至 100%，而数值的增高应该是由于山体渗水运移到了这个位置，但是我们以这个数值增高的时段向前找寻对应的降雨时段，而气象站数据反映，8 月 10 日至 23 日 16 时是完全没有降雨的时段，这样，20 日 13 时 30 分至 21 时和 23 日 13 时 30 分至 18 时这两个时段潮湿点湿度的增高则找不到对应的降雨时段，而 23 日 16 时至 24 日 9 时虽然有连续的降雨，但是根据以前对其他点位的观察，山体渗水在山体内部的运移速度是很缓慢的，根本不可能在短时间内运移到 133 窟潮湿点位置。潮湿点湿度的增加，表现出渗水对 133 窟影响的持续性和运移方式的复杂性，目前的观测手段尚不能对降水到达 133 窟的时间、强度、持续时间等做到精确的判断，需要在设备和观测方法方面进一步探索。

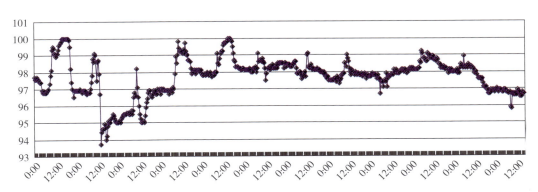

图 23　133 窟 2007 年 8 月下旬潮湿点湿度变化图

本节作者：董广强

第四章　麦积山石窟保护相关调查研究

一、麦积山洞窟寺院の保存修理と活用

Ⅰ、文化遺産保存活用の指向

　　現代社会のひとつの風潮として情報開示が強調されるようになってきた。それは、文化遺産の分野でも同じことで、保存を第一義にする考えから公開活用を前提とした保存方策を考えるように変わりつつある。

　　その公開活用は、博物館・美術館、遺跡などにおいて、それぞれのあり方に沿って個性的な活動が展開されている。その中にあって、地域との連携をはかる文化遺産の保存と活用、地域の活性化や経済振興のために観光資源として活用する文化遺産・自然遺産、さらに教育、歴史や文化の知的発信の拠点として文化遺産や遺跡を活用している。

1. 地域コミュニケーション

　　地域住民相互のコミュニケーションを構築するためには、時には行政がリードすることもあるが、地域住民が中心となって文化遺産活用の事業を展開することもある。さらには、行政と地域住民が協力し合って活動を展開することもある。しかし、最も強力なのは地域住民による、地域住民のための活動を通したコミュニケーションであろう。地域の文化遺産を地域住民が自慢したり、誇りに思えることが重要なのである。地域住民が主導し、真にそのように思えるようにし向けていく活動が必要である。そうすれば、自ずと地元の文化遺産を守ろうという機運が生まれ、自発的な保存活動が展開される。文化遺産を自らの手で保護する活動は、地域住民が連携する原動力となり、さらなる地域の文化遺産保護、活用のための力が螺旋階段のように派生し、増幅されていくことだろう。

　　文化遺産・遺跡を活用する諸々のイベントが各地で展開されているが、こうした活動を通して地域住民のコミュニケーションが保持され、そのこと自体が文化遺産を守る活動につながるのである。また文化遺産を活用することによって、地域を愛する心が育まれ、地域を守ろうとする機運が高まる。住民が連携した活動は地域振興へと発展し、地域経済への波及効果をもたらし、地域再生に寄与することになる。

2. 観光と文化遺産

　　芸術文化への志向が強まり、教養型ともいうべき観光旅行が活発になっている。たとえば、温泉を楽しみ、各地の食を求める旅行に、美術館・博物館、そして遺跡などを訪ねる企画が付加されることが多くなっている。観光資源として文化遺産を位置付け、文化遺産を活用した企画が目立つようになってきた。さらに、単に見学という行動を越えて、その地域における歴史や風土を学び取るという、

もう一歩踏み込んだ観光のスタイルも提案されている。すなわち、単に土器作りや石器を制作するという体験学習から古代人の生活の場にもう一歩足を踏み入れた、たとえば古代住居でじかに古代の生活体験や古代の道具に触れ、古代人の吐息を感じるような体感を経験することによって古代文化をより身近に感じとれるのである。

　現在では、観光戦略のひとつに文化遺産を位置づけ、一つの学問領域としての人類学と観光、あるいは経済学の観点からみた新しい研究領域としては、観光経済学、観光人類学、観光文化遺産学などがありえよう。観光文化遺産学といえば、観光資源としての文化遺産が思い浮かぶのだが、観光は地域貢献や社会貢献につながるテーマである。

　観光資源としての文化遺産を恒久的に保存し、伝承していくためのシステム作りも重要な課題である。文化遺産を資源とした観光収入の一部を文化遺産保存のために還元するシステムなども保存の観点から必要なことである。そのためには、観光収益を得る経営者の文化遺産保存に対する考え方を変えていくような行政面からの指導や根本からの改善策が課題となろう。

3. 文化遺産活用と教育

　文化遺産を保存し、後世のために保護することを広く市民に理解してもらうためには納得できる充分な説明が必要である。文化遺産や遺跡を、いわゆる歴史を学ぶ場だとか、地域の歴史を学ぶ場として提起するだけではなく、現代社会の中で受け止められるような、さらには未来を考えさせてくれるような現代社会との関連性を説いていく必要がある。つまり、遺跡は必ずしも学習の場だとか、学術的芸術的に価値ある物件として捉えるばかりでなく、市民の憩いの場になるような遺跡公園として整備したり、地域住民のコミュニケーションの場になるような活用空間を設けるなどの積極的な配慮も必要である。学術的芸術的に優れた文化遺産を観光の資源にするのは適切ではないとの考え方から、地域のコミュニケーションの場となるように大いに活用することをむしろ奨励するように文化遺産に対する考え方が変わってきたのである。

　遺跡は、その地域に所在する里山の景観や風土の中できちんと位置づけられ、現代社会の人々に素直に受け止められるような整備の工夫をすることが肝要であり、そうすることによって遺跡は保護され、後世に伝えられるようになる。こうした事象を果たすためには、以下のような目的を明確にした遺跡整備の基本姿勢がなければならない。

　①遺跡を正しく認識し，歴史を正確に学べる場にする。そのためには、遺跡が現代社会の生活のなかでどのように位置づけられるのか，ひいては日本の、世界の歴史の中でどのような位置にあるかを考える場となるように整備する。

　②歴史を学習する場であるばかりでなく、市民が気軽に憩える場として活用できるようにデザインする。

　③土器・織物・編み物・石器作りなどを体験学習するばかりでなく、遺跡や遺物にじかに触れることによって古代人の生活や心を体感できる環境作りも重要である。

　④高齢化が進む社会で、国をあげての生涯学習対策、生活向上などが検討されているが、文化遺産を地域に取り込み、積極的に活用できる場を提供していきたい。

　Ⅱ、遺跡整備の基本

　文化遺産や遺跡は、保存し、活用するために保存整備が行われる。すなわち、一般市民や子供た

ちに遺跡の内容を正しく認識してもらうために建物を復元したり、遺構を露出したままで公開展示するなどの工夫が行われる。また、遺跡の寿命をより長らえるために遺構面を土で被覆し、保護するなどの保存整備が行われる。さらには、遺跡を整備したうえで保存管理の拠点を作ることができれば、遺跡の保全がさらに効果的に進められるだろう。結果として、遺跡の寿命を長らえることもできるし、復元された構築物なども早期の風化や崩壊から避けられる。すなわち、遺跡を継続的に保存管理することによって、遺跡そのものが恒久的に保存されることにつながる。また、継続的な補修は修理技術を向上させるだろう。その過程で、古代遺跡の築造技術や土木技術にふれる機会も生じるであろうし、こうした古代技法を正しく理解することによって、修理技術がさらに向上するという好結果を招くことも期待できる。

　　遺跡には現代の科学技術では解明しきれない情報が包埋されており、それらの情報を極力破壊しないように遺跡を恒久的に保護することも保存整備の目的のひとつとなる。

1. 理念と基本方針

　　遺跡の保存整備に際しては、遺跡の歴史的意義や現代社会の中における本質的な遺跡の価値を明確にしなければならない。遺跡整備の基本的な理念として、まず遺跡の調査研究方法の充実と精度の向上をめざすべきであろう。次に整備技術の向上をめざす、特に重要なことは伝統的な技術を尊重し、これを保存し、後世に継承していくことが重要である。同時に、保存整備のために応用される現代科学材料や技術の開発と、伝統的技術の融合の中から生み出す独自の技術開発もまた重要と考える。他方、遺跡の整備にあたっては遺跡周辺の景観保全、場合によっては最小限の植生の再生もありうるというフレキシブルな考え方も据えておく必要がある。また、保存整備にあたっては、保存と活用に関する理念も明確にしておく必要がある。文化遺産としての学術的評価やその位置づけを明確にしておかなければならない。

　　遺跡の特徴を正確に表現する手法の検討、つまりは遺跡の魅力を引き出し、わかりやすく表現し、公開活用するためには、実物遺構の露出展示、遺跡の建物復元、植生の復元、古代環境の復元など、総合的な保存整備をおこなわなければならない。

　　具体的な整備計画を立案するためには、以下のような事項をふまえた工程を経るようにしたい。全体計画を立てる。遺構をそのままに露出した状態で保存する工法について、その可否を具体的に検討して判断する。他方、遺跡をわかりやすく見せるために建物や構築物などを復元して展示するのが大方の手法となる。また屋内展示にこだわらずに、野外展示の手法を大いに採択したい。展示・公開のための施設や便益施設などのインフラストラクチャーの整備も重要である。

　　こうした整備事業が完成した暁には遺跡の運営・管理、その普及や広報の活動は欠くことのできない重要事項である。そして、見学者を迎えるというだけでは終わらない。遺跡に関する新しい情報を常に発信できるサービス体制が必要なのである。そのためには遺跡を研究する学術研究の拠点形成と国際的学際的交流活動ができる拠点形成の構築を盛り込んでおきたい。そのうえで、遺跡に見合ったさまざまな活用事業を地域住民の手によって企画し、運営する。市民自らがこれに参画し、ボランテイアなどの活用をはかりながら事業を展開できれば理想的である。

2. 目的と課題

　　遺跡を保存整備することによって、それを文化交流の拠点とし、文化遺産を後世に遺していくこ

とができる。また、こうした整備計画は都市計画や遺跡周辺の開発計画と密接に関わっているものであり、これらを充分に考慮したものでなければならない。こうした保存整備の理念や基本方針をふまえて整備事業を行うのだが、基本計画にもとづいた施工を行ったからといってそれで完了するわけではない。整備された遺跡を如何に保存管理し、運営していくかが大きな課題となる。しかもそれは社会の時流に機を得た方策でなければならない。時代の流れに沿って人の感性や考え方が変化するものであり、これを敏感に感じ取り、遺跡の整備にも活かしていきたいからである。

　　遺跡整備の実際にあたる課題として次の4点をあげておきたい。

　　①歴史学的考古学的立場からみた遺跡の評価、遺跡を保存活用していくために必要な遺跡の修景とは何か、特に植生や建物復元の可能性と限界についてよく議論すべきである。

　　②遺跡整備の基本姿勢は、文化財の保護行政の側から対応するばかりでなく、他省庁や地方自治体の立場や考え方の違いに行政的に対応することが必要である。

　　③遺跡と地域社会との関わり方を充分に考慮しなければならない。特に、遺跡保護にふさわしい景観の保全は重要である。また、遺跡保存にともなう地域への還元方法、地域住民との連携、地域振興のための技術的な課題である。

　　④遺跡整備は、保存整備し、保存・活用が果たせればそれで良いというものではない。関連科学との技術的連携、継続的な研究姿勢が保持されなければならない。常に新情報を発信できるようなシステム作り、また子供教育との関連性、高等教育研究等の場としての活用など、遺跡に課せられた課題は多い。

Ⅲ、麦積山洞窟寺院と保存科学

　　麦積山石窟の保護に関しては、麦積山石窟芸術研究所がこれまで30年間にもわたって積み重ねてきた様々な調査とそれに伴う修復の実績をもっている。また敦煌研究院による麦積山石窟調査報告も行われている。それらは、中国全土におよぶ数多くの遺跡について、長期にわたる修復技術の蓄積にもとづくものであり、麦積山石窟の修理方針は、良きにつけ、悪しきにつけ、現在に至るまでの成果を抜きにして考えることはできない。したがって、今日までに麦積山石窟芸術研究所が蓄積してきた多様な保存修復に関するデータを基本にしつつ、次の2点について共同研究のテーマとして考えてみたい。

　　①修復科学的見地から麦積山全容の環境調査をおこない、特に岩盤に含まれる水の挙動、ならびに石窟内部への水分浸入等に関する現況の解明をはかること。

　　②特定の洞窟を定め、壁画顔料の分析調査、塑像の構造調査、壁画顔料の剥落止めや洗浄方法などを共同研究の主なテーマとしてきた。また、麦積山石窟に応用された独自の伝統的修復材料の物性調査をふまえた伝統的技法の検証、他方では現代科学材料の開発研究を継続して行うことである。

1. 麦積山と洞窟

　　麦積山石窟の修復の大きなテーマは、麦積山全体の強化、窟内部の環境制御、麦積山に巣くう小動物対策等である。モルタルを吹き付ける工法は、岩石の崩落や岩盤の崩壊を防止するという点では重要かつ多大の効果をあげている。しかし、それによる弊害が全く無いというわけではない。岩盤にしみこんだ水分の蒸散するはけ口が閉塞されてしまったために、岩盤にしみこんだ一部の水分は亀裂

を伝って表面に流れ出る。場所によっては、それが洞窟内部に浸みだし、窟の劣化や壁画等への影響が危惧される。また、山の頂上部から侵入する雨水や地下水の挙動を確認する必要がある。予測だけで防護策を論じるのは無意味なことだが、窟内への水分浸出の有無を的確に把握しておかなければならない。そのためには、各石窟における水分浸入の痕跡等に関する悉皆調査を行うべきであろう。窟内の表面の要所々々における水分の蒸散を定期的に継続的に測定する必要がある。

さらには、麦積山の中腹全域について水分の漏れの痕跡や被覆したモルタルに生じた亀裂等の有無、水漏れの有無を調査しておきたい。仮に、洞窟内部への水分の浸入や、被覆モルタルの亀裂等の発生にともなう水漏れがみられる場合には、早急に保全の対策を講じなければならない。しかし、その保護対策は大規模なものになり、遠大な計画のもとに遂行することになるだろう。

こうした調査に平衡して、窟内外の温度湿度の測定も重要である。それは、石窟内部の環境と外気の環境との間に大きな差があるとすれば窟内部へ影響を及ぼすことを意味するからである。今までに幾つかの石窟について、24時間を通じての温度湿度に関するデータがあるが、その変動の実態と窟内部の蒸散量との関係、そしてモルタルで被覆されている位置にある窟内部の環境条件と水分蒸散量との間に相関関係、水漏れによる窟内部への影響の程度等を探ることができる。

結果として、モルタルを取り除く必要性が生じるとすれば、山腹に存在する亀裂部分の補強強化や修繕の必要が発生する。特に、巨大な岩盤の崩落を避けなければならない。山の頂上部から下方に向けて斜めに走る節理に沿った亀裂に起因して崩壊するばかりでなく、地震や振動にともなう崩落の危険が表裏一体となっていると思われるので総合的な対応策を講じなければならない。こうした亀裂や崩落の危機については、すでに調査報告が行われているので、具体的な対応策を検討し、一刻も早い対応が望まれる。

モルタル被覆の工事は、岩石の崩落を防いでいるだけでなく、麦積山の胴体に斜めに走る節理に伴う大きな亀裂を補強し、崩落を防いでいることは間違いない。ただ、耐久性や強度が限界にきているか否かの検証が必要である。これを具体的な数値で確認すべき時期にきていると思われる。

麦積山石窟芸術研究所が行う継続的な監視、諸々の実験等の成果をもとに、またゲッティ研究所の報告書の成果なども考慮しながら、モルタルの可否について慎重に検討すべきであろう。また、小動物の対策も無視できない。糞尿による岩盤表面の汚染も深刻で、そのクリーニング法の研究と、同時に小動物の駆除対策も大きな課題である。

2. 壁画修復方針

壁画の保存状態については、敦煌研究院等の調査報告があるので、基本的にはそれに沿った修復計画を立てるのが順当と言える。壁画の損傷状況の確認と把握は当然のこととして、麦績山の保存状況に合わせた修理方針を検討したい。損傷状況をいくつかのパターンに分けた観測は、保存状態を把握するためには非常にわかりやすく、有効である。今後、それ以上にこうした損傷状況を明確にし、修復事項別にパターン化し、修復対策を技術的見地から個別に検討し、それぞれに見合った修復のための材料実験を行い、さらにこれを実証するための技術的検討を経て、実際の施工に至ることができる。

パターン化される修復内容には、壁画を支える壁体の固定、この際には地蜂や虫などによって穿たれた壁面の孔（窪み）は修理の際にも原則として埋めないが、次の2点を理由に必要に応じて埋め

ることがある。壁体の孔を埋めることによって壁画面がより安全に固定できること、また、壁画としての連続した壁画の内容を理解しやすい場合である。いずれも、保存修復の観点からは最小限の施工にとどめることはいうまでもない。

　そして、日常的に行われている顔料の剥落止めと壁画の部分的補修については、長年現地で蓄積されてきた経験と実績を尊重したい。顔料の耐候性については、防護ガラスの覆いをかけて紫外線から守るような研究が行われており、これを基本に実験研究の規模を拡充していければよいと思う。実験室レベルで紫外線のどの波長がどの種類の顔料に影響を与えるなどの、できれば波長別の吸収スペクトルが測定できるようになればより有用な結果を得ることができるし、詳細な顔料の退色予防の研究につなげることができるかもしれない。また、この種の実験では、紫外線をカットする割合が異なるフイルターを使い分けることによって、変色・変質の程度をより詳細に解析することができる。

　また、屋外に或る壁画や外部の光線が当たるような場所に位置する壁画等の保存対策も検討すべきである。何らかの簡易な覆いを付けて、それでもなお紫外線や光線からの影響を防止できるような措置を講ずる。

3. 塑像の調査と修復

　50年前に撮影された麦積山の写真と現在の写真を比較すると、あちこちにかなりの変化を見受けることができる。塑像や壁画が紛失したばかりか、とくに塑像の場合は、置かれていた位置が変わり、また仏さまの手などが付け足されていたりする。当然、麦積山石窟の創建当時からは幾度となく修復が繰り返されてきたことを容易に知ることができる。重要なのは、これまでなされてきた修理の実態を正確に知ることである。それによって、補修の基本方針が浮かび上がるだろうし、受け継がれてきた歴代の修復技術の変遷をみい出すことができる。できれば、往年の修理技術者たちにインタビューして、その内容を記録しておくことも有効なことである。それは非常に貴重な資料となるに違いない。

　筆者は、甘粛省・炳霊寺の涅槃像修復の共同プロジェクトに参加した経験を持つが、地域では塑土の作り方にもいろいろな工夫が凝らされていて興味深い思いをしたことが幾度もあった。たとえば、塑土に混ぜるスサは藁を細かく切ったものである。麦積山石窟においては、敦煌研究院の第22窟調査報告によれば、塑土には2種類が使われており、粗い方の塑土には麦殻や繊維質のものを混ぜて利用し、細かい土の方には麻布を細かく切ったものや綿を細かく切って混ぜているらしい。炳霊寺の場合、その藁スサと土とをよくなじませるためには或る期間、放置しておく、つまり寝かしておくことになる。ある種の発酵反応による効果を期待するのだという。その際に、粘土の中に動物の皮ひとかけらを投入することによってスサと土がよくなじんだ塑土ができあがるのだという。あるいは、塑土に卵白を混ぜることによって強度を増大させる方法や、卵黄も含めて用いる方法などがあると聞いた。さらには、塑土を調製する際に餅米のとぎ汁、すなわち、餅米を洗った後の白い汁を利用して粘土をこねると良い塑土ができるとの話を聞いた。このことは、修理技術者や中国内の地域による考え方の相違、時代的な差異などが厳然として今日まで伝承されているからにほかならない。

　現在、このような地域ごとの特徴的な技術、経験にもとずいた古代の知恵が中国各地に存在するのである。伝統的技術とも言える技術や材料、それが地域に根ざしたものであればあるほど、これを尊重した修理方針、修理技術を最大限に生かすことを考えるべきであろう。そして、なお足りないところ、伝統技術ではなく、技術的に補強しきれない部分については現代科学の粋を集めた材料や技術

で補足すればいい。こうしたことをふまえて、我々は共同で、エポキシ樹脂をベースにした現代的な塑土を作成し、その耐候試験や物性試験などを行ってきた。今後もこのような実験を継続し、あるいは必要に応じて実験内容を充実させながら本プロジェクトの共同研究を継続されたい。

4. 管理運営

管理運営に関しては、長い歴史の中で培われた実績を持っている。特に申し述べることはないのだが、世界遺産をめざしていることと関係あるのだが、例えば、洞窟への見学者数と、窟内の温度上昇の程度や二酸化炭素濃度の増大量、見学後の窟内の二酸化炭素濃度を元の状態に回復するのに要する時間、などの調査も追加したい。こうした空気汚染の問題や保存環境の急激な変化の繰り返しが顔料の劣化や、二酸化炭素濃度、温度湿度が大きく変化する。こうした諸問題をふまえて顔料の劣化度と測定方法などは重要なことがらである。

観光事業の立場からすると、見学者数を増やして町を活性化させることが重要だが、窟内部に入れる人数の可能性と限界を良く検討し、それを越えない行政的戦略的な対応策が必要である。特に、行政面から文化遺産保存と活用のバランスに関する教育と実践が求められる。見学者を大量に出入りさせると窟内部の温度湿度を激しく変化するし、窟そのものの崩壊とも無関係ではないことを認識しておかなければならない。世界遺産をめざした活動にも考慮した観光資源としての取り扱いは重要であり、地域住民にとって有益な遺跡でなければならない。このことが最も重要なことであり、保存管理を総合的に検討しておきたい。

〈参考書等〉
1）文化財保護制度概説、中村賢二郎著，（株）ぎょうせい，1999，
2）文化財保護の実務（上・下）、児玉幸多・中野浩編，柏書房，1979，
3）美術工芸品の保存と保管、フジテクノシステム.
4）文化財科学の事典、朝倉書店.
5）文化財保存科学ノート、沢田正昭、近未来社.
6）古文化財の科学、山崎一雄、思文閣出版.
7）文化財のための保存科学入門、岡田文男編・沢田正昭監修、飛鳥企画 角川書店.
8）遺物の保存と調査、沢田正昭編、クバプロ.
9）科学が解き明かす古代の歴史 –新世紀の考古科学–，2003 年度文部科学省科学研究費・補助金研究成果公開促進費「研究成果公開発表（A）」補助事業・代表・沢田正昭，2004.
10）史跡等整備のてびき –保存と活用のために–，文化庁・文化財部・記念物課，2004.

本节作者：沢田正昭

二、麦积山石窟早期修复材料试验、筛选及修复评估

麦积山石窟的壁画和塑像经过一千多年的风吹日晒，至今仍保存完好，坚如烧陶，体现了古代劳动工匠的聪明才智，证明了这种塑泥材料是适合在麦积山潮湿情况下塑作的。在缺少先进的科学仪器分析

塑泥成分的情况下，20世纪70年代，我们首先对塑泥进行试验与筛选，对麦积山泥塑、壁画进行了部分抢救性的泥塑复位和壁画边缘加固工程。虽修复工艺较粗糙，但至今效果良好，这一现象值得我们进一步总结与研究。20世纪80年代，也就是麦积山石窟加固维修工程后期，在修复东、西崖大佛时，对不同土质进行了大量筛选，选择不同配方调和的泥质，找出了适合麦积山石窟独特环境下黏性强、收缩小、对文物无损伤的泥质。20世纪90年代，总结古人在制作壁画过程中，使用崖壁钉木橛方法的基础上，又进行了一次创新，使部分文物得到了有效保护。21世纪初，在积累多年的实际经验和修复技术提高的基础上，成功地对部分窟壁画进行了抢救性修复，目前效果良好。

1. 麦积山石窟早期修复材料试验及筛选

为了有效地保护文物，20世纪70年代对修复用泥进行了多种配比试验。并通过壁画粘接，塑像补修，塑像复原等各个领域的实地广泛运用，反复摸索，不断改进，终于研制出黏结性强、收缩性小、裂隙小、坚固耐久，比较理想的几种修复用泥。现将使用性能优劣及筛选情况总结如下。

（1）用红土做了不同比例的试块，第28窟3龛右侧窟壁上进行了粘壁试验。泥干后，发现此种配方塑泥收缩性强，不易黏，易裂。不能使用（见表1）。

表1　麦积山石窟泥塑（红土）成分分析

	编号	原料	数量	原料	数量	原料	数量	试验地点	试验时间	做法	效果	比较	使用意见
红土系列	1	红土	10斤	砂子	2斤	麻刀	0.25斤	28窟3号龛	1979.4.28	崖壁粘贴	收缩性太强不黏，易裂	差于其他系列	淘汰
	2	红土	10斤	砂子	4斤	麻刀	0.4斤	28窟3号龛	同上	同上	同上	同上	同上
	3	红土	10斤	砂子	6斤	麻刀	0.5斤	28窟3号龛	同上	同上	同上	同上	同上

（2）用三合土做了不同比例的试块，在第28窟第三龛左右两侧崖壁上，第一次实施了对崖面未清理状况的实验，做不规则泥块，厚度1.5厘米，经过反复挤压，黏结性差，四周脱离崖壁，稍一动就脱落；在脱落的泥块背部发现有风化的小石子和杂物。第二次在实验前，先对崖面进行了清理，在上次失败的原地，做了大小厚度一致的试块，经过反复挤压，泥干后，三种效果是收缩性小，裂纹少，但黏结性不强（见表2）。

表2　麦积山石窟泥塑（三合土）成分分析

	编号	原料	数量	原料	数量	原料	数量	试验地点	试验时间	做法	效果	比较	使用意见
三合土系列	1	黄土	10斤	砂子	4斤	麻刀	0.5斤	28窟3号龛	1979.4.28	以此泥在崖壁粘贴同上	黏性好，收缩小，裂缝小	略逊于黄土	可用
						石膏粉	3斤						
	2	黄土	10斤	砂子	2斤	麻刀	0.3斤	28窟3号龛	同上	以此泥在崖壁粘贴	黏性好，收缩小，裂缝小	略逊于黄土	可用
						石膏粉	2斤						
	3	黄土	10斤	砂子	6斤	麻刀	0.55斤	28窟3号龛	同上	以此泥在崖壁粘贴	黏性好，收缩小，裂缝小	略逊于黄土	可用
						石膏粉	4斤						

（3）用黄土做了四种不同比例的试块，这四种配法分别在第28窟三龛右侧崖壁上进行了黏性试验，第一次崖面未清理，将大小相同，厚度1.5厘米试块，经反复紧压，泥干后，仍然脱落，但在脱落的泥块后面，发现有小石块及其他杂物，但泥层表面裂纹不大，特别是第三种和第四种配方裂纹很少。第二次试验前，先对崖面进行了清理，把所有风化的石质用钢刷进行了处理，将大小相同，厚度1.5厘米试块，经反复紧压，黄土1、2在上方比较干燥的地方；黄土3、4在下方靠地面比较潮湿的地方，泥干后，配方1、2黏性好，收缩小，裂纹少；黄土3、4不如前两种，就是因为潮湿造成的，有空鼓的地方，主要原因是使用的地方不同。但在黄土配方3、4，裂纹比1、2少（见表3）。

表3　麦积山石窟泥塑（黄土）成分分析

	编号	原料	数量	原料	数量	原料	数量	试验地点	试验时间	做法	效果	比较	使用意见
黄土系列	1	黄土	10斤	砂子	3斤	麻刀	0.3斤	28窟3号龛	1979.4.28	崖壁粘贴	黏性好，收缩小，裂纹少	效果好	干燥情况适用
	2	黄土	10斤	砂子	5斤	麻刀	0.5斤	28窟3号龛	1979.4.28	崖壁粘贴	黏性好，收缩小，裂纹少	效果好于1	干燥情况适用
	3	黄土	10斤	砂子	7斤	麻刀	0.6斤	28窟3号龛	1979.4.28	崖壁粘贴	收缩小，裂纹少	潮湿情况差	干燥情况适用
	4	黄土	10斤	砂子	6斤	麻刀	0.5斤	28窟3号龛	1979.4.28	崖壁粘贴	收缩小，裂纹少	潮湿情况差	干燥情况适用

（4）用斑土做了不同比例的试块，在第28窟三龛左侧下方靠外部，对崖面进行了清理，用同样的方法在崖面上粘贴大小相同，厚度1.5厘米试块，经多次挤压，结果黏性比任何一种强，裂纹少，其性比较温和，色泽青白（见表4）。

表4　麦积山石窟泥塑（斑土）成分分析

	编号	原料	数量	原料	数量	原料	数量	试验地点	试验时间	做法	效果	比较	使用意见
斑土系列	1	斑土	10斤	砂子	3斤	麻刀	0.3斤	28窟3号龛	1979.4.28	崖壁粘贴	黏性好，收缩小，裂缝小	优于任何系列	可用
	2	斑土	10斤	砂子	5斤	麻刀	0.5斤	28窟3号龛	1979.4.28	崖壁粘贴	黏性好，收缩小，裂缝小	优于任何系列	可用

文物作为人类历史进程的最直接的见证，历经磨难，保存至今，大都"风烛残年"急需保护维修。为了有效的保护文物，20世纪70年代对修复西崖第98窟摩崖大佛用泥进行了多种配比试验。并通过对大佛内部原有泥黏结、水泥地板黏结、水泥与铁皮之间、反复试验、不断改进，研制比较理想的修复用泥（见表5）。

表5　西崖摩崖造像黏结加固用泥试验

	编号	配　方	黏结对象	性能	实验对比意见
黄土系列	1	黄土2斤，棉花10克，5%乳液400 cc合成泥	取西崖大佛内部原有泥黏结	良好	可用
	2	黄土2斤，麻35克，5%乳液450 cc合成泥	同上水泥与铁皮之间	良好	可用
	3	黄土2斤，麻35克，5%乳液450 cc合成泥	水泥地板	良好	可用
	4	黄土2斤，麻35克，5%乳液450 cc合成泥	水泥与铁皮之间	黏结力差	不适合黏结铁皮
	5	黄土2斤，棉花10克，10%乳液400 cc合成泥	大佛内部泥块	裂隙大	棉花加入比例过少
	6	黄土2斤，棉花25克，10%乳液400 cc合成泥	同上	良好	可用
	7	黄土10斤，大麻或麻刀75克，细沙5斤，10%乳液2500 cc合成泥	同上	极好	强度及硬度显著加强，为加固塑像首选

修复加固摩崖造像需大量黏结性强、质地坚硬、富于韧性且收缩小、裂隙少的修复用泥。在敦煌研究院李云鹤老师的直接指导下，对第98窟摩崖造像修复用泥，进行了一系列的调配和试验，经使用筛选，最后决定使用配方为黄土5千克+大麻（或麻刀）75克+细砂2.5千克+10%乳胶溶液的加固用泥。优点是对泥质和石质物的黏结力均很强，而且硬度、柔韧性、收缩性、黏结性均强于其他用泥。

以上图表五个系列，19种不同比例配料泥的实验中，红土泥色泽发红收缩性强，不易粘，易裂，不能使用。黄土泥在比较干燥的地方黏性好、收缩小、裂纹少，效果良好；在比较潮湿的地方，收缩小、裂纹少，但黏性差，有空鼓的地方，主要原因是使用的地方不同。三合土泥的效果是收缩性小，裂纹少，但黏结性不强、比较酥。斑土泥黏性比任何一种强，裂纹少，其性比较温和，色泽青白。

2. 麦积山石窟的文物修复评估

20世纪70年代，首先对塑泥进行试验与筛选，同时我所修复人员与外请专家对麦积山泥塑、壁画进行了部分抢救性的泥塑复位和壁画边缘加固工程。其中包括第4窟右侧力士，第9窟菩萨与弟子，第14窟左壁力士等，共计泥塑10余身，壁画约25平方米。塑像的主要病害是窟壁主牵拉桩年久松动，塑像前倾严重。采取的具体措施是在泥塑前胸与主牵拉桩平行处开一个十字形凹槽，延伸至塑像背部，用铁件在岩体原凿孔眼内埋设钢筋螺杆，用混凝土浇注拉固于原有孔眼内。另一端拉固于泥塑躯干中木质骨架内，然后填泥上色作旧。针对大面积脱落后残存的脱离窟壁的壁画，用素泥（不随色）进行边缘加固修复，但通过近几十年的长期观测，这一时期所修泥塑、壁画在潮湿环境下，虽然修复工艺较粗糙，但至今效果良好，这一现象值得我们进一步总结与研究。这一时期的修复，是麦积山石窟对文物本体保护修复工作的开端，也为我所培养修复人才打下了良好的基础（见表6）。

表6　20世纪70年代麦积山石窟洞窟修复评估表

时间	窟号	年代	修复内容及部位	保存现状
70年代	1	北魏	塑像衣饰，壁画边缘加固	良好
70年代	4	宋	右壁金刚铁件拉固	良好
70年代	9	北周	各龛内危险塑像铁件拉固	良好
70年代	14	隋	壁画及泥塑菩萨座复原、左壁力士铁件拉固	良好
70年代	21	北魏	正壁、右壁下部壁画边缘加固	边缘加固泥层开裂
70年代	27	北周	全窟壁画边缘加固	良好
70年代	26	北周	全窟壁画边缘加固	正壁左上角泥层开裂
70年代	33	宋	主佛底座修复	良好
70年代	34	北周	全窟壁画及佛座修复	良好
70年代	35	北周	壁画及泥塑、佛座修复	良好
70年代	36	北周	全窟壁画修复	良好
70年代	37	隋	全窟壁画及佛座修复	良好
70年代	39	北周	壁画边缘加固及佛座修复	良好
70年代	40	北周	壁画边缘加固及佛座修复	良好
70年代	41	北周	壁画边缘加固及佛座修复	良好
70年代	42	北周	壁画边缘加固及佛座修复	良好
70年代	43	西魏	壁画边缘加固、菩萨、窟外左侧立柱修复	部分泥层脱落，其余良好
70年代	44	西魏	壁画边缘加固及主佛双手指修复	良好
70年代	5	唐	踏牛天王半圆形底座修复	良好
70年代	13	隋	大型石胎泥塑锚杆拉固等修复	部分有裂隙及孔洞
总计	壁画		25平方米	塑像 15身

20世纪80年代，也就是麦积山石窟加固维修工程后期，由于东、西崖大佛长期受风雨侵蚀，面临塌毁，在这种情况下，针对洞窟残损状况，特邀请了敦煌研究院李云鹤老师来我所制定第98窟（即西崖大佛）的加固维修方案，确定以拉、锚、粘、托为主，并对有根据的部位进行必要的复原。首先在修复前对不同土质进行了大量筛选，选择不同配方调和的泥质，找出了适合麦积山石窟独特环境下黏性强、收缩小对文物无损伤的泥质，即黄土、细砂、麻刀等，按比例合成，塑像表面细部则选用棉花泥。首次在泥中加入化学黏合剂（聚醋酸乙烯乳液5%—10%）。在已脱离崖壁或即将脱离崖壁的残损塑像上钻孔超越塑像本身直达崖壁深处，然后插入螺纹钢筋，再在孔内注入加膨胀剂的高标号水泥浆使其凝固后与山体紧密托连，再将脱离崖壁的塑像复位，通过黏结修补等一系列重要措施，在锚杆末端卡上钢板，最后用螺丝旋紧固定，从而达到加固维修的目的。

这次成功的修复加固工程，是在利用传统修复材料的基础上加入有机化学黏合剂，在麦积山文物保护工作中尚属首次，开创了麦积山修复中传统与现代科学技术材料结合运用于文物本身的先河。

此后，在修复人员总结了第98窟大佛文物修复的成功经验后，我所自行决定对第13窟大佛（东崖大佛）采用同样的修复方法进行拉锚加固，对主佛原残缺的右脸右臂及右侧菩萨下部大面积残缺部位，

在有根据的情况下，用素泥进行了复原修复。

在此期间，我所修复工作者在修复过程中，取得了一定的宝贵经验后，对病害最为严重濒临塌毁的部分洞窟进行了抢救性的修复，如第 4、127、85、86、165、132、133、135、147、69、169 窟等，主要对壁画进行边缘加固、塑像复位等工作。经过近年来观测，其状况保存良好（见表 7）。

表 7　20 世纪 80 年代麦积山石窟修复洞窟现状评估表

时间	窟号	年代	修复内容及部位	保存现状
80 年代	98	北魏	大型石胎泥塑胸部开裂锚杆拉固	部分有孔洞
80 年代	4	北周	支顶的危塑铁件拉固复位、壁画修复	良好
80 年代	127	北魏晚期	壁画残片黏结、甬道左右壁修复	良好
80 年代	86	北魏晚期	主佛头、颈部、佛座修复	良好
80 年代	85	北魏晚期	右菩萨拉固修复、佛座及衣裙修复	良好
80 年代	133	北魏晚期	前壁、顶部壁画边缘加固	良好
80 年代	135	北魏晚期	壁画及部分佛像复位	良好
80 年代	132	北魏晚期	全窟壁画及泥塑修复	良好
80 年代	69	北魏晚期	全窟壁画及泥塑修复	良好
80 年代	169	北魏晚期	全窟壁画及泥塑修复	良好
80 年代	165	后秦，宋重修	全窟壁画及泥塑修复	良好
80 年代	147	北魏晚期	全窟壁画及龛楣修复	泥层有裂隙
80 年代	191	西魏，宋重修	全窟壁画及泥塑修复	良好
总计	壁画		54 平方米　　　塑像	28 身

20 世纪 90 年代，我们遵循"修旧如旧，保存文物原状"的原则，总结古人在制作壁画过程中，使用崖壁钉木橛方法的基础上又进行了一次创新，就是用冲击电锤打眼，清洗桩眼后使用环氧树脂使麻、木桩牢固地黏合于窟壁桩眼内，起到拉固回贴壁画的作用。对于塑像内部木质骨架糟朽，塑像与主牵拉桩脱位，防地震时平放于地面的部分塑像进行了归位，采用更换糟朽的木质骨架，将铁件结合化学黏合剂埋设与窟壁桩眼内复位。这种传统与现代科学技术相结合的方法，在不改变文物原貌的原则下，使部分文物得到了有效保护（如第 59、105、120、108、122 窟等）。

这一时期，西崖第 59 窟宋人墨书题记年久失修，于 1995 年 7 月坍塌，泥壁总面积 6.7（2.55×2.49 米）平方米，坍塌总面积约为 1.28 平方米，清理出有字迹的残片大小有 38 块，约 90 个字，字径 3×4 厘米。泥壁全用麦草泥做底层，地仗层薄厚不均，厚度约 2—6 厘米，表层为石灰纸浆细麻刀和泥制成，较精细，厚度约 1—2 厘米，表面墨书内容为"重妆东西崖佛像施主舍钱记"。我们详细记录了残损现状，分析病害，制定了修复方案，对题记进行了抢救性维修，保存现状良好（见表 8）。

21 世纪初，我所集中所有修复人员，对第 123 窟壁画进行了抢救性修复。针对右壁上部严重空鼓脱离崖壁约 0.5 平方米的壁画，利用自然裂隙揭取后，在崖壁钻眼、钉木橛、挂麻、抹泥后拉固回贴，使

该窟约 10 平方米，濒临坠毁的壁画得以永久保存。

表8　20 世纪 90 年代麦积山石窟修复洞窟现状评估表

时间	窟号	年 代	修复内容及部位	保存现状
90 年代	59	宋	墨书题记修复	未修处酥碱开裂
90 年代	105	北魏晚期	壁画边缘加固、泥塑拉固	良好
90 年代	108	北魏晚期	壁画边缘加固、泥塑拉固	良好
90 年代	120	西魏	右壁影塑、泥塑复位	良好
90 年代	122	北魏晚期	全窟壁画及泥塑修复	良好
总计	壁画		10 平方米　塑像	27 身

2001 年，国家文物局拨专项资金，对麦积山瑞应寺进行抢救性维修。保护研究室修复组积极地配合寺院大雄宝殿南北山墙的维修。该殿现存清代绘十方佛、八大菩萨、十八罗汉壁画，总面积约 54 平方米。绘画内容涉及人物众多，线条流畅，色泽鲜艳。经过调查发现，南北山墙下部分青砖由于潮湿，造成风化，结构酥松。壁画与青砖结合处呈现 20 厘米左右，形状不同的带状酥碱，山柱骨架下部糟朽，造成墙体结构变化，出现自上而下宽为 1—2.5 厘米不规则的裂隙，墙体土坯酥松，壁画与地仗层不能牢固地结合在土坯上，并且大面积壁画脱落严重，造成损失，壁画表面千疮百孔，部分壁画颜色层破损，呈鱼鳞片状，龟裂起甲。由于潮湿和通风不良，致使山墙内侧三面六臂天王壁画表层发生霉变，呈黑色斑点或片状。壁画受自然力的影响和颜色层颜料的变化，引起画面褪色。

由于年久失修，壁画破损严重，针对存在的病害，收集有关修复前的资料，进行病害分析，专门制定了修复方案。提出抢救性修复壁画的措施，原则上采取就地加固，传统与现代科学技术相结合的办法，对壁画进行修复保护。具体修复措施：

①南北山墙墙基及裙肩部等酥碱墙体的更换。

②空鼓壁画的修复、使空鼓颜色层牢固地结合在地仗层上。

③壁画补孔——用聚乙烯醇与醋酸乙烯脂乳液，按一定比例调和成的混合液，对边沿进行渗透加固，然后用泥填充加固。

④壁画霉变的清洗——用 35℃—45℃纯净水清洗壁画表面霉菌，待所有壁画修复工作结束后，清除壁画表面浮尘，对壁画表面喷涂 2—3 遍 2.5% 醋酸乙烯脂丙酮溶液，以防壁画颜色层的变色或褪色。

瑞应寺大雄宝殿南北山墙的壁画加固修复工作，是我们以"修旧如旧、保持原貌、就地加固"为宗旨，考虑到文物不可再生性，在材料的选用和修复方法上，以修复的"可逆性"为原则，在具体修复过程中，采用壁画切块修复保护的方法，我所保护修复人员以他们多年积累的实际经验和修复技术，成功地全部修复了殿内壁画，虽没有先进的仪器设备进行各种监测、化验和数据采集，但他们采取了因地制宜，有效合理的方法与传统的技术，使濒临塌毁的文化遗产得到了有效的保护（见表9）。

综上所述，20 世纪 70 年代至 80 年代初，在我们自己技术力量有限的情况下，在外请专家的指导下，对麦积山石窟部分壁画及泥塑造像采取了就地取材，不改变或少改变文物其历史原貌，一切措施考虑不妨碍再次对原物进行保护处理，"修旧如旧"，以"保护为主、抢救第一"为方针，根据麦积山文物具体的情况，用传统与现代科学技术相结合的方法，初步探索出了一条在特定潮湿的环境下，针对具体

病害，选择适合麦积山石窟文物保存的修复方法，使洞窟内文物得到了有效的保护。

表 9 21 世纪（2000—2010）麦积山石窟修复洞窟现状评估表

时间	窟号	年代	修复内容及部位	保存现状
21 世纪	121	西魏	全窟壁画及泥塑修复	良好
21 世纪	142	北魏	全窟壁画及泥塑修复	良好
21 世纪	141	北周	全窟壁画及泥塑修复	良好
21 世纪	113	北魏	全窟壁画及泥塑修复	良好
21 世纪	127	西魏	窟内中心主佛及左右菩萨修复	良好
21 世纪	70	北魏	全窟壁画及泥塑修复	良好
21 世纪	71	北魏	全窟壁画及泥塑修复	良好
21 世纪	74	后秦	全窟壁画及泥塑修复	良好
21 世纪	17	北魏	全窟壁画及泥塑修复	良好
21 世纪	146	北魏	全窟壁画及泥塑修复	良好
21 世纪	124	北魏	全窟壁画及泥塑修复	良好
21 世纪	92	北魏	全窟壁画及泥塑修复	良好
21 世纪	24	隋	全窟壁画及泥塑修复	良好
21 世纪	瑞应寺大雄宝殿	明	东西山墙壁画修复	良好
总计	壁画		127 平方米	塑像	55 身

回顾三十年的文物保护修复工作，我们认识到，麦积山石窟的文物保护到目前为止一直采用以传统的保护手段为主，通过近年对所修洞窟塑泥进行了综合评估、麦积山石窟洞窟修复泥质材料，排除早期修复材料及修复工艺粗糙、个别地方边缘加固出现了细微裂隙外，其他洞窟修复情况良好，收缩性、黏结性、坚固性、耐久性、稳定性也是值得肯定并且是合适的，今后的基本保护方向也必需要按照这个去做。但是，在另一个方面，我们也认识到，传统的保护方法存在一定的局限性，大部分情况下是依靠经验和传承，很难融入到现代文物保护的大潮中，所以必须依靠现代化的科技手段来提高传统文物保护的科技含量，使之更加科学化、规范化、现代化，这就要求我们必须"两条腿"走路，相互结合，这样才能使麦积山石窟的保护工作更上一个台阶，和全国乃至世界的文物保护工作接轨或同步发展。

本节作者：马 千

三、麦积山地质及岩石构造、成分的基本情况

麦积山，又名麦积崖，位于甘肃省天水市东南约 45 公里的西秦岭山脉小陇山中，地理坐标北纬 34°21′09″，东经 106°00′10″；海拔高度 1742 米，山高 142 米，地处秦岭山脉西段北麓，由第三纪砂砾岩构成。

1. 麦积山石窟地质环境特征

麦积山处在我国南北气候分带的秦岭分水岭，北邻渭水，南携嘉陵，从东西方向看，麦积山地区又

大致处于我国四个巨型地貌或台阶（青藏高原—高山、黄土高原—中山、低山丘陵及东部海洋）的第一、二台阶转换部位东侧，属西秦岭构造侵蚀低山丘陵区。

在中国大陆宏观构造地质图中，麦积山—石门山所在区域在中国大地质构造位置上隶属于中国东西中央造山带（昆仑—祁连—秦岭构造带）与南北中央造山带（贺兰—川滇构造带）两个巨型构造带的交接复合部。在距今 0.24 亿年以来的新生代构造运动中，受青藏高原新生代强烈隆升的影响，主要表现为地壳升降运动及其相伴生的褶皱和断裂，断裂多具继承性。在距今约 2400 万年前的一次上升运动中，包括天水在内的甘肃全省开始普遍拉升，使白垩系红色砂砾岩连同西秦岭一起崛起，一改沉积环境为山岳环境，同时在麦积区及其以南地区的山间盆地开始堆积以甘泉寺为湖盆中心的甘泉寺组（N_2g）红色黏土层；在距今约 180—160 万年前的又一次强烈而普遍的上升运动中，它结束了天水麦积山地区广泛的红色盆地沉积，渭河、嘉陵江及其支流开始定型并发育河流冲积物，此次运动奠定了包括天水地区在内的整个甘肃境内的最终地貌格局。

麦积山地区是中生界地层的中心地区，以白垩系地层为主。白垩系地层分布面积较大，而且集中，层厚，近水平产出。白垩系地层因是构成麦积山石窟的载体而进一步被命名为麦积山组（k_2m），标准剖面位于土桥子以西的陈家庄—阮家沟一带，层型剖面厚度大于 482.50m。麦积山组岩性主要为砖红色—紫红色厚层块砾岩、夹砂砾岩及砂质泥岩。

麦积山石窟的地层由紫红色砂砾岩组成。构造简单，为轴向近东西的缓倾向斜构造，倾角约 5°—10°，未发现断层。岩性为砾岩、砂砾岩夹有薄层含砾泥岩等，层理复杂，纵向变化大。含砾泥岩在岩体中以透镜状或夹层出现，穿过石窟部位的有三层，每层厚 0.1—2.1m，泥岩含砂砾量大，黏性小。

距今约 180—160 万年的上升运动，没有经受过强烈的褶皱及伴随而产生的断裂构造运动。麦积山地区没有发现任何断层破碎现象，即麦积山并非断裂构造，而系新构造运动及外营力的综合作用形成。麦积山石窟的东崖和西崖分别位于东坡及南坡，即阳坡地段，物理风化作用比较剧烈。岩体在外营力的作用下则沿着构造裂隙、风化裂隙及层理面等软弱结构面发生崩落、滑落或撒落，加之地壳抬升，河流下切，长年累月，形成了奇特的山峰。

因天水处于我国东西中央造山带（昆仑—祁连—秦岭构造带）与南北中央造山带（贺兰—川滇构造带）两个巨型构造带的交接复合部，历史上曾多次发生地震。从公元前 193 年到 2005 年天水有历史记载的地震 140 多次，其中 7 级以上特大地震 9 次。地震对麦积山石窟造成了巨大影响，唐开元二十二年的大地震，麦积山中部窟群坍塌，麦积山石窟遂被分为东、西崖。

2. 麦积山石窟岩石特征

麦积山石窟岩石物理力学特征：

	密度 $\rho/$（g/cm^3）	颗粒密度 $\rho_s/$（g/cm^3）	吸水率 $W_a/\%$	孔隙率 $n/\%$	抗压强度 /MPa
麦积山石窟	2.34	2.69	8.27	13.01	10.98

岩石由碎屑和胶结物两部分组成。碎屑成分为长石、石英及岩屑。长石包括钾长石（正长石、微斜长石）和酸性斜长石，其中以钾长石为主。岩屑以石英岩岩屑为主，其次是黏土岩岩屑，少量的花岗岩岩屑及云母片岩岩屑。石英碎屑具有搓碎现象，较强的波状消光。绝大部分斜长石颗粒表面具弱绢云母化。麦积山石窟岩石分选性较差，碎屑圆度也差，多呈次棱角状或棱角状。碎屑粒度大小不等，差异悬

殊，但以约 0.1—0.5mm 范围的粒级占多数，个别粗屑粒达 2.5mm 左右。砂岩以细或中粒砂为主，碎屑含量约占 70%。

麦积山石窟岩石以被氧化铁所污染的泥质胶结，含有少量硅质岩，极少的片状黑云母。胶结类型不定，但以充填或空隙式胶结为主，胶结物占岩石总量约 30%。

麦积山石窟矿物成分：

石英：20%～25%

钾长石、斜长石：>30%

岩屑：15%

泥质：>30%（有较多方解石）

麦积山石窟砂砾岩成分分析结果

	SiO_2	Al_2O	Fe_2O_3	FeO	CaO	MgO	Na_2O	K_2O	P_2O_5	MnO	TiO
麦积山石窟	65.68	10.45	1.54	1.16	7.07	1.37	2.06	3.66	0.08	0.07	0.15

麦积山石窟砂砾胶结泥质 X 衍射分析结果

	M（蒙脱石）/%	I（伊利石）/%	Ch（绿泥石）/%	非晶质/%
麦积山石窟	23	3	8	0

3. 麦积山石窟的主要地质病害

（1）风化

麦积山石窟岩性为砾岩、砂砾岩、夹有薄层的砂岩和砾石泥岩，胶结程度差，胶结物以泥质为主，胶结泥质中且含有较多的膨胀性的黏土矿物——蒙脱石。因此，温湿度的变化、水、大气污染状况和生物的影响等都可以导致岩面严重风化剥落，岩体开裂坍塌。

（2）裂隙发育

麦积山石窟砂砾岩产状为 N56°～65°E，NW∠5°，1978 年山体加固工程前在东崖西北侧上方及西崖栈道入口处正北方共有三条构造裂隙，其产状分别为 N48°W，SW∠152；N6°W，SW∠72°；N52°E，SE∠64°。此三条裂隙均系张裂隙，宽度有数厘米至数十厘米，延伸长度也较长，是地下水与雨水入渗的通道。这些裂隙在崖面形成许多大体量的危岩，在地震、雨水入渗等因素的影响下，一旦危岩坍塌就会对洞窟文物造成毁灭性的破坏。在 1978 年山体加固工程期间对此三条裂隙都进行了灌浆加固。2003 年进行的山体渗水治理工程中，又对分布在崖面各处的 6 条裂隙进行了灌浆加固，此 6 条裂隙产状和露头位置分别为 NS/56°W，露头位置东崖栈道入口处陡壁上；NS45°W/80°S，露头位置北侧陡壁山顶坡面延伸；N80°E/63°S，露头位置西侧岩堆顶部陡壁上；NS/61°E，露头位置西侧陡壁坎上；EW/85°N，露头位置西崖陡壁南段；N75°E/80°N，露头位置千佛廊处崖坎下。

（3）岩体坍塌

构造裂隙及开挖洞窟形成临空面而产生的卸荷裂隙交错切割作用、风化作用以及地震的影响，使洞窟围岩破碎而坍塌。麦积山石窟的坍塌主要是因为地震的影响，在唐开元二十二年的大地震中，中区窟群坍塌。

（4）岩面片状剥离

受降雨、地下水等水因素的影响，大量的水浸透到岩体内部，再经过长时间的浸泡使岩体变得脆弱，同时由于毛细作用的影响，从而引起岩体表面的剥落。矿物的次生变化以及微生物的影响等，都是岩体进一步弱化和片状剥离的原因。石窟天桥段岩石因为降雨的直接影响，片状剥离较为严重。

本节作者：岳永强

四、麦積山における保存修復科学共同調査

はじめに

麦積山石窟における科学的調査としては、壁画や塑像に用いられた顔料の分析などが敦煌研究院などの協力のもとに行われてきた。顔料の解明は修理や修復、保護（ここでは現状のまま保つことを指す）の基礎データとなり、美術史、歴史分野においても様式の形式分類、築造年代、製作技法などを考える上で非常に重要な情報となる。また壁画や塑像の修復、保護には石窟の強化、修復材料の選定、修復材料の評価、劣化診断技術、環境計測などの様々な調査研究がさらに必要となり、これらの調査研究手法の構築と従事する専門職員の育成も必要欠くべからざるものである。そのような背景のもと、筑波大学の保存修復科学チームは2005年より麦積山石窟研究所修復部と共同で石窟の修復と保護に関する調査を実施した。

1. 劣化診断

文化財の劣化を診断する場合、認められた劣化を適切に取り扱わねばならない。文化財の多くは当初の利用形態から異なった形態で公開されている。麦積山石窟においても当初は宗教的、儀式的に意識されて利用されていたはずであるが、時間が経つにつれその意味合いは薄れ、歴史的なものへと変化し、そして現在ではなかば観光の要素も加味され利用されていると考えられる。このような利用形態の変遷は石窟（ここでは壁画や塑像なども含まれる）の在り様も変化させ、個々の利用の仕方に特有な劣化要因が存在し、それが積み重なって現在の劣化が引き起こされていると推測される。そこで、

①当初の利用形態に起因する劣化

②利用形態の変化によって新たに生じた劣化

③利用形態の変化によってさらに進行した劣化

④①と②が混在する劣化

の4つに劣化現象を分類することができる。

　一方、修復処置は時として新たな劣化を生み出すことがある。例えばコケや地衣類の被害を抑制するために行なった処置が塩類風化を生じる原因になることがある。過去の修復はその当時の劣化に対し最良の策を講じて施していると考えられ、その修復処置はいまの劣化現象がどのようなものであれ正しかったと認識する。不用意に過去の修復を取り除くと過去の劣化が再発しかねないので、劣化

診断を行なうときは過去の履歴も重要な判断材料となる。

　麦積山石窟における劣化要因は主に岩体の崩落、滲出水、生物被害であると考えられ、これらの点に関して調査・研究を進めた。

2. 岩体（壁体）の崩落

　麦積山は非常に脆い砂礫層が互層に走り、小さな振動により容易に崩落が生じている。崩落する大きさは顆粒状であり、岩体を構成する砂礫層が滲出水により凝集力が弱まり、崩落していると推定できた。崩落が著しい箇所は滲出水が甚だしく、窟内の湿度も高い。顆粒状の崩落は壁画と岩体の間に空間を作り、さらにその空間に崩落した粒子が積もることから壁画が重さに耐えられずに崩落する結果となっている。岩体の補強強化は土木的な施工を行なうものと薬剤処理によるものに分けられる。土木的なものの一例としてはロックボルトの打設やコンクリート、ジオファイバー工法（連続繊維補強土吹き付け）などがある。土木工法は文化財周辺で使われることが多く、薬剤処理法は文化財を対象に行なわれることが多い。

2.1　第57窟における岩体強化試験

　西崖の下部にある第57窟において岩体強化試験を2007年12月に実施した。第57窟は前部が崩壊しえとり、内部の壁画・塑像のほとんど失われ、大部分に岩肌表面が露出している。また岩体からの滲出水が認められ、岩体自体の崩落も進んでいる。そこで激しく滲出水が認められる箇所に強化剤を塗布し、経過観察を行った。使用した薬剤は珪酸エステル系とエチレン酢酸ビニル系の2種類である。塗布にはスプレーを用いて、珪酸エステル系は300gを、エチレン酢酸ビニル系は200gを塗布した。塗布面積はすべて0.3m²である。コントロールとして乾燥している箇所でも同様の試験をおこなった。図1に試供面を示す。評価方法は針貫入試験により実施し、10cmごとに圧縮強度を測定した。表1に開始前の評価結果を示す。岩体を構成する層により強度は大きく差が生じ、硬いものでは100Nの力でも針が貫入しなかったが、軟らかい層では35Nの力で7mmも針が貫入した（図1）。

図1　第57窟　岩体強化試験箇所

※左囲みより交互にエチレン酢酸ビニル系を塗布、珪酸エステル系を塗布。左半分は湿潤部位、右半分は乾燥部位である。

表1：調査開始時（2007 年 12 月）の強度試験結果

場所	湿潤箇所				乾燥箇所			
	エチレン酢酸ビニル系		珪酸エステル		エチレン酢酸ビニル系		珪酸エステル	
	深さ（mm）	N	深さ（mm）	N	深さ（mm）	N	深さ（mm）	N
上（cm）								
0	3	40	2	100	2	50	0	100
10	2	90	6	90	0	100	0	100
20	2	90	3	95	0	100	1	80
30	0	100	3	40	3	70	3	80
40	3	100	3	60	0	100	0	100
50	0	100	3	40	3	75	1	100
60	1	95	0	100	3	80	0	100
70	1	90	0	100	2	60	0	100
80	7	35	4	40	3	35	1	100
90	1	100	3	40	3	80	1	100
100	2	90	3	15	3	35	2	100
下								

表2　2008 年 10 月の強度試験結果（カッコ内は2007 年 12 月のデータ）

mm/100N	湿潤箇所（mm/100N）		乾燥箇所（mm/100N）	
場所	エチレン酢酸ビニル系	珪酸エステル	エチレン酢酸ビニル系	珪酸エステル
0	3（7）	3（2）	0（4）	7（0）
10	4（2）	4（7）	2（0）	2（0）
20	2（2）	2（3）	4（0）	2（1）
30	9（0）	6（7）	1（4）	1（4）
40	2（3）	5（5）	4（0）	4（0）
50	5（0）	4（7）	3（4）	2（1）
60	2（1）	5（0）	3（4）	1（0）
70	4（1）	8（0）	3（3）	4（0）
80	5（20）	6（10）	3（9）	2（1）
90	5（1）	6（7）	4（4）	2（1）
100	6（2）	6（20）	2（9）	3（2）

　値が小さいほど硬化していることを示す。湿潤や乾燥の違いはなく、ほとんどの箇所で値が増加し、強度が弱くなっていることがわかった。針貫入試験は同一箇所の評価が出来ない。評価方法としては不適切な手法かもしれないが現地では本手法と目視によって行なわざるを得なかった。崩落についてエチレン酢酸ビニル系を塗布した面は自然な風合いを維持しながらも顆粒状の崩落は少なく、珪酸エステルと比較して良好であった。珪酸エステルで硬化が見られなかったが、これは壁体に過剰に

含まれる水分により硬化反応が阻害されたことによる。これについては引き続き継続調査を行なう予定である。

2.2　第94窟における岩体強化実験

第94窟では修復部において岩体の崩落による劣化が懸念され、毎月その崩落量を秤量している。ここではエチレン酢酸ビニル系を用いた補強試験を行なった。この樹脂は水にエマルジョン化して存在し、湿気の多い箇所でも使用することができる。この樹脂の原理は、水中で安定化した数μmの樹脂粒子が、コーティングする事により土・砂・岩等の粒子間に浸透し、土・砂・岩の粒子を接着するとともに、樹脂同士が融着し保護層を形成する。土・砂の粒子間に樹脂が点在して接着しているために、樹脂が点在する事となり、素材の透水性・透湿性を大きく損なうことはない。透湿性についても、同様な効果が想定されている。試験は2009年3月より実施し、窟の天井左半分に60mlをスプレー散布した。評価方法は塗布を行なっていない右半分との崩落量（g）の比較により行なう（図2）。

図2　第94窟天井　岩体強化実験箇所

（左：樹脂塗布箇所）

その結果、エチレン酢酸ビニル系樹脂を塗布した範囲では無処理と比較して崩落量におよそ10倍以上の差が得られた（表3）。本窟内においては良好な経過を示しており、使用した樹脂は岩体の補強に効果があると思われる。無処理の方に月ごとに差が生じている理由は窟内の温湿度環境による。例年、窟内が乾き始める季節になると崩落が増すことが分かっており、今後も調査を継続し崩落量の低減につなげたい。

表3　第94窟におけるNC塗布による崩落量の推移　　　　　（2009年、単位g）

	5月	6月	7月	8月	9月	10月	11月	12月
未処理	0.54	0.32	0.28	0.14	0.28	0.27	0.26	0.31
NC塗布	0.02	0.03	0.03	0.01	0.01	0.01	0.01	0.02

3. 滲出水

　麦積山の石窟が造営された部位は砂礫層が互層に走り、過去に地震で崩落を繰り返すなど窟前部が焼失している窟が多い。1976 年から1984 年にかけて山体の補強工事が行なわれ、セメントの拭きつけがなされた。さらにこれと前後して木製の扉が窟に取り付けられている。このセメントによる補強工事によりいくつかの窟内に滲出水が見られ始めたとのことであった。滲出水は岩体の崩落を助長するばかりか、生物の誘引、植物の繁茂を引き起こす。また木製の扉の施工に伴って、滲出水は窟内の湿度を上昇させ壁画および塑像の含水率を高く保っている。このような劣化は中長期のスパンで起こるので日々の劣化進行速度を把握することは難しい。しかし、適した調査手法でモニタリング調査を定期的に行なうことでその劣化進行速度を大まかにではあるが把握することは可能であり、劣化が起こっていない時に温度湿度をはじめ、劣化診断記録をするべきであろう。

　滲出水は補強に用いられているセメントを溶解し、塩を析出する原因となっている。塩類は肉眼観察では2 種類あるようであるが、その詳細な化学分析は実施していない。

　塩の析出は通常表面で発生するが、麦積山のような多孔質の岩体や粗いセメントからなる場合は通気性があるので内部で結露する場合がある。塩が存在する場合、内部結露は想像以上の圧力を生じさせ、崩壊をもたらす危険がある。透湿性をも併せて調査することが必要であろう。

4. 生物被害

　生物被害には動物によるものと植物によるものがあり、麦積山において動物被害はリスなどの小動物と昆虫によるものが主である。

　生物被害の予防と対策は世界的に重要視され、総合的害虫管理（Integrated Pest Management：IPM）が主流である。これまでの害虫管理は殺虫に重きが置かれたが、IPMでは害虫のコントロールが主な対策となる。IPMではまずどこでどの季節にどのような虫が発生するのかを把握することから始まる．そして虫の防除の要否を決める．これは年間のその石窟を取り巻く虫の挙動を知ることで，どのタイミングで最も効果的な対策を立てたらよいのか判断できる．この虫の発生は温度湿度とも密接な関係があることからデータの解釈には温度湿度データが必要となる．IPMの概念は次のとおりである。

　①複数の防除法の合理的統合

　②害虫密度をその組織の被害許容水準以下に減少させること

　③その組織を囲む生態系のシステム管理

　これらを実行するために5つのステップがある。場所によって異なるかもしれないが、主なステップは、

　①Avoid（虫やカビを誘引するものを回避）　　効果的な清掃とクリーニング

　②Block（遮断する）　　害虫侵入ルートの遮断

　③Detect（発見する）　　早期発見とその記録

　④Respond（対処する）　　収蔵品に安全な方法をとる

　5Recover/Treat（復帰）　　安全な収蔵環境に復帰させる

　である。

4.1　防虫試験

　麦積山ではカメムシ類やてんとう虫が大量に発生することが報告されている。カメムシ類は壁画

と岩体の隙間に入り込み隙間を押し広げるほか、徘徊による壁画や塑像の表面の傷み、糞などの排泄物などによる汚損、さらには来訪者に不快感を与える。またその死骸はカビを発生させる。これら発生した昆虫は特定の窟に多く集まる習性をもち102窟、103窟、105窟を試供窟として防虫試験を行なった。試験薬剤は防虫忌避剤として効果が高いピレスロイド系プロフルトリン（試薬A）と同じくピレスロイド系エンペントリン（試薬B）を使用した。プロフルトリンはエンペントリンと比較して少量で効果の高い薬剤である。コントロールとして殺虫成分とディートが含まれる試薬Cと唐辛子エキスなどが入った市販のカメムシ忌避剤（試薬C）を用いて試験をおこなった（表4）。

　カッコ内は試験開始前（2007年10月）に確認された虫の数を示す。これらは試験前にすべて取り除かれている。なお105窟は新たに設けた試験窟であり2007年12月のデータは開始前の虫の数を示す。1年近く経過した結果から忌避効果は一定以上あるものと考えられた。エンペントリンは銅と結合し変色をきたす恐れもあり、除去使用の際には注意を要する。ピレスロイドはそもそも除虫菊より抽出されるものであるので現地で防虫に用いている薬草を窟内に静置することにより防虫効果は期待できそうである。このことは麦積山での保護システムの持続を維持するためにもこのような地元の材料を用いる試みは必要である。

　しかし天然抽出成分はある特定の虫には効果があるが、他の虫を誘引する効果を併せ持つ場合がある。例えば唐辛子はカメムシをはじめ多くの昆虫を忌避する作用があるがシバンムシ類は唐辛子を好む性質がある。使用には周辺生態系を考慮し、各種の天然成分を組み合わせて用いることが必要となる。

表4　防虫試験　経過

	カメムシ類		クモ類		テントウムシ類	
	2007年12月	2008年10月	2007年12月	2008年10月	2007年12月	2008年10月
102窟（試薬A）	38（592）	129	26（17）	0	1	20
103窟（試薬B）	16（176）	44	1（8）	0	4（3）	23
105窟※（試薬C）	363	36	多数	0	0	55

5. 修復材料

5.1　修復ならびに強化材料の検討1

　壁画や塑像の劣化に関してもっとも重要な調査事項は劣化要因の除去と修復方法の検討である。修復方法が確立しても劣化要因が解明されない限り、修復作業が終わることはなく、遺跡の真正性も損なわれかねない。劣化は様々な要素が複雑に絡み合って要因となっていることが多く、その解明には長期的な調査が必要である。さらに劣化要因はすべての窟に共通している要因もあるが、窟が違えばまったく異なる劣化が生じている場合がほとんどである。温度湿度が劣化要因としてよく挙げられるが、その閾値がどこに存在するかは窟により、年代により、製作技法により、場所により、異なるであろう。このように劣化要因の解明は複雑である。修復材料の検討もそれら劣化に即したものでなければならず、修復材料も多様となる。劣化要因の把握に努めつつ、多様な劣化に対応できうるだけ

の修復材料と修復技術の確立が重要である。

　　現地で行なわれている従来の修復材料を2006年に製作し、22窟と43窟の窟内に静置した。第22窟は壁画に彩色層の剥落が見られたり、壁土全体が剥がれ岩体面との間に空洞が見られたりするなど、保存に関して何らかの緊急な対策を要する窟であり、修復も検討されている。窟の前部が崩壊しており、外部との隔たりが木製の扉のみであり、外気の影響を大きく受けていることが知られ、環境の変動が与える影響を調査するのに適した場所であると言える[①]。試験片は扉の内部、前方の下部に設置した。

　　一方の第43窟は奥行き方向に深い窟であり、最奥部には別室が設けられている。奥部は外気の影響を比較的受けにくい環境であるが、岩体から水の供給があることから、高い湿度条件下で曝露実験を行うことが可能である。試験片は第43窟奥室の最奥部に設置した。

　　現地では主に土6に対し砂4を混ぜ、麻を適量（2％ぐらい）加えてこれを修復材料としている。比較として現代科学材料を添加した試料も併せて製作し、同じ環境で曝露した。曝露試料の一覧を表5に示す。

表5　試験片　材料内訳

試料グループ	土	砂	麻	合成樹脂	試料作成年
A	9	1	有り	無し	2006年
B	4	6	有り	無し	2006年
C	6	4	有り	無し	2006年
D	6	4	無し	無し	2006年
E	6	4	有り	PVAC_1g	2006年
F	6	4	有り	PVAC_2g	2006年
G	6	4	有り	PVAC_4g	2006年
H	6	4	有り	FX_3g	2006年
I	6	4	有り	FX_5g	2006年
J	6	4	有り	FX_8g	2006年

　　基準となる試験片の作成には、麦積山石窟芸術研究所にて長年修復に使用されてきた工法を用いた。その材料は土、砂、そして麻片であり、これらを混合して試験片の材料となる塑土を作成した。土、砂は購入しているもので、天水周辺の河川に堆積したものとされる。土の粒度は非常に細かく、そのほとんどが200μ以下である。一方砂に含まれる粒の大きさは様々であるが、1mmを超すものはほとんど含まれていない。また麻片には市販されている麻紐（種類は不明）を竹棒などで叩きほぐした後に使用した。これら麻類の一片の長さは不均一であり、長いもので数cm程度、短いものは数mm程度である。伝統的な修復材料の場合、土と砂の比率を10対7で混合した塑土に、土と砂を足した重量の約2％の麻片を混ぜるという目安が存在する。ただし最終的には作成者の経験によって得られた手の感覚が重要になり、細かい数値までは求められていないのが現実という。この場合作り手によって配合比などに差が生じ、実験の結果を正確に分析することが想定されたため、本実験では重量により配合比を調節し、再現することが可能な試験片を作成した。

---

①　この窟には温湿度のデータロガーが設置されている。環境条件に関しては温湿度調査の項目を参照。

試験片の主な作成手順は以下の通りである。

1. 土・砂および水の重量の測定。
2. 麻紐を竹棒などで叩き、細かい麻片を調整。
3. 石板の上で土・砂を混合。
4. 水を添加し泥状になったところで、麻片を混入し塑土とする。
5. 塑土の成形。塑土内部に空洞が発生しないよう注意する。
6. 重量測定

曝露による劣化評価は針貫入試験機（軟岩ペネトロメータ）による一軸圧縮強度により求めた。本来は10mmの針の貫入に要する力を測定する機器であるが、製作した試料の厚さが薄いため3mmの針の貫入に要する力を測定した。その後測定値を100Nの力で圧縮（加重）した際に針が入るであろう深さ（mm）に換算し表6に示した。強度変化は1年あたりの変化の度合い（傾き）を回帰直線より求めた値を表している。値が大きくなると1年間に針が貫入する深さが大きくなることを示しており、劣化が進行していることを表す。

表6　試験片強度変化（2007～2009年）

試料グループ		2007年	2008年	2009年	強度変化（傾き）
A	22	6.98	8.33	9.00	1.0
	43	7.69	6.98	11.31	1.8
B	22	7.69	8.33	10.84	1.6
	43	5.36	5.08	9.09	1.9
C	22	7.89	5.08	10.46	1.3
	43	4.92	3.90	7.20	1.1
D	22	4.76	5.26	9.28	2.3
	43	4.55	4.29	7.26	1.4
E	22	6.98	6.12	11.25	2.1
	43	6.00	4.69	10.00	2.0
F	22	4.92	5.45	7.76	1.4
	43	5.08	5.45	10.84	2.9
G	22	5.00	6.82	9.38	2.2
	43	5.77	6.82	10.11	2.2
H	22	15.80	12.50	20.94	2.6
	43	15.00	9.68	25.70	5.4
I	22	7.14	8.33	9.68	1.3
	43	6.52	8.57	13.84	3.7
J	22	5.45	7.32	7.50	1.0
	43	5.56	5.56	8.18	1.3

　　2009 年の測定ですべての試料において強度の低下が認められた。合成樹脂を用いた試料では2008 年からの変化は小さいものであった。22 窟の方が43 窟に曝露した試料よりもグループDの配合を除いて、同等かより小さい値を示し、劣化の変化が小さいことがわかった。グループDは麻を混入していない試料であり、麻を入れることで22 窟の環境変化に適合した構成になったようである。土試料は吸放湿性に富むことから、測定日の季節ならびに前後の気象条件に大きく左右されるものと思われる。試料の崩壊や変形は認められず、今回の測定ではまだ評価を下す段階ではないであろう。今後継続的な測定を行う予定である。

　A. 無機系固化材料による曝露試験と強度変化

　　次に基本修復材料［土：砂 = 6：4］に無機系固化材料（商品名ジョベスト、株式会社武井工業所）を添加して実験を行なった。この材料は酸化マグネシウムを主成分としており、土に近い素材で、かつ合成樹脂と異なり環境にやさしい。この材料を添加し、上記と同じ方法で2007 年から曝露を3つの窟（22 窟、43 窟、133 窟）で実施した。

　　その結果、配合比が高いこともあるが、明らかに合成樹脂を添加するよりも硬化に効果があった。窟の規模による違いも見られなかった。未添加の試料（G0％）は強度の低下が認められた。本無機系固化材料の配合における仕様基準である20％配合では強度変化がほとんどなく、強固な修復材料として利用したい場合、有効であろう。

　　さらに、麻を混入することによる強度への影響は少ないことも明らかとなった（表7）。

表7　無機系固化材料を使用した試験片の強度変化

ジョベスト		2008 年	2009 年	強度変化（傾き）	備考
配合比	窟				
G　0％	43	4.29	7.26	1.40	麻なし
G　5％	22	2.90	4.09	1.19	
	43	2.60	4.92	2.32	
	133	1.82	4.67	2.85	
G　10％	22	2.00	3.33	1.33	
	43	2.60	2.83	0.23	
	133	1.24	3.52	2.28	
G　20％	22	1.00	1.50	0.50	
	43	0.90	1.06	0.16	
	43	1.08	1.47	0.39	麻1.5％
	133	0.80	1.11	0.31	
G　20％（土のみ）	22	1.70	2.20	0.50	砂無し
	43	1.50	2.17	0.67	砂無し
	133	1.30	2.67	1.37	砂無し

　5.2　修復ならびに強化材料の検討2

　　修復に当たってはその修復を施す部位の劣化度合いとの調和が重要である。この調和には膨張率、

収縮率、吸水性、放湿性、強度そして色相など様々な物性が関与するが、これらの何が修復で優先されるかは修復部位と周辺環境により異なることは自明である。そこで修復材料の種類を増やすことは様々な状態の修復に対応することにもなり、今後想定または想定されない新たな劣化による修復においても重要である。ここでは麻の配合比を変えることによる強度変化と新たな合成樹脂の使用を試みたので、その途中経過について報告する。

A. 麻の配合量による曝露試験と強度変化

　現地で修復材料を作成する場合、麻を混入する。経験的におよそ2％が適当と判断される。麻の配合量を1.5％、2.0％、2.5％に変化させて試料を作成し、2007年から曝露による強度変化を測定した。曝露した窟は22窟、43窟、133窟である。基本となる土と砂の配合比はこれまでの実験と同様で6：4である（表8）。

　曝露経過1年後の2008年ではほとんどの試料が4mmから5mmの貫入を示したのに対し、2年経過した2009年では7mmから8mmと1.5倍から2倍もの値を示した。強度変化が3.0前後となり上記の実験で行なったPVACやFX樹脂による結果や無機系固化材料の添加試験よりも劣化の進行が大きい事が伺える。今後継続的な調査をすることでこれらがどのような特性を持つのか明らかになると考えられる。

表8　麻の配合比別　試験片の強度変化

麻		2008年	2009年	強度変化（傾き）	備考
配合比	窟				
麻1.5％	22	4.62	7.92	3.30	
	43	5.17	7.96	2.79	
	133	5.08	7.27	2.19	
麻2.0％	22	4.35	7.03	2.68	
	43	3.76	7.12	3.36	
	133	4.76	5.04	0.28	
麻2.5％	22	—	—	—	
	43	4.13	7.06	2.93	
	133	6.12	9.86	3.74	

B. 新たな合成樹脂の塗布、混合による強度変化

　ここでは岩体補強に用いたエチレン酢酸ビニル系樹脂（表中の表記はNC）を修復材料に塗布、混合した場合の強度変化について調査した。合成樹脂の塗布による強化はオリジナルの強化のみならず、修復材料の強化にも使用できる。ここでは比較として現地でこれまで使用実績のあるPVACや基質強化剤として岩石によく用いられるOH100を用い、試験を行った（表9）。暴露はすべて133窟で実施した。

　OH100をスプレー塗布した試料はNCとPVACをスプレー塗布した試料と比較して1年目は強度があったものの、2年目の2009年では低下が認められた。NCとPVACをスプレー塗布した試料では未処理と比較して強度が得られないにもかかわらず、2年目も強度を維持もしくは強化傾向を示した。した

がってNCやPVACの塗布は強度の維持が期待できる結果となった。

表9　合成樹脂の塗布、混合による強度変化1

	樹脂	2008 年	2009 年	強度変化 （傾き）	備考
麻 1.5%	無し	5. 08	7. 27	2. 19	
	NC	6. 82	4. 98	− 1. 84	
	PVAC	6. 12	6. 07	− 0. 05	
	OH100	3. 03	6. 08	3. 05	

　　次に、麻の配合比を変化させ、かつNCとPVACを試料作成時に混合させた試験体の暴露結果について示す（表10）。

表10　合成樹脂の塗布、混合による強度変化2

樹脂	麻	2008 年	2009 年	強度変化 （傾き）	備考
NC 10%	1. 5%	7. 09	9. 44	2. 35	
	2. 0%	7. 83	10. 5	2. 68	
	2. 5%	8. 17	12. 6	4. 44	
PVAC 0. 75%	1. 5%	5. 00	6. 31	1. 31	
	2. 0%	4. 52	8. 00	3. 48	
	2. 5%	10. 3	6. 73	− 3. 57	

　　NCとPVACでは異なる結果を得た。NCでは麻の配合比が増すとともに強度の低下が認められた。しかしPVACでは配合比との関係が見いだせず、ばらついた結果となった。これについては今後の調査を待ちたいが、PVACを用いた修復材料の評価は難しいと予想される。

6. 温湿度環境調査

　　麦積山石窟芸術研究所と筑波大学は、共同研究を開始した2005 年より石窟内における温湿度観測を開始した。当初は第128、133 窟の二つの窟のみであったが、毎年観測点を増やし、現在は第22、43、94、127（3 箇所）、128、133（6 箇所）窟の各窟において調査を行っている。本報告では、2007年 7 月から2008 年 7 月までの約 1 年の温湿度データを用い、窟内環境について考察する。

　　修復材料や強化材料の適性を評価するにはその強度よりも、周辺の素材との調和性があげられよう。修復材料や強化材料により処理された部位は周辺よりも強度が増すことが多い。修復や強化にあたり、対象の劣化要因を除去することが望まれるがそれは難しい場合がほとんどである。その場合、処理した個所は劣化要因によるストレスに曝され続けることから、さらなる劣化が処理した個所の周縁部で生じることになる。そのため保存処理では強度だけではなく周辺素材との調和性が重要である。

　　この調和性を知る一つに素材の吸放湿性能がある。多孔質の素材、特に土や砂などは周辺の環境に対応して吸湿や放湿を繰り返す。この呼吸のリズムが周辺素材と異なるとその界面で剥離や塩の析出などが生じ、劣化がさらに広がる恐れがある。これまでの修復材料および強化材料の暴露試験ではこの吸放湿性能の評価を行っていない。

　　ここでは窟内の温度湿度環境の計測を実施し、吸放湿性能実験の参考データとするほか、石窟空

間が外気を緩衝するレベルを把握することを目的とした。

6.1　調査方法

A. 対象窟の設定

麦積山石窟には大小合わせて約200の洞窟が存在する。これらの石窟の位置や大きさは一様ではなく、それぞれの窟における環境は異なっていることが推測される。そこで人が入ることのできない小型な第94窟、人が数人入ることのできる中型の第22、128窟、人が複数人入ることのできる大型の第127、133窟を対象窟に設定し、温湿度観測を行った。中型の二窟のうち、第128窟は窟全体が残るが、第22窟は前部が崩壊しており、双方の空間形状は異なる。

B. 使用機器・測定条件

測定にはデータロガー（AS ONE HL3631）と温湿度を測定できる外付けセンサー（AS ONE H9639）を用いた。機器の測定範囲は、温度が0.0~50.0℃（確度±0.5℃（0.0~35.0℃））相対湿度が20.0~95.0%（確度±5.0~8.0%（10~40℃））である。

測定は1時間あるいは30分に1回行った。本報告にて表やグラフに示したものは1時間に1回のデータに統一したものである。第22、94、128窟では1箇所、第127窟では3箇所、第133窟では外部も併せて6箇所にて測定を行った。

6.2 測定結果

A. 全体的傾向

麦積山石窟では、夏場の7、8月において温度が最も高く、冬場の1、2月に最低となる。温度変化に伴う水分量の変化も激しく、夏場は相対湿度が100%近くに達する湿潤な環境であるのに対し、冬場は30%を下回る非常に乾燥した環境となり、一年を通してその環境は大きく変化する。第133窟の窟外において測定した結果によると、平均温度が最も高い2008年7月で21.2℃（最高温度は31.5℃）、最も平均温度の低い2008年1月で-4.3℃（最低温度は-14.6℃）であり、その較差は30℃に近い。この外気の特徴を踏まえ、次に各窟の温湿度特性について記す。

第22窟は中型の窟のであるが、前部が崩壊しており、外部と連続した空間を形成する。この窟における月平均温度の最高は21.3℃（2007年8月、2008年7月）、月平均温度の最低は-2.8℃（2008年1月）であり、その較差は約24℃である。相対湿度は夏場の月平均は70RH%を超えるが、冬場には50RH%を下回る。窟外と比べ変動幅は小さいが、月平均は近似した値を示しており、外気の影響が大きいことが伺える。

第94窟は、西崖中央部にある小龕であり、人一人がやっと入ることのできる規模である。この窟における最も高い月平均温度は20.9℃（2007年8月）、最も低い月平均温度は1.0℃（2008年1月）であり、その較差は約22℃であった。一方相対湿度は最高月平均が74.7RH%（2007年7月）、最低が48.3RH%（2008年3月）である。第22窟同様、温湿度の挙動には外気の影響が強いことが伺える。

第128窟は窟全体の大きさに対し入口が小さく、部屋の形状を持つ内部空間が形成されている。月平均温度の最高は19.9℃（2007年8月）、月平均温度の最低は-1.3℃（2008年1月）であり、その較差は約21℃である。相対湿度は夏場の月平均は80RH%を超えるが、冬場には50RH%をわずかに下回る。第22窟と同じく中型の窟であるが、第22窟や第94窟と比べ、外部環境の影響が軽減される傾向にある。これは窟の前部が残り、部屋形状の内部空間を持つために、第22窟と比べ外気との換気

が行われにくい環境にあることに起因すると考えられる。

　大型の窟である第127窟では、入口部（門道）、奥部下部（仏後部）、奥部上部（潮湿部）の3箇所で測定を行った。月平均の温度の最高（2007年8月）・最低（2008年2月）はそれぞれ18.2℃と4.3℃、17.3℃と5.4℃、16.9℃と7.5℃であり、その較差は入口部から離れるほど小さくなる。上述した三つの窟と比較し、差は明らかに小さく、外部の影響を受けにくい環境にあるといえる。一方相対湿度の最高（2007年8月）・最低（2008年1月）は、それぞれ78.4RH%と41.3RH%、86.4RH%と38.9RH%、88.0RH%と34.8RH%であり、内部にいくほどその差は大きくなる。ただし絶対湿度（g/m³）では近似した数値を示しており、石窟空間における水分量はほぼ均一であることが分かる。

　第127窟よりさらに大型の第133窟では窟外の他、入口（門道）部と窟内奥部4箇所、計6箇所で測定を行った。第127窟と同様に入口部に近づくほど温度の較差が大きくなり、奥部にいくほど相対湿度の較差が大きくなる傾向が見られる。窟奥部（西室）の月平均最高・最低温度は、16.0℃（2007年8月）と6.1℃（2008年2月）、その較差はおよそ10℃であり、外気の影響がかなり軽減されていることが確認できる。当然のことではあるが、内部にいくほど窟外の環境の影響が軽減され、安定した環境になる。

　B. 年間挙動

　横軸に相対湿度を縦軸に温度を示した図を用いて年間の挙動の考察を行なう。基本となる外気の観測データは第133窟の外に設置したデータを用いる。

　第22窟と第94窟は小さな石窟で外気と似た変動をしていることがわかる（図3、4）。図中の色は月ごとに色分けられており年初は赤色系で徐々に青色系に移行するようにしている。以降の表記もこれに従う。冬期は温度変化が大きく右下がりの分布を示し、夏場は温度変化よりも湿度変化による分布の広がりを持つ特徴がみられた。第22窟も第94窟も外気の分布図を縮小近似（2/3ほど）した分布を示し、それぞれの窟内の環境は外気の挙動と似ていることがわかる。

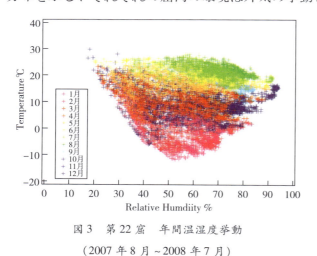

図3　第22窟　年間温湿度挙動
（2007年8月～2008年7月）

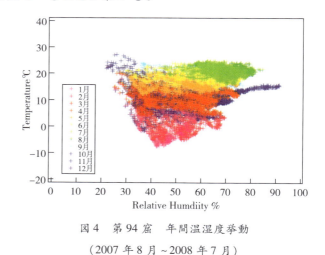

図4　第94窟　年間温湿度挙動
（2007年8月～2008年7月）

　入口部が崩壊しておらず石窟空間を保つ第128窟は、外気の分布と似るが低湿度域に分布が見られず、30RH%までである（図5）。

　図6～14に第127窟と第133窟の温度湿度分布図を示す。両窟とも窟入口より深部になるにつれて外気の変動が緩衝され、特異な分布を示すことがわかる。また各月ごとに緩衝の度合いが異なり、

12月から2月にかけては低温度域が緩和され氷点下以下に下がることはなく、6月頃から8月にかけては外気で高温－低湿となる分布域が石窟内では見られず、より低温－高湿になっていることが明らかとなった。10月頃からは外気で70RH%～90RH%の高湿な環境が見られるが、石窟内では50RH%～70RH%ほどに抑えられている。また総じて温度は5℃から15℃の間で変動していることがわかった。

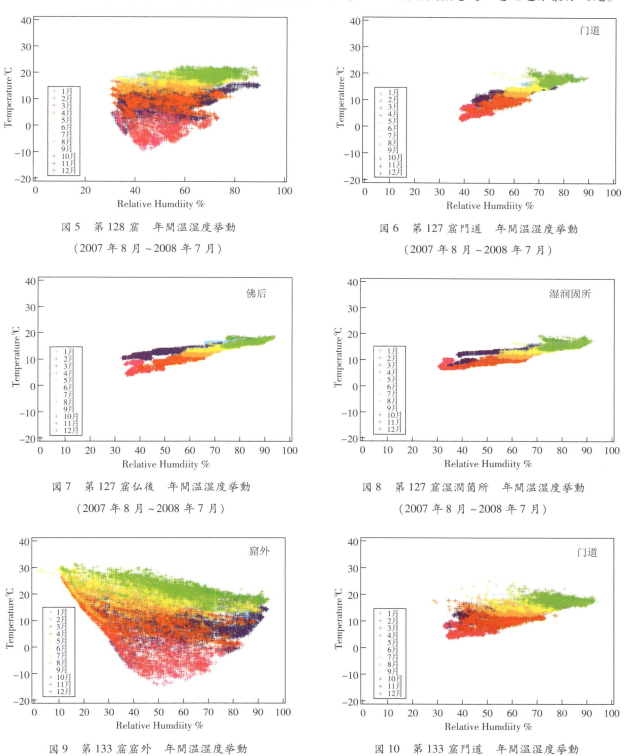

図5　第128窟　年間温湿度挙動
（2007年8月～2008年7月）

図6　第127窟門道　年間温湿度挙動
（2007年8月～2008年7月）

図7　第127窟仏後　年間温湿度挙動
（2007年8月～2008年7月）

図8　第127窟湿潤箇所　年間温湿度挙動
（2007年8月～2008年7月）

図9　第133窟窟外　年間温湿度挙動
（2007年8月～2008年7月）

図10　第133窟門道　年間温湿度挙動
（2007年8月～2008年7月）

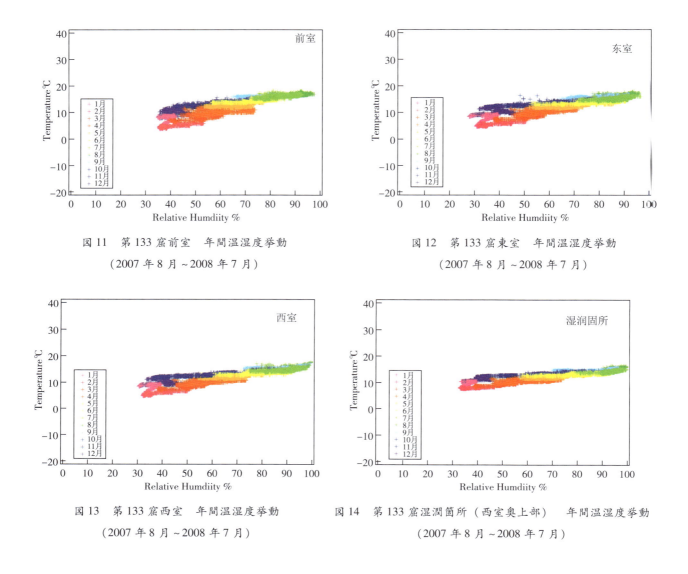

图 11　第 133 窟前室　年间温湿度举动
（2007 年 8 月～2008 年 7 月）

图 12　第 133 窟东室　年间温湿度举动
（2007 年 8 月～2008 年 7 月）

图 13　第 133 窟西室　年间温湿度举动
（2007 年 8 月～2008 年 7 月）

图 14　第 133 窟湿润厕所（西室奥上部）　年间温湿度举动
（2007 年 8 月～2008 年 7 月）

参与调查：马　千　董広強　岳永強　松井敏也　末森熏

执笔：松井敏也　末森熏

五、麦积山石窟危害生物基本情况调查

麦积山石窟位于甘肃省天水市东南小陇山区域，海拔高度 1742 米。年降水量 750 毫米，无霜期 200 天，年平均气温 11.8℃，相对湿度 70％。气候区域属于湿润区和半湿润区，气候温和、降水量充沛、植被丰富，给各种生物的生存和活动提供了很好的场所，构成了丰富的物种环境。

但是，随着目前文物保护理念的不断深入，文物保护观念也不断地细化和科学化，保护工作的内涵逐渐深化，保护外延也逐步拓展，麦积山石窟的文物保护工作目前已经不仅仅局限于壁画和塑像本体，而是逐步开展到了文物环境等方面，从更科学、更深入的角度来推进石窟文物的保护工作。

由于石窟周边有着众多的生物，而洞窟中的文物全部是泥质的雕塑和壁画，对环境的变化情况尤为敏感，而在石窟附近活动的部分物种却对目前的文物保护工作构成了一定的影响，如果不对这些生物进

行研究和控制，其对文物的影响将会进一步加深。如小型哺乳动物、鸟类、昆虫类在洞窟内构筑巢穴、排泄粪便、产卵等，对塑像和壁画都造成了直接的破坏。所以，我们对石窟周边的生物环境从文物保护的角度进行了调查。

1. 调查内容和方法

调查方法采用林业病虫害的基本调查方法，并根据本次工作的特点进行了适当的调整。

调查的内容是首先掌握对石窟文物有影响的生物种类、时间以及空间分布、对文物危害方式和程度，然后在这个基础上，对这些生物的生活习性、生活史、世代数、越冬和越夏场所、寄主、在不同生态条件下数量变化情况等进行调查。

调查采用五点式取样法，首先依据洞窟的分布，分别在石窟中部、上层洞窟的东西位置、下层洞窟的东西位置布置了 5 个观测点，这样的目的是调查各种生物在整个洞窟区域的分布情况。然后又以石窟为中心以 100 米为半径，在林区布置了 5 个观测点，并放置虫情测报箱，在石窟区域和林区定时观察，来观测各种生物在林区各个位置的分布情况。采用灯诱法、网捕法、收集、观察等方法来收集各种昆虫的标本。

2. 对石窟文物产生影响的生物种类

通过调查，发现有以下生物种类对石窟文物产生了不同程度的影响；

（1）昆虫纲半翅目：通称蝽或椿象，属有翅亚纲、渐变态类，全世界已知约 3.5 万种，中国记载 2000 种左右，多为植食性种类，刺吸植物茎叶和果实的汁液，属于农业害虫。其体形多为中形和小形，背面平坦，上下扁平，体壁较坚硬，口器刺吸式，翅两对，前翅为半鞘翅，后翅膜翅，多数种类具有发达的臭腺，其分泌物在空气中挥发，产生浓烈的臭味。

半翅目的生物学特征为渐变态，卵单粒或成块，产于寄主体表、组织内或土中，每年一代，成虫越冬，也有种类为一年两代，以卵越冬。根据调查，采集到的半翅目标本有以下种类：

昆虫纲半翅目：盲蝽科（Miridae）、长蝽科（Lygaeaidae）、红蝽科（Pyrrhocoridae）、缘蝽科（Coreidae）、猎蝽科（Reduviidae）、姬蝽科（Nabidae）、臭虫科（Cimicidae）、蝽科（Pentatomidae）、圆蝽科（Plataspdidae）。

（2）昆虫纲鞘翅目：通称甲虫，属有翅亚纲、全变态类，其体壁坚硬，前翅质地坚硬，角质化，形成鞘翅，静止时在背中央相遇成一直线，后翅膜化，通常纵横叠于鞘翅下，成、幼虫均为咀嚼式口器。根据调查，采集到的鞘翅目标本有以下种类：

昆虫纲鞘翅目：瓢甲科（Coccinellidae）、象甲科（Curculionidae）。

（3）昆虫纲鳞翅目：包括蛾、蝶两类昆虫，属有翅亚纲、全变态类，成虫翅、体及附肢上布满鳞片，口器虹吸式或退化。根据调查，采集到的鳞翅目标本有以下种类：

昆虫纲鳞翅目：天蛾科（Sphingidae）。

（4）昆虫纲膜翅目：包括蜂、蚁类昆虫，属有翅亚纲、全变态类，根据调查，采集到的膜翅目标本有以下种类：

昆虫纲膜翅目：树蜂科（Siricidae）、小蜂科（Chalcididae）、胡蜂科（Vespidae）、蜾蠃科（Eumenidae）、泥蜂科（Sphecidae）、切叶蜂科（Megachilidae）、蜜蜂科（Apidae）、熊蜂科（Bombidae）。

（5）另外，还有以下生物种类对石窟文物产生影响：

蛛形纲盲蛛目（Order Opiliones）。

鸟纲雀形目：燕科（Hirundinidae）。

哺乳纲啮齿目：松鼠科（Sciuridae）、鼠科（Adips Mus）。

3. 各种生物对文物的影响方式和程度

（1）鳞翅目天蛾科（Sphingidae）中的小豆长喙天蛾（Macroglossum stellatarum Linnaeus），翅面暗灰褐色，前翅有黑色纵纹；后翅橙黄色。白天喜访花；成虫越冬。虫体翅展 50 毫米。天蛾多在夜晚活动，但有一些天蛾在白天活动，飞翔于花丛中采蜜。小豆长喙天蛾便属于白天活动的一种，小豆长喙天蛾在北方春季和 8—10 月可见，有时暖和的冬天中午也可见到它在绿色植物上盘旋的身姿。分布于亚洲、南欧和北非，国内已知分布于华北、华中、华东等省。

小豆长喙天蛾的标本在洞窟中多有发现，在洞窟附近也捕捉到活体标本，其对壁画的危害方式是向残破的孔洞中钻爬，可能是在其中筑巢或产卵，关于这一点还需要做进一步的调查来确定其行为的原因，但是这种行为方式对壁画产生直接或潜在性的危害是很明显的（图 1）。

（2）半翅目通称蝽或椿象，此类昆虫有臭腺孔，能分泌臭液，在空气中挥发成臭气，所以又有放屁虫、臭板虫、臭大姐等俗名。蝽科对洞窟文物并没有直接的破坏作用，但是在每年的 4 月份和 10 月份，在石窟区域会成爆发趋势，在温暖向阳的位置密集飞翔，而石窟所处的位置正好向阳，又避风、温暖，这就构成了良好的越冬场所。麦积山区在 9 月份是处于雨季，10 月初降雨量开始减少，而蝽科便在这个时期形成爆发的趋势，在石窟区域密集飞翔，每立方米的空间会有数十只甚至近百只蝽科，对参观的游客构成直接的干扰。同时，在温度降低时，蝽科会攀爬到洞窟内部并聚集在一起，一般都聚集在洞窟门道附近。通过调查，单个洞窟中的蝽科数量一般都在近千只，最多的可达 1500 只（在不足一平方米的平面），对洞窟内部的环境构成了严重的威胁，同时蝽科分泌出的臭液会直接污染壁画。

图 1　小豆长喙天蛾在壁画前飞舞

半翅目昆虫的飞翔能力有限，一般不会对高层洞窟构成威胁，同时距离树林近的洞窟就更容易聚集蝽科，所以东西崖的下层洞窟是蝽科聚居的重点区域。另外，蝽科聚集的洞窟都是半封闭（窟门上部是纱窗、下部装木板）的洞窟类型，而窟门完全安装纱窗的洞窟则少有蝽科聚居，因为半封闭的洞窟气流稳定、环境温暖，有对蝽科越冬的有利条件，所以在以后的防治工作中，适当地对洞窟门窗进行调整，也应该是防治工作的方法之一。

（3）昆虫纲鞘翅目瓢甲科目前发现的有大量的瓢虫种类，同蝽科一样，瓢虫对洞窟文物没有直接的危害，只是大量地在洞窟上聚集，但是也有个别的瓢虫种类，在遇到攻击时会分泌出红色的液体，从而对塑像和壁画表面的色彩一定程度产生污染，同时，这种昆虫在洞窟内部大量的飞翔，会对一些比较脆弱的壁画表面（如起甲等）产生色彩脱落等影响。从 2008 年调查看，其每年发生一次

（10 月份），发生的时间略晚于蝽科的发生时间，约在 10 月中下旬，在每个洞窟中的数量也是在数百只（图 2）。

图 2 第 197 窟聚集的瓢虫

（4）昆虫纲膜翅目的各种蜂类在石窟附近有大量的分布，在采集的标本中所属的科别也较多，下面将主要的影响种类叙述如下：

蜾蠃科（Eumenidae）的泥带蜾蠃（Eumenes sp.），通常单独生活，其生活习性是以泥土在温暖、向阳的位置筑壶形巢室，捕食鳞翅目幼虫和蜘蛛等，贮藏以饲养后代（图 3）。筑巢时间一般在植物的盛花期。巢室内部涂以蜡和唾液的混合物，以保持巢室内的湿度。而石窟附近的土壤粗糙、颗粒性大，不适宜蜾蠃筑巢，而洞窟中的塑像和壁画则都是经过筛选的细腻黄土，同时洞窟位置又温暖、向阳，石窟附近的林区中有多种蜜源植物，如杏、李、桃、丁香、五味子等，各种条件都满足蜾蠃的生活和筑巢习性。所以，窟区就成为了蜾蠃最佳的生活区域，蜾蠃在洞窟的塑像和壁画上啮取土壤，然后就在洞窟内部或其他向阳的位置筑巢，据近期的调查，蜾蠃的单个巢室呈长卵形，直径约 8 毫米、长约 15 毫米，根据筑巢位置的不同，巢室的数量也有区别，目前发现的一般是在 4—10 个巢室，并在巢室的外部覆盖有 10—20 毫米厚的黄土，一般来讲，一个完整的蜾蠃巢穴需要土壤 50—100 克之间，个别的还要高于这个数值。2008 年的调查工作中，在石窟附近的向阳位置，发现了十余个蜾蠃巢穴，如果其中三分之一的土壤是来自于洞窟上的壁画或塑像，那么每年从塑像和壁画上流失的土壤最保守的估计应该在 300 克以上，以此推算，约 20 年时间，在洞窟中就可以有一平方米的壁画被蜾蠃啮取，这个速度相当惊人（图 4、图 5）。而如果当年的气候等因素适合蜾蠃的栖息和繁殖，而导致其数量激增，其所产生的破坏作用就远大于此，而石窟中的塑像和壁画经过蜾蠃长期的啮取便变得满壁孔洞，在开敞性的洞窟中，壁画的 50% 甚至

图 3 蜾蠃的幼虫以及俘获的小昆虫（蜘蛛）

更多都被这种昆虫啮取而完全失去原来的完整性，仅有一些封闭性洞窟没有发现被蜾蠃破坏的痕迹，如第 127、133 等窟。

图 4　第 74 窟佛腿部被破坏情况

图 5　第 4 窟被破坏的泥皮

蜾蠃的这种啮取土壤的活动对壁画和塑像而言仅仅是直接的破坏，其所产生的间接破坏作用远大于此，因为蜾蠃啮取土壤使完整的壁画变得布满孔洞，失去了其完整性，内部的泥土暴露，加剧了土壤风化。同时，其他昆虫、鸟类、鼠类在这些空洞中筑巢、排泄、攀爬等，更加剧了破坏作用，使壁画地仗和岩体之间产生脱离、空鼓等病害，极容易产生大面积的壁画脱落破坏，这应该除了历史上的大地震以外，造成麦积山石窟壁画保存数量少的主要原因。

胡蜂科中的长脚胡蜂（Polistes olivaceus De Geer）是另一类产生危害的蜂种，胡蜂（paper wasp）亦称纸巢黄蜂。膜翅目（Hymenoptera）胡蜂科（Vespidae）胡蜂属（Polistes）昆虫的统称，分布全世界。触角、翅和跗节橘黄色；体乌黑发亮，有黄条纹和成对的斑点，现有的标本中有较多的长脚胡蜂，1 年发生 3 代，以成虫群集在背风向阳的屋檐下或墙缝、草堆、树洞内越冬。越冬成虫于 3 月初开始活动，雌蜂 4 月上旬筑巢产卵，巢多筑于屋檐下，呈钟形，用短柄连接在牢固的悬垂物上。由多个六角形小室组成。一巢蜂群为一头雌蜂繁殖的后代。第 1 代发生于 4 月中旬至 6 月中旬，第 2 代发生于 6 月中旬至 7 月中下旬，第 3 代发生于 7 月中旬至 8 月中下旬。9 月成虫即离巢至越冬场所准备越冬。调查发现，一些蜂窝是筑在露天塑像和壁画的表面，如第 3、13、98 等窟（图 6）。

图6　胡蜂在壁画表面筑巢

木蜂是胡蜂科的另一种蜂类，胡蜂对文物的危害主要是对木质文物以及门窗、古建筑等，另外对游客的安全也会造成一定的威胁，这些胡蜂的食物主要是干燥木质中纤维，所以在木质文物以及洞窟门窗、古建筑等均可以看到大量的孔洞（图7），其影响时间从每年的3月底到7月初期。成虫钻蛀孔道，并在其中筑巢产卵，蜂卵孵化后，幼虫在木材中钻蛀取食。一只木蜂一般一年繁殖一代，成虫产卵后不久即死去。一次产卵15粒左右。成虫在晴天飞出孔洞，采集桃、向日葵、大丽菊等花蜜，及钻蛀新的孔道，筑巢产卵，低温或阴雨天很少出洞活动。

图7　木质中的木蜂巢穴

粗切叶蜂（Megachile scupturalis Smith）属膜翅目切叶蜂科，属单独生活的种类，常有金属光泽的蓝色、紫色缘毛及白、黄、褐或红色体毛，头与胸部同阔，单眼排成三角形，触角短，膝状。上唇发达，下唇舌细长，上颚长而尖锐，末端扩大，常有齿。足长，有毛，无采花粉的装置，前翅有亚缘室两个，多数种类雌性腹面有颜色鲜明的花粉刷，雄性腹末有缺刻，有时呈齿状，常在枯树或房屋的柱梁上蛀孔

营巢，将植物叶片切成整齐的小块置于蛀孔中，隔成小室，存储花粉和花蜜做成的食料，供幼虫在其中生长发育，在洞窟区域的发生时间大约在7—8月份。

泥蜂（Sphecidae）呈世界性分布，已知约12000种，热带和亚热带地区种类和数量均多。成虫体中型至大型，体壁坚实，体长20—50毫米。体色暗，具红色或黄色斑纹。口器咀嚼式。上颚发达，足细长。雌性腹部末端螫刺发达，完全变态。大多数为捕猎性，少数为寄生性。其捕猎性及筑巢本能复杂。成虫捕猎节肢动物，包括昆虫、蜘蛛、蝎子等。其捕猎范围因属、种而异。成虫捕到猎物后，用螫针将其麻痹，然后将猎物携回巢内封贮，供子代幼虫食用。泥蜂大多数在土中筑巢（图8），用唾液与泥土混合成水泥状坚硬的巢，巢的结构、巢室的数量、入口处的形状因不同的属或种而异。泥蜂筑巢后，于巢室内产卵，大多数泥蜂将猎物放于巢室内，封闭巢室，幼虫孵出后取食猎物。常见种类有黑泥蜂（Sphex umbrosus Christ）、小黑穴蜂（S. nigellus Smith）及赤腰泥蜂（Ammophila clavus Fabr）等。其对塑像和壁画的危害方式和螺蠃相同。

（5）蛛形纲盲蛛目（Order Opiliones）的长腿蜘蛛也经常性地出现在洞窟中，一般体长（足除外）5—10毫米，但足距可达10厘米以上。头胸部和腹部间无明显的分隔；不吐丝。是常年在洞窟上发生的昆虫，常常是数十只、百余只聚集在一起，在潮湿季节更是多见，对游客的参观构成了直接的影响，或者是向壁画、塑像的空隙中钻爬，特别是大量的蜘蛛在空鼓地仗的内层钻爬，并在内层死亡，拥挤在一起使文物产生一些新的病害。

（6）鸟类对洞窟文物的影响是最直接和明显的，其中燕子有在崖壁、洞窟中筑巢的习惯，在大部分洞窟中的壁画表面都有燕子筑巢的痕迹，直接破坏壁画，同时这些燕子（包括其他小型鸟类）在洞窟内飞翔、抓爬，对塑像、壁画地仗造成了直接的破坏，目前虽然在洞窟上都安装了门窗，但是一些大型露天洞窟的壁画上仍然经常有燕子作窝现象，如第3、4、5、13、98窟等，对珍贵文物造成的影响是显而易见的（图9）。而现在的洞窟所安装的木质门窗，稍有缝隙，这些小型鸟类（有时也有蝙蝠）便会进入，所以在塑像和壁画的表面常会有鸟类抓爬的痕迹，这也是麦积山文物病害中一种常见的类型。

图8　正在筑巢的泥蜂

图9　小鸟在大型塑像体内筑巢

（7）松鼠（Sciurus vulgaris）属啮齿目松鼠亚目松鼠科松鼠属，是寒温带针叶林和混交林中的典型代表动物。体长大约为18—26厘米，尾长而粗大，尾长为体长的三分之二以上，一般每年产两胎，第一年生育的雌鼠，每胎产3崽—6崽，第2年后每胎可产5崽—10崽，以各种植物的种子为食，有时也以昆虫为食。

松鼠对洞窟文物的影响属于比较严重的物种，由于其体形相对较大，常在洞窟内的塑像和壁画上攀爬，一些脆弱的壁画经常在松鼠的攀爬之中被大面积地破碎、掉落，形成严重的破坏，这也是麦积山石窟壁画保存状态不完整的一个重要方面，同时，松鼠在塑像和壁画上大量排泄的粪便也对文物造成了严重的影响。

鼯鼠是松鼠科的另一种动物，体形较松鼠大，体长20—30厘米，体重250—400克。在前、后肢之间有飞膜相连，可以在山崖和树林间作长距离滑翔，故俗称飞鼠，以栎树叶、松籽、山杏、山核桃、石黄莲等果实为食。每年繁殖1胎，通常每胎1-2仔。夜间活动，以清晨和黄昏时活动频繁。白天隐匿巢内睡觉，头部向外，尾负于背，遮向头部，或将尾垫于腹下，呈蜷卧姿式。活动时爬攀与滑翔交替，由高处向低处滑翔数百米。这些小动物一方面有在洞窟内、岩穴内筑巢的习惯（图10），另一方面也有在固定位置排泄粪便的习惯，所以在一些栈道孔洞内常可以看见这些小动物的巢穴，洞窟内以及窟区的许多位置多有这些动物的排泄物，而由于这些排泄物含有大量的油脂物，化学成份为含焦性儿茶酚（pyro-catechol）、苯甲酸（benzoic acid）、3 - 蒈烯 - 9，10 - 二羧酸（3 - caren - 9，10 - dicarboxylic acid）、尿嘧淀（urcil）、五灵脂酸（wulingzhic acid）、间羟基苯甲酸（m - hydroxybenzoic acid）、原儿茶酸（proto-catechuic acid）、次黄嘌呤（hypoxanthing）、尿囊素（allantoin）、L - 酷氨酸（L - tyrosine）、3 - O - 顺 - 对 - 香豆酰委陵菜酸（3 - O - cis - p - coumaroyltormentic acid）、3 - O - 反对 - 香豆酰委陵菜酸（3 - O - trans - p - coumaroyltormentic acid）、坡模醇酸（pomolic acid）、2α - 羟基熊黑酸（2α - hydroxyursolic acid）、高加蓝花楹三萜酸（jacoumaric acid）、3 - O - 反 - 对 - 香豆酰马期里酸（3 - O - trans - p - coumaroylmaslinic acid）、熊果酸（ursolic acid）、委陵菜酸（tormentic acid）、野雅椿酸（euscaphic acid）、马斯里酸（masolinic acid）、还含三对节萜酸（serratagenic acid）、五灵脂三萜酸（goreishic acid）Ⅰ、Ⅱ、Ⅲ，5 - 甲氧基 - 7 - 羟基香豆素（5 - methoxy - 7 - hydroxycoumarin）。所以附着在文物表面的非常难以清理，成为目前修复工作中的一个难以解决的问题，属于不可逆转的病害（图11）。

图10　栈道孔中的鼯鼠

随着人类的活动，家鼠也逐渐出现在石窟周围，并且在一些洞窟内部也出现了家鼠的痕迹，如粪便等，其危害方式和松鼠相同。另外，这些小动物还会啃咬木质文物和洞窟门窗，一些仪器设备的线路也经常性地被这些小动物咬断，造成数千元的损失。所以，造成的危害是多方面的。而随着这些小型鼠类数量的增加，猫头鹰也出现在了窟区附近，在第4窟我们曾发现一只猫头鹰端居在塑像的头顶达半个月之久，其犀利的爪子对塑像造成的破坏是很严重的。

另外，还有一些不明种类的物种对文物造成各种形式的破坏（图12），都需要通过下一步的努力来使这些种类更进一步地明确。

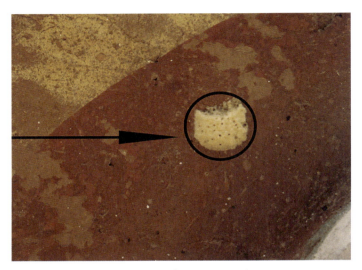

图 11　被鼯鼠粪便污染的塑像　　　　　　　　图 12　壁画表面的不明虫卵

总之，通过以上的调查工作，使我们比较清晰地了解了各种生物对麦积山石窟文物的破坏作用，下一步的工作，就是对这些物种再进行更为详细和深入的调查工作，并且需要采取相应的防治措施来控制各种生物对石窟文物的破坏。

该成果为"麦积山石窟危害生物调查研究"成果之一。

参与调查：董广强（麦积山石窟艺术研究所）　杨航宇（甘肃省林业技术学院）　杨庆森（小陇山林业局森林病虫害防治站）　末森熏（日本筑波大学）

执笔：董广强

六、麦积山石窟栈道震动调查报告

【调查目的】

麦积山石窟将来申遗成功后，游客增加势必对洞窟带来影响。此次调查主要进行游客造成的振动及音响对于洞窟的影响。

【调查方法】

使用加速感知器及 AE 感知器，选定 5 处测试点，设定条件进行振动测试。

AE 为 Acoustic Emission 的缩写，以感知物体损坏及变形时产生的微小音响进行损坏预测。可测定物体内部损坏发生的频率。AE 的特点在于周波数，为人耳所感知不到的超音波。此次测定使用 140kHz。

NR－600（测定器）　　　　　　　AE 感知器　　　加速感知器

NR－600——测定器

AE 测定器（共振 140kHz）——发现、预测材料与构造内部的龟裂与损坏

加速感知器（1～10kHz）——测定振动

【分析方法】

数据分析使用 WAVE LOGGER PRO 观察振动的波状数据，掌握振动传播的特征。进而将数据转换为周波数（FFT）分析振动周波数。故此次调查结果的图示分为两种，振动波状图与周波数波状图。

振动波状图横轴表示时间，竖轴表示加速度，可显示长时间内的振动变化；周波数波状图横轴表示周波数，竖轴表示周波数成分的大小，可显示周波数传导的状态。

【测试地点】

9 窟、133 窟、135 窟、151 窟、161 窟。

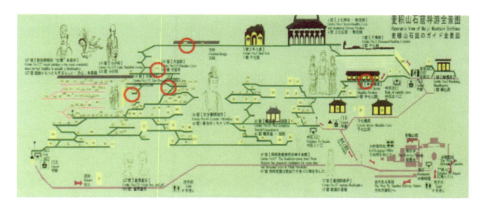

【151 窟】

人的步行对于水泥地面及壁面所造成的振动。

【加速感知器的设置位置】

- 水泥地面　横梁上部（红）
- 水泥地面　　（黄）
- 壁面　（蓝）

◆无人状态的微小振动

测试 151 窟附近无人状态时的微小振动。

左图为振动波状图；右图为周波数波状图。

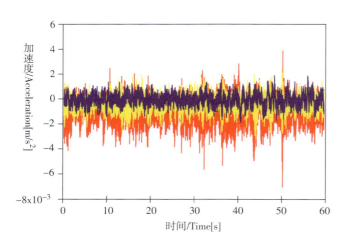 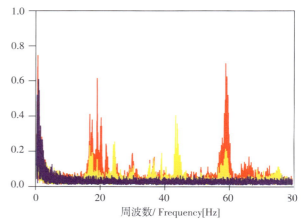

【测试结果】

　　测试数据显示水泥地面横梁上部的感知器（红）反应最为强烈，说明该处容易引起振动。无人状态时，右图周波数波状图显示水泥地面传导 15 Hz～40 Hz、60 Hz 周波数的振动，而壁面仅传导 5 Hz 以下的振动。其原因可考虑为山脚人群走动对整个水泥部分所带来的振动。另外还显示水泥地面上、横梁上部及其他部位易于传导的周波数各有不同。

◆步行时的振动

测定人步行通过感知器时的振动。

左图为振动波状图；右图为周波数波状图。

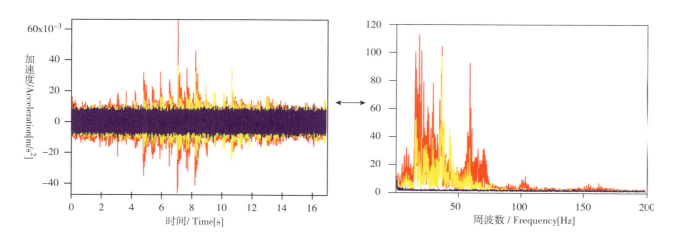

【测试结果】

左图红、黄振幅显示步行造成水泥地面振动强烈；而蓝色较安定，显示对壁面影响较小，为100Hz以下。

◆踏步时的振动

测定在感知器附近踏步时的振动。

左图为振动波状图；右图为周波数波状图。

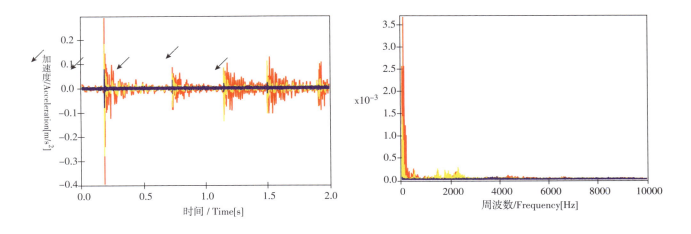

【测试结果】

用力踏步时壁面（蓝）感受振动，但右图几乎没有显示周波数，不同于水泥地面。下图为单独扩大壁面数据图。

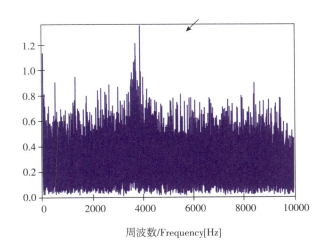

如图显示，振动集中在4000Hz附近，而上述结果得知步行时几乎不产生4000Hz振动，故对于壁面影响较小。进而可知151窟附近步行产生的振动传导于壁面，对石窟内部影响极小。

【133窟】

音响对于修复材料的影响，同时了解音响来源。

【加速感知器设置位置】

● 壁面修复材料（红）

◆ 拍手时的振动

测试主要针对音响对于修复材料的影响，测试于感知器附近拍手时的振动。

左图为振动波状图；右图为周波数波状图。

箭头所指为拍手瞬间。

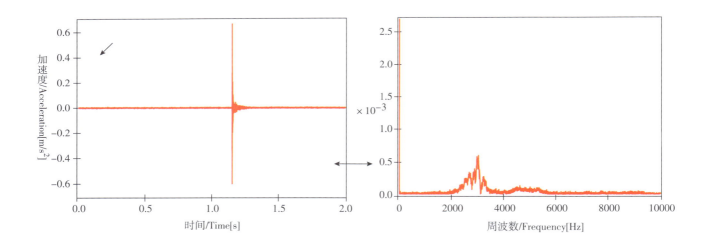

【测试结果】

　　石窟内部空间封闭声音传导迅速以致修复材料由于音响而产生振动。周波数 2000～3500Hz。2000Hz 为人说话可产生的周波，故对于人的声音会引起修复材料的振动。

◆摇动窟外铁格门

窟外铁格门由于游客摇动引起石窟内部振动。

左图为振动波状图；右图为周波数波状图。

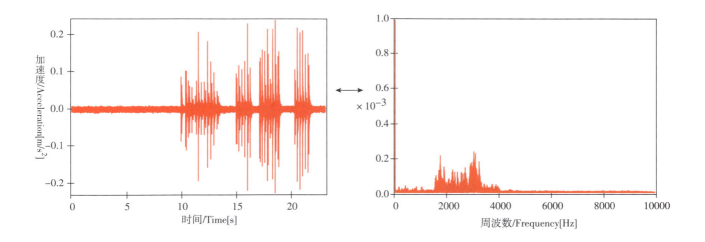

【测试结果】

红线振幅密集，显示游客摇动窟外铁格门引起石窟内部修复材料的振动。周波 1800～3500 Hz。另外 133 窟的修复材料易于在 1800～3500 Hz 之间发生振动。窟外铁格门的振动对窟内壁画产生不良影响。

【135 窟】

于修复材料之上设置 AE 感知器，目的在于测试剥离时产生的微小振动频率。

【AE 感知器设置位置】

壁面修复材料（红）

【测试时间】

8 月 6 日　16：45～24：00 左右　　（至充电器电量耗尽）

【测试结果】

感知器附近无发现剥离、龟裂等现象。原因也许在于剥离、龟裂等过于微小，其形式多样，以及发生能量微小并容易减弱导致测试困难。此次测试期间内无法判断是否发生了龟裂。

【161 窟】

161 窟前上下阶梯时对石窟内部的影响，包括手是否抓扶栏杆。

【加速感知器设置位置】

- 阶梯附近的横梁（红）
- 洞窟附近的横梁（黄）
- 洞窟内部（蓝）

◆下阶梯时的振动

测试下阶梯时对石窟内部的影响，分别包括手是否抓扶栏杆。

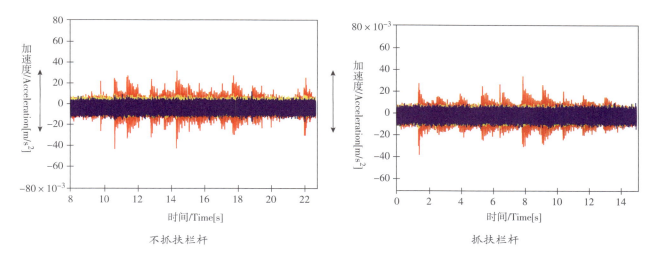

不抓扶栏杆　　　　　　　　　　　抓扶栏杆

【测试结果】

红色振幅较大，说明引起阶梯附近横梁振动。而黄、蓝色振动不大，说明振动没有传导至洞窟内部。手是否抓扶栏杆没有发现影响。

◆手抓扶栏杆上阶梯时的振动

左图为振动波状图；右图为周波数波状图。

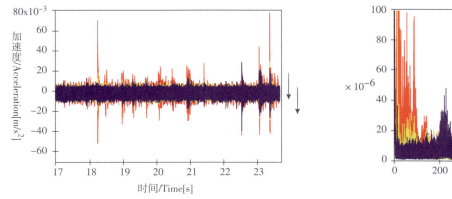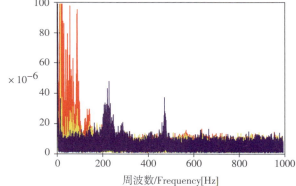

【测试结果】

测试数据显示上阶梯时振动传导至洞窟内部。上下阶梯产生的能量不同，如下图所示，下阶梯时力量成斜线，上阶梯时力量成直线。感知器只感知上下振动，故对直线力量较敏感。洞窟内部传导周波为200Hz与500Hz。

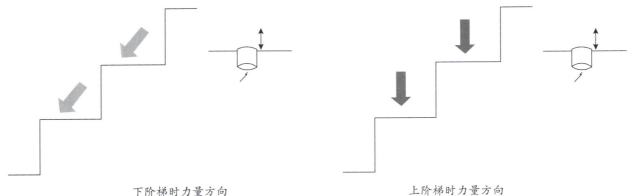

下阶梯时力量方向　　　　　　　　　　　　上阶梯时力量方向

【9 窟】

测试步行以及音响对修复材料所造成的影响。

【加速感知器设置位置】

- 水泥地面（红）
- 水泥地面（黄）
- 塑像基坛（蓝）

◆ 步行时的振动

测试感知器附近步行时的振动。

左图为振动波状图；右图为周波数波状图。

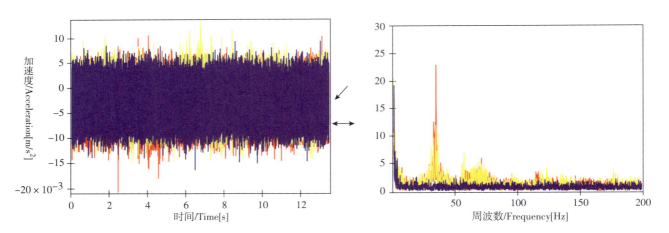

【测试结果】

与 151 窟相比较，151 窟步行时显示振幅，而 9 窟没有发现明显振幅，说明振动不易传导。原因在于 151 窟仅有横梁支撑，而 9 窟水泥地面建立于岩体之上，引起振动扩散。周波数 151 窟为 100Hz 以下，并显示出复杂的振动，9 窟仅有 40Hz 与 50～80Hz，比较单一。

以下改变感知器设置位置进行测试。

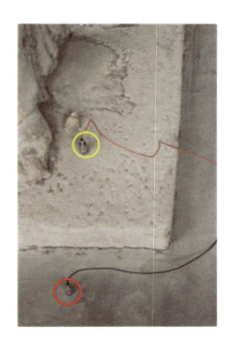
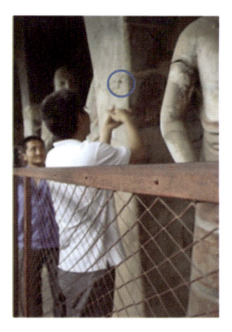

【加速感知器设置位置】

- 水泥地面（红）
- 塑像基坛修复材料（黄）
- 壁面修复材料（蓝）

◆测试仪旁边拍手

类比 133 窟进行拍手等测试音响造成的振动。

左图为振动波状图；右图为周波数波状图。

- 水泥地面（红·黄感知器）附近拍手

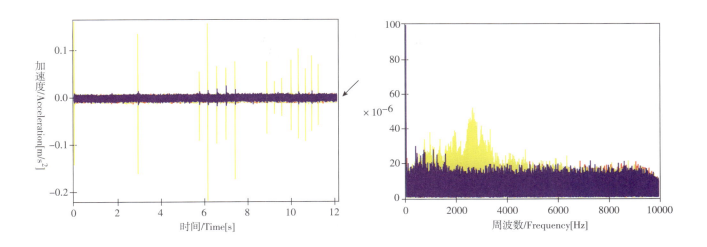

● 壁面（蓝感知器）旁边拍手

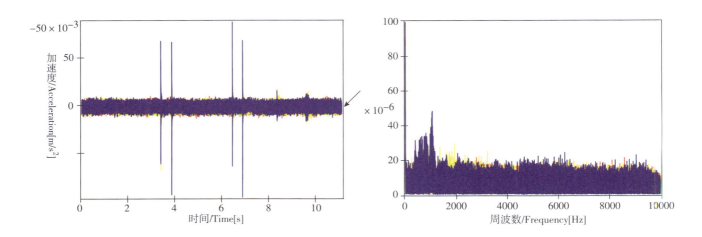

【测试结果】

红色振幅几乎不见，说明音响造成的振动对水泥地面没有影响，而对修复材料产生影响。另外，修复材料对于不同的周波数反应不同，基坛部易于在3000Hz，壁面易于在1000Hz传导振动。音响声源远离感知器时，几乎不见振动。说明133窟空间封闭，而9窟不易于传导音响所致。

◆香火钱箱晃动时的振动

测试游客晃动香火钱箱时的振动。

左图为振动波状图；右图为周波数波状图。

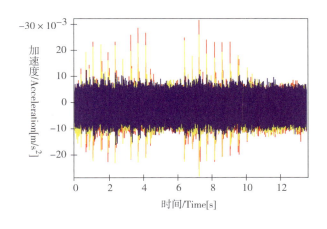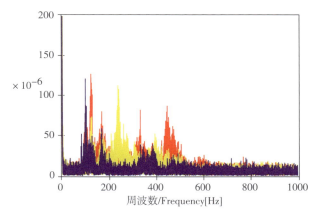

【测试结果】

红、黄、蓝均振动密集，说明晃动香火钱箱的振动传导至壁面（蓝）。可于匣底夹入胶皮垫解决此问题。

【今后的研究计划】

1. 此次调查了解到音响可造成修复材料的振动，对于壁画可能引起不良影响，今后计划继续调查麦积山存在何种周波数及其对修复材料的影响。如发现振动，进而研究可替换的修复材料。

2. 洞窟外部铁格门的振动可引起内部修复材料的振动，今后将继续调查游客手扶栏杆时对于洞窟内部是否产生影响。

3. 利用 AE 观测事先预测壁画的微小龟裂、剥落，提前及时做好防范措施。

4. 利用 AE 观测的同时，测定温湿度、含水率，以及时发现导致壁画劣化的原因，进而采取解决措施。

参与调查：跡見洋祐　松井敏也　董广强　岳永强

执笔：跡見洋祐　松井敏也

翻译：李　梅

七、麦積山石窟古写真との比較研究

はじめに

　　麦積山石窟芸術研究所と筑波大学は、2005 年度より遺跡の保護を視野に入れた共同研究を実施している。2007 年度には、その一環として1950、1960 年代に撮影された古写真を用い、それらの写真と同じアングルから現状の写真を撮影し、双方の比較研究を行った。本研究は、半世紀前の麦積山石窟における崖面、塑像、壁画の保存状態の把握、半世紀間において麦積山石窟に見られる変化の類型化および変化の要因に関する考察、そして半世紀間の変化によって失われた考古資料等の復元を行い、今後の保護事業を行っていく上での課題を提示することを目的とする。

1. 古写真の概要

　　麦積山石窟は中国甘粛省天水市にある、5 世紀に開鑿が始められたとされる石窟寺院である。

1940 年代からその保護が始められており、1970 年代から壁画や塑像といった石窟芸術の修復事業や崖面の大規模な強化工事が行われている。それらの修復や工事は麦積山石窟を保護していくために必要不可欠な処置でありいたしかたないことではあるが、それらの人為的な工作が行われたことで、その様相に変化が生じたことも事実である。しかし麦積山石窟においては幸いなことに1950、1960 年代にまとまった数の写真が撮影され、以下の三冊の本として出版されている。

- 名取洋之「麦積山石窟」岩波書店 1957 年（撮影は1953 年）
- 文化部社会文化事業管理局編印「麦積山石窟」1954 年
- Michael Sullivan "THE CAVE TEMPLES OF MAIJISHAN" University of California Press 1969 年

　これらの中には周辺地域や麦積山の山頂部や崖面、麦積山の麓にあった瑞応寺の様子に加え、約70の洞窟の内部が撮影されており、当時の塑像や壁画の様子を垣間見ることができる①。以下ではこれらの古写真を用いて、半世紀前の保存状態、半世紀間における変化およびその要因の考察、古写真に見られる考古資料の復元的考察を行う。

2. 半世紀前の保存状態

A. 崖面

　麦積山崖面の中央部を中心として激しく崩壊しており、多くの洞窟の前部が失われている様子が見られる（図1）。西端部と東端部に木製の桟道が見られるものの、東西を結ぶ桟道は存在せず、中央部を中心として到達することが困難であった洞窟が数多く存在したことが分かる。これは上記三冊の本において中央部の洞窟を撮影した写真がほとんどないことからも知ることができよう。

図1　麦積山石窟外景（1950 年代）

---

①　三冊の図版のいずれかに内部の様子が収められている窟の番号は、1、4、5、9、10、12、13、14、15、20、22、26、27、28、30、31、33、35、36、37、42、43、60、62、64、69、70、71、74、76、81、82、83、84、85、87、90、92、93、94、97、98、100、101、102、105、108、112、114、115、117、120、121、122、123、126、127、128、131、135、138、140、141、154、155、160、161、162、165、169、190、191である。

図2　麦積山石窟外景（2007年）

B. 洞窟

　　崖面に無数にあけられた洞窟を見ると、一部を除いてそのほとんどに扉は存在せず、塑像や壁画もむき出しな状態で放置されているものも数多く見られ、外環境の影響を直接に受ける厳しい環境下に置かれていたことが理解される。特に崖面の中央部は崩壊が激しく、窟の全壊・半壊している様子が見て取れる（図3）。また洞窟内に小動物の排泄物と思われる物体が床面に蓄積するなど、長い間放置されていた様子を窺い知ることができる。

図3　麦積山石窟中央崖面（1950年代）

図4　麦積山石窟中央崖面（2007年）

C. 塑像・壁画

　　数多くの塑像が撮影されているが、そのほとんどが何らかの損傷を受けている。特に胴体にはめ込んである首部・腕部などの損傷が激しく、接合点にひび割れが見られたり、首部や腕部自体が取れているものも散見される（図5、7）。また窟内下部に小動物の排泄物などが堆積していたためか、足部の損傷が目立つ。その他にも固定されることなく放置される塑像が数体見られる。

図5　第4窟前室右壁力士像（1950年代）

図6　第4窟前室右壁力士像（2007年）

図7　第85窟右壁菩薩像（1950年代）

図8　第85窟右壁菩薩像（2007年）

　　壁画の古写真は塑像のそれに比べると少ないものの、図像が描かれている部分を中心に撮られている。それらの写真からは、壁土の脱落、亀裂、岩体との間の生じた空洞などが確認される（図9、11）。

3. 半世紀間に生じた変化

　　次に古写真と現在の状況を比較することで、この半世紀間に生じた変化について見ていく。これらの変化が生じた要因について考察を進めると、その変化は人が物理的に手を加えた「人為的な変化」と自然現象が原因となった「自然的な変化」の二つに大きく分類することができる（表）。

表：古写真との比較から見られる変化

変化の種類		主な窟、箇所	特徴・備考
人為的	岩体の補強	崖面全体	1978～1984年に行われた岩体強化工事により桟道などが整備された。洞窟や臍穴などが隠される。
	亀裂の補強	4、5、60、100、121、131など	岩体に入った亀裂をエポキシ系樹脂に紅土を混ぜた材料で塞いでいる。
	壁面の修復	4、14、36、43、69、70、71、74、83、85、92、105、133、135、165、169、191	壁画自体に手は入れられておらず、壁土の補強が中心である。材料には主に土、砂、麻片の混合した泥土が用いられている。箇所によって色合いの違いが見られる。
	彫像の修復	4、13、14、27、36、69、85、98、100、102、121、122、123、133	首部など脆弱な部分の補強や脚部の固定など、応急処置的な修復が多く見られる。また解体修理や復元的な修復も行われている。
	落書き	28	文字の落書きが見られる。
	彫像の移動	84、100 → 102、105、108、133	劣化の進行や修復などにより、像の移動や配置換えが行われている。
	彫像の喪失	26、90、135、162、瑞慶寺	古写真で見られるが、現在見られない彫像が存在する。国外にあるものもあるが、行き先が不明なものもある。
自然的	壁土の脱落	94、100、127、133、135など	壁土が脱落し、岩体が露出している。比較的多湿な大型窟、あるいは岩体からの水分の供給が見られる窟において顕著であり、水分の影響が大きいと考えられる。特に壁面の上部部分がなくなっている場合が多い。
	壁土の剥落	4、5など	壁土の上部層が剥落。外部などに露天状態になっているものに多く、風雨などの環境的因子が大きいと考えられる。
	彩色層の剥落	12、60、135など	広範囲ではないが、所々で彩色層が剥がれている。
	壁土の亀裂	127、133など	要因については個々の箇所で再度検討が必要である。
人為的 or 自然的	影塑像の落下	122、126、133	壁面に貼り付けられた影塑像が落下。貼り付け直されたものも見られる。人為的に外された可能性も否定できない。
	塑像の欠損	15、121、133、135、165	塑像の手部や頭部など、一部に欠損が見られる。人為的か自然的かの判断は付けられない。

A. 人為的な変化

　麦積山石窟における半世紀の変化を観察すると、まず目にとまるのがその崖面の様子が一変した点である。先にも述べたように1950、60年代の写真では、麦積山崖面の中央部分を中心に大きく崩壊している様子を確認することができるが、現在は崩壊した様子を見ることはできず、遠くから見ると非常に平滑な面に見える（図1、2）。これは1978年から1984年にかけて行われた崖面の補強工事に伴うもので、崖面の中央部には鉄のアンカーが打ち込まれ表面にコンクリートが施され、崖面の違和感を軽減するためにコンクリートの表面には土を用いた古色付けが行われている。また元々の木製桟道が取り除かれ、新たにコンクリート製の桟道が設置されたことも確認される（図3、4）。これら整備により、崖面を横断する桟道が崖面の上部と下部に通され、ほとんどすべての窟に到達することが可能になった。また窟の前に木製あるいは鉄製の扉が設置されたり、雨よけの庇が設けられたことも確認できる。ただしこの補強工事によって失われてしまったものも少なからず存在する。この点については別の項目で述べる。

　窟内における人為的な変化として最も多く観察されたものに、修復事業による変化が挙げられる。麦積山石窟では1970年代から壁画や塑像を中心とした修復事業が開始されており、古写真との比較によりどういう状態の箇所にどのような修復が行われたかを知ることができる。塑像に見られたる主な修復処置としては、首部亀裂の補強や脚部の固定といった応急処置的な修復の他に、第13窟摩崖仏や第85窟左壁如来像の裾裳下部のように欠損箇所に新たな材料を加える復元的な修復も見られる（図5～8）。一方壁面の修復では、壁画の彩色層に修復を加えた例は見られず、そのほとんどが壁土を岩体に固定させる処置である（図9、10）。壁画の修復方法には、

図9　第135窟正壁壁画（1960年代）

図10　第135窟正壁壁画（2007年）

壁面の岩体が露出している箇所全体に修復用泥土を施す方法と、壁土の周辺部のみに泥土を施し固定する方法の二種類が看取される。この違いは時期による修復理念・方法の変遷を示すものとして興味深い。その他にも壁画への落書きや塑像の移動、喪失など、人為的な理由により変化したと箇所が見られた。

　B.　自然的な変化

　　古写真との比較から観察された自然的要因による変化と推定されるものに、壁土の脱落、壁土の剥落、彩色層の剥落、亀裂がある。これらはこの半世紀に起きた変化であることから、進行性の劣化ということができるだろう。

　　第4、94、127、133、135窟などのいくつかの窟では大面積の壁土の脱落が見られる（図11、12）。これらの窟の多くは岩体から水が滲みだすなど、比較的湿度が高い環境下にあることから、岩体から供給される水分が劣化要因のひとつとして考えられる。これについてはコンクリートで崖面を補強したことで雨水などの逃げ道が閉ざされ、水分が岩体内に溜まりやすくなったこととの関係が指摘される。また第4窟前部の壁面などでは壁土表面層の剥落が顕著にみられる（図13、14）。第4窟の前部は窟の外にある露天の環境にある為、外部環境の影響を受けやすく、風雨といった環境因子が劣化を促進させたと推測される。

　　その他、壁面に貼り付けられた影塑像の落下や塑像の手部、頭部が欠損するなどの変化が見られた（図15、16）。これらの要因が人為的であるか自然的であるかの判断は難しい。

図11　第94窟全景（1950年代）

图 12　第 94 窟全景（2007 年）

图 13　第 4 窟前室天龙八部众（部分）（1950 年代）

图 14　第 4 窟前室天龙八部众（部分）（2007 年）

图 15　第 126 窟内部（1950 年代）

图 16　第 126 窟内部（2007 年）

4. 考古資料の復元

　崩壊しかけていた岩体が補強し、より安全な桟道を整備するなど、前術した崖面の大規模な工事は、多くの危険を孕んでいた麦積山石窟にとってその保護を行う上で非常に重要な工程であったことは間違いない。この工事が行われたことで、多くの窟に安全に行くことが可能になったことは紛れのない事実である。ただしこの工事に伴い失われた洞窟や枘穴が多数あったことも指摘せねばならない。

　工事が行われる以前の古写真を観察すると、現在コンクリートに覆われている部分に洞窟や桟道が存在していたことが分かる。例えば東崖の第 4 窟の下部は広い面積がコンクリートで覆われているが、古写真から数多くの枘穴の存在が確認できる（図 17）。ここには数多くの枘穴が散見され、多くのものには規則性が見られ、元々ここには桟道や像が造られていた可能性も考えられる①。また崖面に壁土が残存する箇所が見られることから、洞窟の内部だけではなく、崖面にも泥土を塗り、壁画を描いていた可能性も指摘できる。

　古写真からはその他にも壁面の修復の際に覆われた掘り跡や枘穴、現在洞窟内部に見られない彫像などを確

図 17　麦積山石窟東崖面（1960 年代）

　①　筆者は北周代の文献中にみられる「七仏龕」に再度注目し、第四窟下部に見られる枘穴と「七仏龕」との関係について考察を行った。（末森薫「天水麦積山石窟東崖面の復元的考察 -「摩崖七仏」の発見と「七仏龕」の再考」111～113 頁（『中国考古学第9号』2009 年））

認することができた。古写真から得ることのできるこれらの情報は麦積山石窟の文化遺産としての価値を考える上でも重要な要素となるであろう。

5. 今後の課題

　今回の比較では、半世紀間に見られる変化の分類、進行性の劣化要因の推定を行った。今後現在継続して行っている環境調査や劣化箇所のモニタリングと併せて考察を進めることで、どのような保存・修復が必要とされているかが明らかにされることが期待される。また今回扱った古写真以降に撮影された画像資料などをデータベース化していくことで、情報の蓄積を行うと同時に、壁画・彫像に見られる劣化の進行速度・度合いや過去に行われた修復履歴の詳細を明らかにし、今後の保存・修復に活用していきたい。

　＊本内容について、2008 年 5 月に福岡県太宰府にて行われた「文化財保存修復学会第三十回記念大会」にてポスター発表を行った。

　［図の出典］

　図1、3、5、11、13：名取洋之「麦積山石窟」岩波書店 1957 年（撮影は1953 年）

　図9、17：Michael Sullivan "THE CAVE TEMPLES OF MAIJISHAN" University of California Press　1969 年

　図7、15：文化部社会文化事業管理局編印「麦積山石窟」1954 年

　図2、4、6、8、10、12、14、16：麦積山石窟芸術研究所提供。

　　　　　　　　　　　　　　　　　　　　　　　　　　　　　　　　本节作者：末森熏

第五章　麦积山石窟壁画相关调查研究

一、麦積山石窟壁画片の調査－壁画の材料・構造

1. はじめに

　筑波大学と麦積山石窟芸術研究所は、2005 年より麦積山石窟の保存・保護に関する共同研究を開始し、その一環として壁画片 9 点について調査・分析を行った。調査は中国側の専門家と共に日本で行い、壁画片の状態調査、クロスセクション作成及び顕微鏡観察による構造調査、蛍光 X 線分析による材質調査、分光測色計を用いた測色調査を実施した。本稿では調査によって得られた壁画片の材料・構造の特徴について報告する。

2. 壁画片の概要

　壁画片は麦積山石窟第 4、20、36、74、87、100、127、148、160 窟の各石窟内において剥落していたものであり、北魏を中心として南北朝の各時代のものを含む。小さな破片であるため、残念ながら窟内のどの部分の将来であるかを特定することはできず、どのような図像が描かれていたのかを特定することも困難な状態にある。

　麦積山石窟の壁画はこれまで敦煌研究院などによって調査が行われており、使用顔料や壁画の構造・材料などについて報告されている[①]。

3. 壁画片の調査

　a. 第 4 窟（図 1）

　第 4 窟は北周時代に造営が開始され、唐・明代に重修された窟とされる。この窟は建築を模して造られており、大きく前部と七つの部屋を持つ後部に分けることができる。壁画は前部、後部共に描かれているが、前部には造営当初に造られたと思われる壁画が残存するが、後部の壁画は後代に重修されたものである。今回調査した壁画片は表面が黒色化する特徴から見て、おそらく後部に存在した壁画であったと考えられる。

　その構造は、彩色層、下地層、下塗り層（一層）である。第 4 窟後部の壁画は元々の壁画の上に新しい壁画が重修されており、本壁画片もその部分にあたると可能性が高い。元々の壁画の下地に彩色が施されなかった、あるいは彩色が脱落した可能性が推定される。

　彩色層には若干の赤色、白色が残るものの、大部分が黒色化している。表面層からはカルシウム［Ca］の検出が最も顕著であったものの、わずかながら鉛［Pb］も検出されており、元々は鉛を含む鉛丹などの色料が塗られていた可能性が示唆される。ちなみに表面の一部に残存している赤色からは

---

① 李最雄「丝绸之路石窟壁画彩塑保护」科学出版社　2005 年

より強い鉛の反応が得られている（図2）。また壁画片の側面部に水銀［Hg］を含む赤色色料（朱色）が見られるが、段面部分に見られることから壁画や塑像などに後補を加えた際に付着したものと思われる。その他黒色化した彩色の上部に若干の白色部分が見られるが、この部分に紫外線を照射すると青色あるいは黄色の蛍光を発する。この蛍光が色料由来かあるいは膠着剤由来かは分からないが、麦積山石窟の壁画を対象に行った光学的調査においても同様の反応が見られることは興味深い。

図1　004 壁画片（測定点入り）

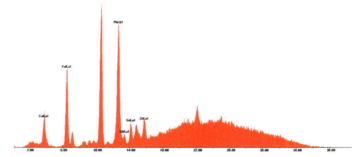

図2　第4窟 XRF 測定結果

b. 第20窟（図3）

　第20窟は西魏の造営であり、壁画の重修は見られない。近年、正壁と右壁の隅から壁面から落ちた壁画片が大量に見つかっており、本壁画片もそのうちのひとつである。その構造は彩色層、下地層、下塗り層（二層）であり、上部の下塗り層には大量の麻片、下部の下塗り層には藁スサ片が含まれる。

　彩色層には青色、黒色、白色、灰色が確認される。青色の淵部分には黒色の輪郭線らしきものが見られ、明らかに何かの図像が描かれていたことが分かる。その形状からおそらく天衣あるいは衣服であった可能性が高いと考える。

　蛍光X線分析により、青色部分からは鉄［Fe］、砒素［As］、カルシウム［Ca］等が検出されたが、銅［Cu］は検出されなかった（図4）。また同じ箇所を実体顕微鏡で観察する青色と白色の粒子が含まれていることが確認できる。古代中国の壁画では、石青と並んで青金石（ラピスラズリ）が青色として使用されており、その特徴として白色成分が混じることが知られていることから、この青色色料は青金石である可能性が高い。黒色部分からは鉛［Pb］が検出されており、元々は赤色（鉛丹）あるいは白色（鉛白）であったものが黒色化したと考えられる。また白色部分からも強い砒素［As］が検出されているが、現在のところその由来および使用色料については特定できていない。

図3　第20窟壁画片（測定点入り）

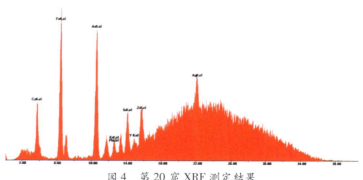

図4　第20窟 XRF 測定結果

c. 第36窟（図5）

　北周窟とされる第36窟は、前部が崩壊している為壁画の多くが失われているが、重修などは見られない。彩色層、下地層、下塗り層（1層）の構造を持つが、他の片に比べ麻入りの下塗り層が極端に薄いという特徴を持つ。

　彩色層表面には薄緑、黒に近い濃緑、白色を確認することができる。薄緑、濃緑からは共に銅が検出されている（図6）。濃緑の下部には緑色顔料の粒子が確認されることから、鉱物由来の石緑（孔雀石、マラカイト）が使用されたと推定される（図7）[1]。壁画片中心部の白色物質については元素を特定することはできなかったが、365nmの紫外線を照射すると青っぽく蛍光を発すること、また目視観察から色料として塗られてのではなく、後から付着した形態であることが確認できることから、小動物の排泄物など液体状の物質が付着したものと推察される。

図5　第36窟壁画片（測定点入り）

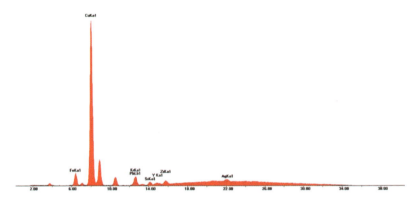

図6　第36窟 XRF 測定結果

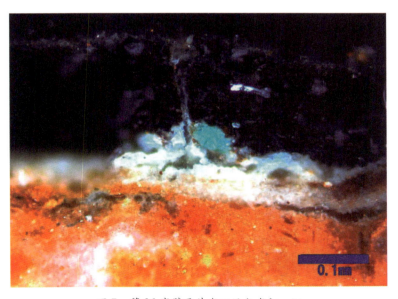

図7　第36窟壁画片クロスセクション

---

　[1]　彩色層の内部にのみ、鮮やかな緑色の粒子が残されている点は興味深い。鉱物由来の石緑は比較的安定であり、鮮やかな色合いが残される壁画が散見される。この濃い緑色が、元々意図されて施されたものなのか、あるいは何らかの変化が加えられてのかについては、今後の研究を待ちたい。

　　d. 第74窟（図8）

　　麦積山石窟における最早期窟のひとつである第74窟の造営は後秦とも西秦とも言われ、研究者によっては北魏まで下げるものもいる。

　　その構造は彩色層、下地層、下塗り層（1層）と他の窟にも見られるものであるが、他の壁画片と比べ彩色層が厚いという特徴を持ち、一部を除き緑色がべた塗りされている。分析結果からは銅［Cu］検出されており、実体顕微鏡の観察から緑と茶の粒子が混在する様子が見られることから、鉱物由来の石緑（孔雀石、マラカイト）であると推定される（図9）。また粒子は大小様々な大きさのものが混じっており、色料を作成する際に粒度をそろえるという工程を経ていないことが分かる（図10）。この原始的な色料作成技術は麦積山石窟の早期において限定的に使用されていたと考えられ、他の壁画片の色料作成技術とは一線を画している。この技法的変遷過程は非常に興味深く、他の地域の壁画を含め、今後比較研究を行っていく必要があろう。

図8　第74窟壁画片（測定点入り）

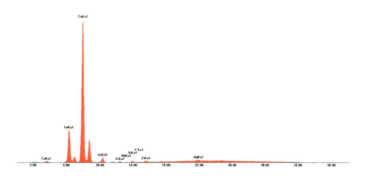

図9　第74窟 XRF 測定結果

図10　第74窟壁画片クロスセクション

　　e. 第87窟（図11）

　　第87窟は北魏後期の窟であり、窟内の壁画や塑像は煙の影響のためか、真っ黒である。本壁画片もその例外ではなく、表面全体が黒色を呈している。その構造は彩色層、下地層、下塗り層（2層）

と思われるが、彩色層と下地層の境目は明確ではない。上部の下塗り層には大量の麻片、下部には藁スサ片が含まれる。表面に彩色は残されておらず、蛍光 X 線分析でも色料由来と思われる元素は確認できなかった（図12）。またクロスセクションにおいても表面の黒色層の下部に彩色を認めることはできなかった。

図 11　第 87 窟壁画片（測定点入り）

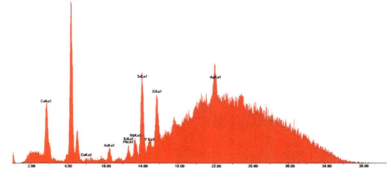

図 12　第 87 窟 XRF 測定結果

f. 第 100 窟（図 13）

　北魏前期に位置付けられる第 100 窟も、第 87 窟と同様に窟全体が黒色を呈しており、この壁画片も表面も黒色化している[①]。その為彩色層および下地層の有無の判別は難しい状況にあり、蛍光 X 線分析の結果からも色料由来と思われる物質は検出されなかった（図14）

図 13　第 100 窟壁画片（測定点入り）

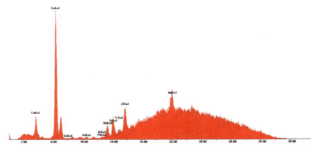

図 14　第 100 窟 XRF 測定結果

　クロスセクションを見ると表面がでこぼこであることが分かり、表面の黒色化した物質は塗られたというよりも付着しているという印象を与える。下塗り層は一層しか確認できず、その特徴としては植物片として比較的大きな藁スサ片を多く含んでいる点にある。この窟よりも早い開鑿とされる第 74 窟と同じく 1 層の下塗り層であるが、第 74 窟のものより空隙率が高く、すかすかで柔らかい印象を受ける。この技術的な差は両窟の関係を考える上で興味深い。

g. 第 127 窟（図 15）

　北魏後期とも西魏とも考えられている第 127 窟は、麦積山石窟の中でも大きい窟に属し、その壁

---

① ただし窟内に現存する壁画を目視観察する限り、緑色部分のみその色味を残す箇所が確認される。

画の面積の広さは他の窟を凌駕する。その内容も豊かなことから非常に重要視される窟であり、美術史の分野ではしばしば敦煌莫高窟の壁画などと比較される。

図15　第127窟壁画片（測定点入り）

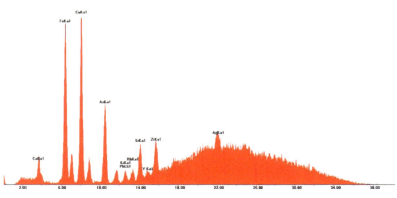

図16　第127窟 XRF 測定結果

　その構造は明確であり、彩色層、下地層、下塗り層（2層）に分かれる。上部の下塗り層には麻片が多く含まれ、下部には藁スサ片が含まれる。麻片を多量に含む点は、北魏後期に属する第87窟や西魏の第20窟と共通する点であり、3つの窟の年代差が近いことを示すひとつの根拠として捉えられると同時に、北魏後期から西魏にかけては壁土を造る統一された技術があったことを想起させる。

　彩色には青色、緑色、薄緑色、白色が見られ、青色と緑色からは銅［Cu］が検出されているころから、それぞれ石青（藍銅鉱、アズライト）と石緑（孔雀石、マラカイト）であると考えられる。第74窟に用いられた石緑と比べ、その純度は高く、また粒度も統一されている（図17）。

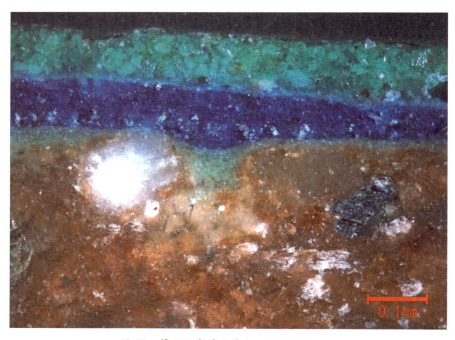

図17　第127窟壁画片クロスセクション

　　薄緑色部分からは銅の他、鉄［Fe］、砒素［As］、カルシウム［Ca］等が検出されている（図16）。この壁画片に紫外線を用いた調査を行ったところ、薄緑色の部分は365nmの紫外線では蛍光反応を示さないが、254nmの紫外線では青い蛍光反応を示した（図18、19）。この現象は第76窟において行った壁画の光学的調査にて青色部分に254nmの紫外線を照射した時の反応と類似しており興味深い（光学調査の項を参照）。この蛍光反応の由来を特定することは、麦積山石窟壁画に用いられた材料を知る上での大きな手掛かりとなろう。

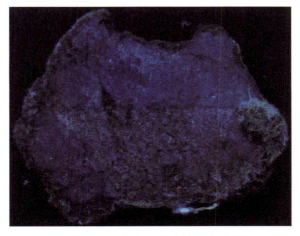
図18　第127窟壁画片 紫外線蛍光［254nm］

図19　第127窟壁画片 紫外線蛍光［365nm］

h. 第148窟（図20）

　　北魏前期に属するとされる第148窟は、前部が崩壊しているものの彩色がきれいに残されている。

　　本壁画片の構造は彩色層、下地層、下塗り層（2層）であり、上部下塗り層には麻片、下部下塗り層には藁スサ片が含まれる。第100窟と同じ時期に造営されたとされるが、下塗り層の造り方において違いが看取される点は興味深い。

　　また彩色には茶色とピンク色が見られ、共に鉛［Pb］を検出している（図21）。茶色部分には顕微鏡観察において赤系色料の粒子が観察されており、元々は赤みが強かったことが推測される。他の壁画片では鉛を含む彩色は黒色化する傾向にあるが、この窟ではそこまでの黒色化は見られない特徴がある。

図20　第148窟壁画片（測定点入り）

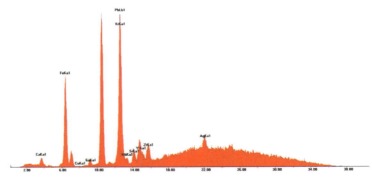
図21　第148窟 XRF測定結果

i. 第160窟（図22）

　第160窟は北魏代に造営され、隋代に重修されたとされる窟であり、同一の壁面に二つの異なる図案が描かれていることを見ることができる。

図22　第160窟壁画片（測定点入り）

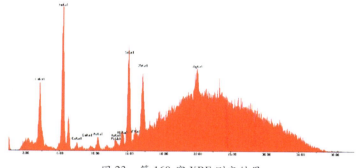

図23　第160窟 XRF 測定結果

　壁画片の構造は下地層、彩色層、下地層、下塗り層（2層）であり、上部下塗り層には大量の麻片が、下部下塗り層には藁スサ片が混ぜられている。この下塗り層の特徴は先にあげた北魏後期から西魏に属する第20、87、127窟などと共通しており、同じ時代に造られた可能性を想起させる。この壁画片の特筆すべき点は、下地層を二層持ち、その間に彩色層が存在する点である。この層には目視にて青色の粒子がまばらに存在することが確認され、一見白色に青色色料が混入しただけのようにも観察されるが、クロスセクションでみると、白い下地の間に挟まれる形で青色の層が挟まれていることが分かる（図24）。

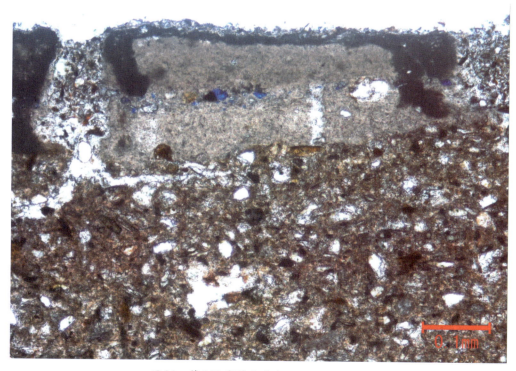

図24　第160窟壁画片クロスセクション

　二つの下地層に対して蛍光 X 線分析を行ったとこと、双方ともに Fe、Sr、Zr、Ca を含む類似した
ピークを表した（図 23）。このことから、両下地に使用された材料は類似していたと考えることがで
きる。またその厚さも近似しており、およそ 0.08 から 0.11mm であった。第 87 窟壁画片の下地層にも
ある程度の厚みがあるものの、その他の壁画片と比べると明らかに厚く、この下地層は第 160 窟壁画
片の持つ大きな特徴と言える。

4. 調査のまとめ

1）壁画の構造

　壁画片の目視観察および微量試料採取によるクロスセクション作成により、壁画片の構造を観察
した結果、麦積山石窟の壁画は基本的に彩色層、下地層、下塗り層で作られていることが明らかとな
った。これは中国の他地域や中央アジアの石窟に見られる壁画の構造と類似する特徴である。壁画片
の中には彩色層、下地層が消失してしまったもの、彩色層あるいは下地層が重ねて塗られているもの、
下塗り層が二層確認できるものも見られた。各層の厚さや層の表面・境界面の平滑さは各壁画片によ
り異なっており、時代や窟ごとの技法的な差異を認めることができる（表 1）。

表 1　麦積山石窟壁画片の概要

窟番号	時代		層構造	彩色層厚さ（mm）	下地層厚さ（mm）	下塗り層の材料
	原作	重修				
4	北周	唐、明	彩＋下地＋下塗り 1 層	0.01〜0.02	0.01〜0.04	麻入り泥
20	西魏	—	彩［重］＋下地＋下塗り 2 層	0.03〜0.1	0.01〜0.02	麻入り泥、藁スサ入り泥
36	北周	—	彩［重］＋下地＋下塗り 1 層	0.01〜0.15	0.02〜0.06	麻入り泥
74	後秦、西秦	北魏	彩＋下地＋下塗り 1 層	0.2〜0.3	0.1	麻入り泥
87	北魏	—	彩＋下地＋下塗り 2 層	0.04〜0.05	0.06〜0.12	麻入り泥、植物片入り泥
100	北魏	—	（彩）＋（下地）＋下塗り 1 層	0.02		麻入り泥、藁スサ入り泥
127	北魏	—	彩［重］＋下地＋下塗り 2 層	0.02〜0.2	0.02〜0.03	麻入り泥、藁スサ入り泥
148	北魏	—	彩［重］＋下地＋下塗り 2 層	0.02〜0.03	0.03〜0.04	麻入り泥、藁スサ入り泥
160	北魏	隋	（彩）＋下地＋彩＋下地＋下塗り 2 層	0.01〜0.02	0.08〜0.11	麻入り泥、藁スサ入り泥

※　彩：彩色層、下地：下地層、下塗り：下塗り層をそれぞれ表す。
※　時代は『麦積山石窟誌』（甘粛人民出版社 2002 年）による。後秦（384 – 417 年）、西秦（385 – 431）、北魏（386 – 534）、西
魏（534 – 556）、北周（557 – 581）、隋（581 – 619）、唐（618 – 907）、明（1368 – 1644）

2）壁画の材料

　下塗り層の主要構成物は、粘土、砂、植物片であり、含まれる植物片の種類、砂の粒子の大きさ
などにそれぞれ特色が見られた。蛍光 X 線分析によると、どの壁画片の下塗り層からも土に多く含ま

れる鉄［Fe］、ジルコニウム［Zr］、ストロンチウム［Sr］が検出された、第127窟壁画片の下塗り層にのみ砒素［As］が含まれていることが認められた。下塗り層は一層ないし二層であり、一層のものは第74窟や第100窟など早期のものに見られた。また下塗り層に使用された材料には土、砂の他に、細かい麻片、藁スサ、籾殻、木片などの植物片が観察された。

　彩色層には、青系、赤系、緑系、茶系、黒系、白系の色が観察され、蛍光X線分析、測色調査を行った結果、表2に示すような結果が得られた。青系色料には銅［Cu］を含むものと含まないものの2種類があり、双方ともに粒子を確認することができることから天然鉱物由来であることが確認でき、前者が石青（藍銅鉱、アズライト）、後者が青金石（ラズライト）と推測される。また緑系からも銅［Cu］が検出されており、粒子が確認できることから天然鉱物由来の孔雀石（マラカイト）と推定される。一方赤系・茶系色料からは鉛［Pb］、鉄［Fe］、水銀［Hg］が検出されており、それぞれ鉛丹、鉄紅、水銀朱である可能性が考えられる。また白色部分のほとんどからカルシウム［Ca］が検出されているが、第20窟、第127窟では砒素［As］が検出されており興味深い。

表2　色料の分析結果

窟番号	色	主な含有元素	色量			推定色料
			L*	a*	b*	
4	黒（変色?）	Pb	29.6	6.95	8.42	鉛丹
4	赤	Hg				朱
4	白	Pb,	70.61	1.08	7.33	鉛白
20	青	Fe, As, Ca	54.37	-0.05	-7.49	青金石
20	黒（変色?）	Pb	47.29	1.73	4.52	鉛系顔料
20	白	As,	61.02	4.79	14.25	
36	緑	Cu, Fe	45.25	2.49	10.87	石緑（孔雀石）
74	緑	Cu, Fe	43.89	-6.1	9.26	石緑（孔雀石）
87	黒（変色?）	Fe, Sr, Zr, Ca	31.85	1.05	2.7	
100	黒（変色?）	Fe, Ca	33.32	1.57	4.57	
127	青	Cu, Fe	58.22	-3.17	5.35	石青（藍銅鉱）
127	緑	Cu, Fe	54.72	-2.81	2.83	石緑（孔雀石）
148	茶（赤）	Pb, Fe	48.51	5.12	8.9	鉛丹
160	白	Fe, Sr, Zr, Ca	79.04	3.12	15.07	Ca系顔料

　＊本内容の一部について、2007年6月に静岡県静岡市にて行われた「文化財保存修復学会第29回大会」にてポスター発表を行った。

［図・表］
本稿で使用した写真画像、分析データは、全て本共同研究の中に取得あるいは加工したものである。

参与調査：魏文斌　馬　千　董広強　岳永強　松井敏也　末森熏
執筆：松井敏也　末森熏

二、麦積山石窟壁画の光学調査

1. はじめに
本共同研究においては、壁画の調査および保存がひとつの課題として挙げられた。別項では、麦積山石窟の壁画小片に対し、様々な科学分析を行い、その材料や構造に関する調査を行ったが、それらの結果は麦積山石窟に見られる壁画のごく一部を対象としたものであり、麦積山石窟全体の壁画に適応できるわけではない。現状では広範囲の壁画に対して同様の科学的な分析を行うことはできず、また微量であるにせよ破壊を伴う科学分析は、保存の見地からみて必ずしも必要とされるわけではない。そこで現場において簡易にできる非破壊調査によって、壁画の保存・劣化状態の把握、使用材料の特性の把握、制作技法・彩色技法の把握など、今後の保存・修復の作業に対して有用な情報を提供することを目的に本調査を実施した。

2. 調査方法
調査には正常光写真法、赤外線写真法、紫外線蛍光写真法を用いて図像を取得し、その解析を行った。調査に用いた主な機材は以下のものである。

【光学調査機材】
- UVランプ（254nmと365nm、切り替え可能）
- 紫外線蛍光写真撮影用フィルター（KODAK、Wratten Gelatin Filter No. 2E）
- 赤外線写真撮影用フィルター（KENKO、Filter R – 64）
- デジタル一眼レフカメラ（NIKON、D40x）
- レンズ（NIKON、AF – S DX ズームニッコール ED 18 – 55mm F3. 5 – 5.6G II）

正常光写真法では、基本的にデジタルカメラに付属するフラッシュ光を用い、壁面の正面から均一に光があたるように撮影した。赤外線写真法ではフラッシュあるいは修復で使用されるタングステンランプを光源に用い、レンズに赤外線撮影用のフィルターを装着し、可視光より長い波長の光を遮断することで図像を撮影した。また紫外線蛍光撮影法では、ある特定の物質が紫外線を照射することで励起し、蛍光反応を示す現象を利用し、254nmと365nmの紫外線波長を照射できる携行型のUVランプを用いて紫外線を壁面に照射し、壁面上の特定の物質が発する紫外線蛍光を撮影した。カメラレンズには紫外線カットフィルターを装着することでレンズ内に入る紫外線を遮断した（図1）。

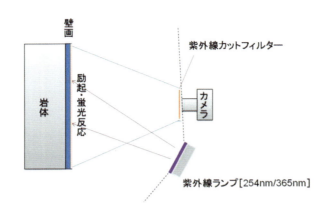

図1　紫外線蛍光写真撮影法 模式図

本調査では太陽光や自然光の影響を最小限に抑えるために基本的には夜間に撮影を実施した。昼間に撮影を行う場合は、暗幕で窟の入口を塞ぎ太陽光の影響をできるだけ排除した。

3. 調査対象窟の設定

調査の対象窟としては、壁画の残存状態、特に彩色の残りが比較的良い窟を中心に選定し、第70、71、74、76、78、114、115、120、121、141、160窟の各窟で調査を実施した。第76窟を除く他の窟はすべて2007年10月に撮影し、第76窟のみ2007年12月、2008年10月にも追加で調査を行った。

4. 調査結果

A. 赤外線写真に看取される成果

赤外線写真では、炭素を含む墨線などを鮮明に観察することができた。題箋部の文字など可視では見えなくなっている箇所などを看取できることが期待されたが、新しい情報を抽出するには至らなかった。

デジタルカメラに取り付けられたCCDは、赤外線領域を遮断するように加工されているものが多い。また赤外線領域がある赤外線を用いた撮影では、特殊なフィルターを用いてその領域を段階的に区切ることにより材料の同定が可能になることが知られていることから、今後より厳密な赤外線撮影を行うことで、今回は看取されなかった新たな情報が導き出されることが期待される。

B. 紫外線蛍光写真に看守される成果

ある特定の物質は、紫外線のエネルギーを吸収することで電子が励起し、蛍光を発することが知れられる。その特徴を利用し、正常光では観察することのできない情報を得ることを試みた。

1）題箋部の蛍光反応

麦積山石窟の壁画には、題箋と呼ばれる文字を記す部分があり、多くの場合白色顔料で短冊形の四角が描かれる。本光学調査の対象窟では、第76、78、120、121、160窟などに題箋が描かれるが、そのほとんどに青色系あるいは黄色系の蛍光反応を観察することができた（図2～7）。この蛍光の由来を特定するには至っていないが、題箋部分には仏名や供養者の名が墨書で記されたと考えられ、墨書を滲まずに記すために、何らかの滲み止めが施された可能性を推測している。現在でも紙に明礬や膠などで滲み止め（絶縁層）が施されており、それらも紫外線蛍光反応を示すことが知られる。第76窟の台座下部には数列から成る文章が記されているが、その箇所から広範囲に亘る蛍光反応が見られたことは興味深い（図8、9）。

图 2　第 120 窟正壁　正常光　　　　　　　　　　図 3　第 120 窟正壁　紫外線蛍光［365nm］

图 4　第 160 窟右壁　正常光　　　　　　　　　　図 5　第 160 窟右壁　紫外線蛍光［365nm］

图 6　第 121 窟正壁（部分）正常光　　　　　　　図 7　第 121 窟正壁（部分）紫外線蛍光［365nm］

図8　第76窟台座　正常光

図9　第76窟台座　紫外線蛍光［365nm］

2）図像・彩色の確認

　北魏時代に造営された第114窟の壁画には、何回かに亘って描き直しが行われている様子を確認することができる。正壁主仏の両側には、赤い色料で四角が描かれており、その中に文字が記されているが、その下部には元々何らかの図像があった痕跡が見られ、左壁側に供養者の像が描かれていることを薄っすらと確認することができる。しかし右壁側は完全に赤い四角で覆われているため、目視観察で何が描かれていたかを確認することは難しい。この部分に紫外線を照射したところ、左壁と同じ構図の供養者像が描かれていた様子が浮かびあがった（図10、11）。

図10　第114窟正壁　正常光

図11　第114窟正壁　紫外線蛍光［365nm］

　またこの手法は、退色や変色などにより見えにくくなった彩色部分を強調する手段としても有効である。例えば第133窟の天井画では、下絵線のみが残る龍の図像の眼部に目視では観察することが難しい円形の蛍光反応を確認することができた（図12～14）。より接近した観察を行えば目視でもあ

る程度確認することができるかもしれないが、この窟は天井まで数メートルあり近距離で目視観察を
行うことは難しい。また広範囲の情報を一括して取得できるという点も、紫外線蛍光反応を用いた調
査手法の大きな利点であると言える。

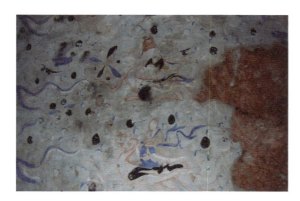

図12　第133窟天井

図13　第133窟天井　紫外線蛍光［254nm］

3）使用材料の特定、把握

　紫外線波長により異なる蛍光反応を示す特徴を利用することで、材料によっては、その特徴の把
握を行うことができる。例えば、第76窟の壁画に254nmと365nmの紫外線を照射したところ、青色部
分では365nmでは何の蛍光反応も示さなかったが、254nmでは非常に強い青色の蛍光反応を示した。こ
のことから青色部分に365nmでは蛍光しないが、254nmの波長において蛍光を発する物質が含まれてい
ることを確認できる（図15～17）。同じ現象は第133窟の天井画などからも確認される（図13）。

図14　第133窟天井　紫外線蛍光［365nm］

図15　第76窟天井

図16　第76窟天井　紫外線蛍光［254nm］

図17　第76窟天井　紫外線蛍光［365nm］

　　この蛍光反応の由来が、色材にあるのか、膠着剤であるのか、あるいは劣化による物質の変化によって生じたものなのかなど明らかにしなければならない課題は残されるが、このような現象を用い、材料の特定や麦積山石窟における彩色材料の特徴、時代ごとの使用色料の特徴などをより詳細に把握できる可能性がある。

　　4）劣化状態の把握

　　第76窟の天井に描かれた壁画に紫外線（365nm）を照射したところ、天井の前部に強い黄色の蛍光が帯状に見られた（図17）。これは飛天の肌、植物、雲気文、蓮華といった現在白色を呈している部分に観察されるが、天井後部の同色部分には全く観察されない。黄色蛍光反応を示す部分を良く観察すると、黄色蛍光層の上に、青色の蛍光を発する層が重なっている箇所を確認することができる（図18）。この層の存在は目視では全く確認することができず、紫外線を照射した時のみ確認することができることから、何らの透明な物質の層が存在することが推察される。

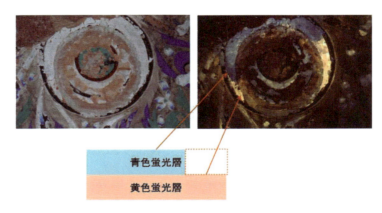

青色蛍光層

黄色蛍光層

図18　第76窟天井蓮華に見られる紫外線蛍光

　　第76窟天井画の前部に帯状で見られる黄色の蛍光反応は、壁画が崩落した箇所に沿って見られる。また側壁部にも前部にのみ黄色の蛍光反応を示す箇所が確認でき、壁画の崩落部から縦方向に続いている（図19、20）。このことから、壁画の崩落部から何らかの外的な要因が加わり、特定の箇所において壁画に施された透明な層に何らかの劣化現象が生じた可能性が高いと考える。まだ特定するには至っていないが、窟前部から雨水などが流入し影響を及ぼしたのではないかと想定している。

図19　第76窟全景　正常光写真　　　　　　　図20　第76窟全景　紫外線蛍光写真［365nm］

5. 第76窟天井壁画構造の推察

　第76窟は塑像の様式・形式などから北魏後期に編年される石窟であるが、天井壁画の年代に関しては諸説あり、北周、隋ともされる。色鮮やかな飛天たちの下部に、彩色の施されない下線のみのプランが見られることから、新旧二つのプランを持つ重層構造であることが分かる。東から2番目の飛天の顔部分には、彩色層が剥がれ、下部の下地層が見えている箇所には365nmの紫外光において青色の蛍光反応が見られるが、この蛍光は古いプランの下地が描かれた層には見られない特徴であることから、古いプランが破棄され、新しいプランを作成する際、新たに白下地を施したことが確認できる（図21）。

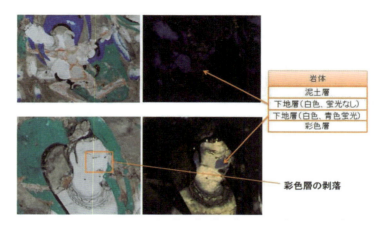

岩体
泥土層
下地層（白色、蛍光なし）
下地層（白色、青色蛍光）
彩色層

彩色層の剥落

図21　第76窟天井に見られる二種類の下地層

　先にも示したように、365nmの紫外光を照射すると、飛天の肌部などの白色部分に黄色の蛍光反応を見ることができる。これは強い蛍光を発する有機色料あるいは膠着剤に由来する可能性などが想定され、元々は黄色人種も肌を表すために、肌色やピンク系統の色を呈していたが、何らかの要因によって退色した可能性も考えられるだろう①。

　飛天像や植物図像を観察すると、黄色蛍光の彩色が輪郭線に沿っているのに対し、青色蛍光は輪郭線に関係なくはみ出して施されていることが分かる（図22、23）。青色蛍光層の存在は目視観察では判別できないことから、その下部に塗られた彩色を邪魔しない透明に近い物質であった蓋然性が高く、この層は飛天像や植物図像に輪郭線などの精緻な線を描く為の使用された滲み止めであった可能性が推察される。これはこの層が施されていない箇所に滲んだ線が見られることからも裏付けられる（図24）。

図22　第76窟天井飛天　正常光写真

---

　① 有機色料の多くが無機色料に比べ退色しやすい性質を持ち、またその分析、同定が複雑であることから、その使用に関する研究はあまり進んでいなかったが、近年では古代中国の壁画においても有機色料が使用されていた例が報告され始めている。（東京文化財研究所「敦煌壁画の保護に関する日中共同研究　2007」）

図23　第76窟天井飛天　紫外線蛍光写真［365nm］　　　図24　第76窟天井飛天部分に見られる滲んだ線

　　またこの層は、蓮華の茶色の彩色層が剥がれた部分に看取されること、青色や緑色の上には看取されないことから、壁面全体に塗られたのではなく、青、緑、茶の彩色を施す前に、精緻な線を施す必要のある箇所に部分的に施されたと判断される。その上に来る彩色によって、滲み止めを施すかどうかを決めていたのではないかと推測する。全体ではなく部分的に滲み止めを用いる点は、文字を記す題箋にのみ蛍光反応が見られる点と共通しており、興味深い。

　　上記の考察のまとめとして、飛天肌部を例にとり、第76窟天井壁画の構造を推定してみたい（図25）。

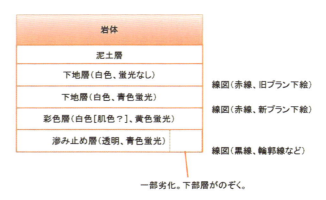

図25　第76窟天井壁画飛天肌部の構造（推定）

　　（1）まず岩体の上に泥土層、その上に下地層が塗られ、そこに旧プランの下絵が描かれた。

　　（2）しかし旧プランは彩色されることなく破棄され、新たな下地を伴う新プランの下絵が描かれた。

　　（3）飛天肌部には、下絵線に沿って黄色蛍光を発する色料によって彩色が施された。

　　（4）その上部に青色蛍光を発する滲み止めが施された後、黒い輪郭線が施された。

そして現在は、滲み止め層が劣化した部分から、黄色蛍光層が覗いた状態にあると推定される。

6. 今後の課題

　本調査では光学的手法を用いて、正常光では看取できない様々な情報を得ることができた。ただし非破壊の調査であるため、推測の域をでない部分も多々あり、今後より精度を上げて調査、分析を行っていく必要がある。また本調査が対象とした壁画は麦積山石窟に残される壁画の一部であり、今後対象を増やし、他地域の壁画と比較することで、使用材料・技法に関する時代や地域の特徴などについてさらなる考察を加えていくことも可能であろう

　＊本内容の一部について、2009 年 6 月に岡山県倉敷市にて行われた「文化財保存修復学会第 31 回大会」にて口頭発表を行った。

［図・表］

本稿で使用した写真画像は、全て本共同研究の中で取得あるいは加工されたものである。

参与調査：花平寧　魏文斌　馬　千　董広強　岳永強

沢田正昭　八木春生　松井敏也　末森薫

執筆：末森薫

第六章　三维扫描技术的应用

一、レーザー計測を活用した文化遺産情報のビジュアライゼーション

はじめに

　　近年、レーザー計測や写真測量の技術を用いた文化遺産の3次元デジタル記録に関する報告を多く目にするようになった。例えば、奈良県明日香村の高松塚古墳では、現在壁画 修復の為の石室解体作業が行われている。その現場において、解体前の記録保存を目的に 壁石のレーザー計測が行われたと最近の新聞で報じられた[1]。また世界遺産でもある 姫路城では、修復事業に先立ち現状把握の為にレーザー計測が行われているという[2]。このように、わが国では徐々に3次元デジタル記録の技術が認知され、文化遺産の分野における活用が盛んになり始めてきた。

　　しかし、記録された成果やそのデーターを活用したコンテンツを我々が目にする機会は非常に少ない。文化遺産のデジタル化は、記録して保存や修復のシミュレーションや学術研究に役立てることはもちろんであるが、これを活用したビジュアライゼーションを行い、一般の人々も見ることができるようにすることがさらに重要である。なぜならば、悠久の時を刻んできた文化遺産は、人間が自然や時代とともに生きてきた証しであり、当時の最高の技術や知恵、人々の暮らしなど、数多くの貴重な情報を現在に伝えてくれる情報の宝庫であり人類共通の遺産であるからである。

　　筆者らは多様な文化遺産をできるだけ高精度に3次元デジタル化し、そのデーターと文化 遺産に関する研究成果や様々な情報を組み合わせて、CG（コンピューター・グラフィックス）、VR（バーチャル・リアリティ）、MR（ミクスト・リアリティ＝複合現実感）、インターネット（Web，Web3D）など多様なメディアの上でビジュアライゼーションを行い、教育、教養、娯楽、観光などエデュテイメントの分野を中心に活用を進めている。本稿では、事例を取り上げながら、文化遺産のデジタル化と様々なコンテンツへの活用について具体的に紹介すると共に、ビジュアライゼーションの有効性や可能性について述べる。

1. 麦積山のデジタル化と観光振興への活用

　　中国甘粛省にある麦積山は、中国の四大石窟の1つである。5世紀から禅の修行場として栄え、100m程切り立った断崖には5世紀から13世紀頃までにつくられた約200もの石窟を有している。2006年10月、筆者らは崖面外観と主要な6つの窟についてレーザー計測を行い、デジタル化への取り組み

---

[1]　奈良新聞（2007年5月2日）
[2]　神戸新聞（2007年4月20日）

を行った。

　計測にはLeica GeosystemsのHDS3000を使用した。HDS3000はタイム・オブ・フライトという計測方式を採用しており、スキャナーから対象物に発射したレーザー光が反射して戻ってくるまで」の時間を測定し距離に換算することでxyz座標を取得できる。1.5mから100mまでの範囲を少ない誤差で計測することができるため、大規模な対象物の計測に 使用することが多い。麦積山の計測は、5日間で計45スキャンに及んだ。スキャンしたデーターはPolyWorksにより統合し、ポリゴンデータを作成している。

　レーザー計測とは別に、デジタル一眼レフカメラを用いてパノラマ写真撮影も行った。

　18mmのレンズを装着したカメラをパノラマ写真撮影用の三脚に取り付け、1地点あたり周囲40枚程度、計25視点の撮影をした。撮影した写真はREALVIZのSticherを用いて統合し、パノラマ閲覧できる状態に処理している。パノラマ画像は、現場の状況が把握しやすい非常に有効な手法である。奥行き情報こそ持っていないが、空間把握や対象物の位置関係や色情報を一目で把握することができる。大規模な対象をレーザー計測したデーターは、膨大なデーター量になるために処理に非常に時間を要することが多い。また、広範囲に渡ってテクスチャマッピングの作業を行うことは 難しい。筆者らは、レーザー計測から得られた3次元データーとパノラマ画像を組み合わせることによって、作業効率の良い効果的なプレゼンテーションデーターを作成した。

2. コンテンツ展開

　デジタル化した麦積山のデーターを用いて、筆者らは2種類のコンテンツを制作した。1つは麦積山の概要や各窟の特徴、見所を理解することができるインタラクティブ展示コンテツ。もう1つはインターネットに公開するWebコンテンツである。インタラクティブ展示コンテンツは、麦積山に隣接する史料館において2007年6月から 一般公開する予定である。文字情報とビジュアルを同時に表示させ、文中キーワードに組み込まれたリンクをクリックすると、関連するビジュアルが画面に表示される。ビジュアルは3Dデーターとパノラマ画像をシームレスに組み合わせながらアニメーション表示されるため、閲覧者は全体と関連部分の位置関係を把握しながら文字情報を読み進めることができる。また、関連するキーワードによって、3Dデーターとパノラマ画像の表示を使い分けている。例えば壁画や天井画を見せたり、外との関係を説明する場合はパノラマ画像を、肉眼では見られない窟内の構造を説明する際は3Dデーターを用いるなど、情報が把握しやすいように工夫した。

　Webコンテンツは、多くの人々が麦積山に関心を持ってもらえるよう、特徴的な風景や 主要な窟についてパノラマ画像やスナップ写真を簡単な解説文と共に紹介する内容となっている。また次項で詳細を述べるが、麦積山の管理や運営を行っている麦積山石窟藝術研 究所が今後このWebコンテンツを更新し、自分達の手で観光誘致に活用できるようにコンテンツは非常にシンプルな構成とした。

3. 観光振興への活用

　筑波大学世界文化遺産専攻では、2005年から「地域再生と観光戦略プロジェクト」と称し、地域再生と観光戦略を目的とした世界遺産などの保存・活用を担う人材育成や教育シ ステムの開発を行っている。このプロジェクトのテストケースとして、現在麦積山を対象とした保存修復に関する共同研究、観光戦略のための人材育成と教育システムの開発を進めている。先に取り上げたインタラクティ

ブ展示コンテンツやWebコンテンツは、今後人 材育成や教育システムを開発するにあたって活用していく予定である。

　観光地に隣接する多くの史料館では、遺跡の模型や調査資料、解説パネルなどが展示されている。しかし、現物を間近に見られる状況下にあるそうした史料館では、来訪者があまり関心を抱かなかったり、上手く情報が得られなかったために現物の価値を理解できないままに帰ってしまうケースは少なくないだろう。そのような問題を、コンテンツによって改善することは可能である。質の高いビジュアルは、人々の関心をひきつけることかができる。直感的に把握しやすいビジュアルと文字や音声情報を併用することによって、現物を鑑賞する際に必要な知識を容易に吸収することができる。さらにコンテンツが話題となれば、現地へ訪れる観光客の増加や、施設の入館料収入の増加が見込めるだろう。また、資金が豊富な観光地では、充実したウェブサイトが構築可能だが、資金が十分でなかったり、デジタルに関する知識を備えた人材が不足している現場はまだまだ世界中に数多く存在する。Webサイトを構築して観光客誘致を促したいにも関わらず、どう構築するのが良いかわからない現場も少なくないだろう。広いネットワークと有識者を持つ大学 機関とコンテンツ制作のプロフェッショナルとが連携し、地域観光の経済活動促進や地域活性のために技術提供していくことかが今後ますます求められていくただろう。

4. まとめ

　文化遺産を記録するにあたり、レーザー計測は非常に有効な手段である。貴重な対象物に触れることなく3次元形状を取得でき、そのデーターは保存・修復や学術研究の資料として役に立つ。レーザー計測の認知度が高まってきた今、資料としてより有意義に広くデーターを活用できるような提案が要求されている。また一方で、同じデーターを活用してコンテンツを展開していくことが重要である。文化遺産のデジタル記録という分野が経済的にまだ自立していないからこそ、持続的に活動を続けていくためには、映像やデジタルデーターの再販などコンテンツを軸としたビジネスモデルの確立が急務である。

本节作者：岸上剛士　高瀬裕

二、文化遺産情報のビジュアライゼーション

はじめに

　麦積山石窟に現存する194 窟の中で、現在像も壁画も残されない窟を除いた168 窟は、そのほとんどが北魏窟、西魏窟、北周窟、隋窟のいずれかに分類される。中国仏教美術が最盛期を迎えた唐時代、麦積山石窟ではしかし造営がほとんどなされず、若干の作例をあげることができるに過ぎない。これは唐時代に起きた2 回の大きな地震と関係するとされるが、また長期間にわたる造営により崖面が飽和状態となり、これ以上の造営が難しくなったためだとする意見もある。唐時代以降も宋、元、明、清時代と造営は続けられたものの、宋窟の数は僅か5 窟で、明清時代は基本的に前の時代に開かれた窟や造像の重修がなされた。それゆえ麦積山石窟の主要な造営は、隋時代で終了したと言うこと

ができる。

　　敦煌莫高窟や雲岡石窟、そして龍門石窟にも匹敵する重要な石窟であるとされているにもかかわらず、年間の観光客数は20万人に過ぎず、それも国慶節と春節の時期に集中していることから、本来観光シーズンである5月や9、10月においても、閑散とした印象を拭えない状況である。西安あるいは蘭州からともに電車で5～6時間の場所にある天水からさらに車で40分ほどという訪れにくい場所にあり、また麦積山石窟周囲に植物園などがあるものの、基本的には麦積山石窟以外に観光の目玉となるものが存在しないことが、観光客を多数集めることのできない、主たる原因であると考えられる。しかしまた知名度の低さも、観光客（とくに海外から）を集められない大きな要因となっているように感じられる。この問題を解決するには、窟全体の特徴的な場所や各窟の見所をパノラマ画像と写真と簡単な説明文を用いてwebで紹介することが有効であると考えられる。また、実際に麦積山石窟に来訪した観光客が簡単に見どころを把握できるように、3次元のCGモデルやパノラマ画像を、文字情報と同時に用いることで解説を行う展示コンテンツを麦積山石窟芸術研究所と筑波大学大学院世界文化遺産専攻、キャドセンターと共同で制作することとした。

1. 調査に至までの経緯

　　レーザー計測機や一眼レフのデジタルカメラによる撮影をおこなうため、まずは麦積山石窟芸術研究所が2006年5月に筑波大学大学院世界文化遺産専攻と共同研究をおこなうための許可を甘粛省文物局に申請した。同年7月に許可が下りた後、10月7日に甘粛省文物局副局長廖北远、麦積山石窟芸術研究所花平寧所長、魏文斌副所長と筑波大学世界文化遺産専攻准教授八木春生、講師松井敏也が蘭州大学において話し合いの場を持ち、作業の理念やプロセス、費用の負担の方法などについて確認をおこなった。そして麦積山石窟の代表的な石窟として、第78窟（北魏前期）、第115窟（502年）、第126窟（北魏後期）、第44窟（西魏）、第4窟（北周）、第5窟（隋）を選び、計測および撮影をおこなうことを決定した。

2. 各窟の概要

第78窟

　　北魏早期を代表する石窟で、西崖の中下部分に位置する。馬蹄形のプランとボールト天井を備え、三方の壁には高い基壇が作られる。正壁如来座像の上方左右には小龕が穿たれ、それぞれ半跏思惟像と交脚菩薩像が配された。窟形式やその規模、また造像の組み合わせなどが近くに掘り出された第74号窟と完全に一致するところから、第78、74窟は一対として造営されたと考えられている。窟の高さ4，5メートル、幅4，6メートル、奥行き2，8メートル。三壁に3体置かれた塑像如来坐像は、像高3メートル。正壁左右の脇侍菩薩像は、左側のみ本来の像だが、下半身は壊れてしまっている。残高は1，1メートル。右脇侍菩薩は隋時代の作品。高さは1，85メートル。基壇右側面表面には、北魏時代の供養人が18体描かれ、その中のひとつに「仇池鎮経生王□□供養」という銘文が認められた。供養人が纏う衣は、北魏太和年間に行われた服制改正以前のいわゆる胡服である。また仇池鎮の設置された時期は、北魏太平真君7年～太和12年（446～488）であり、このことから、第78窟の開鑿年代が北魏時代前期であることが確かめられる。

第115窟

　　この窟は、北魏時代を代表する石窟のひとつである。西崖西端の中上層に位置し、第114号窟の

右隣に穿たれている。プランは方形で天井は平頂。窟高は1，07メートル、幅1，10メートル、奥行き1，00メートルと非常に小さい。窟内には、塑像で一仏二菩薩像が造られた。主尊の像高は0，62メートル、脇侍菩薩は0，71メートル。窟内左右壁上部には、型によって作られた坐像（影塑）が、壁に打ちつけられた迫り出し状の段に載せられている。現在6体が残り、大きさは0，2メートル。壁画の内容は多様で、坐禅を組む僧侶、バラモン、羽人などが描かれている。これらは何らかの仏教因縁故事を表しているのであろう。窟頂には、中央の龍をめぐるように飛天が飛翔している。主尊の台座には、墨書の題記、13行190余字が見られ、景明三年（502）に上邽鎮司□張元伯がこの窟を寄進したことが記されている。これは麦積山石窟中、唯一の造像紀年であり、他の石窟の編年をおこなう際の基準となるので非常に重要である。

　　第126窟

　　この窟は、西崖西部の最上層に位置している。方形のプランと平頂を備える。窟高1，75メートル、幅1，77メートル、奥行き1，65メートル。窟内正壁には、像高1，10メートルの塑像如来坐像が置かれる。袈裟をいわゆる漢民族式に纏い、長方形の台座上に結跏趺坐する。主尊左右の脇侍として、菩薩像と弟子像1体ずつ配されているが、この組み合わせは珍しい。左右壁には力士像が造られた。四壁と窟頂には、多くの坐仏、弟子、飛天、供養人などの影塑が貼り付けられている。しかしそれらは、この時期の他の多くの窟と異なり、迫り出し状の段の上に載せられてはいない。造像は北魏時代後期特有の「秀骨清像」の様式と形式を備えている。

　　第44窟

　　東崖の下部に開かれた。本来方形のプランと方錐形の天井を持ったと思われるが、正壁に穿たれた浅い龕が残るだけで、窟の前半分は崩落してしまっている。窟高2，4メートル、幅3，1メートル、奥行き残り1メートル。現在合計4体の造像が残っている。正壁龕内の如来坐像1体、龕外左右に脇侍菩薩像2体、そして左壁の弟子像1体である。正壁如来坐像の像高は1，56メートル、高い肉髻と旋回状の巻き毛が特徴的で、顔の輪郭は丸く豊満である。また厚い袈裟をいわゆる漢民族式に纏っている。如来坐像以外のこの窟造像も優美で美しく、麦積山石窟西魏窟の代表的な造像であるといえる。

　　第4窟

　　北周の大型窟である。東壁のもっとも高い場所に開かれ、「上七仏閣」あるいは「散華楼」と呼び習わされている。文献記載によると、北周秦州大都督李允信が亡父のために造営したとされる。プランは方形で、木造建築を模した崖閣を掘り出している。通高16メートル、窟幅30.48メートル、奥行き8メートル。前廊の柱間は7間、各柱間には7室の大きな仏龕が開かれた。唐時代の大地震によって、両端の八角柱を除き間の6本の柱およびその上の組物は崩落してしまい現在は残っていない。八単層寄棟造りの屋根には、鴟尾や筒瓦が彫り出された。第4窟は現存する北朝石窟中、木造建築を模したものの中でもっとも規模の大きな石窟であり、この時期の建築研究にとって重要な資料を提供している。7室の仏龕はどれも同じ大きさで、方形のプランと方錐形の天井を持つ。造像は現在丸彫り像77体と石胎塑像8体、また仏龕壁面上部に三列ずつ貼り付けられた影塑の坐仏757体が残されている。どれも北周時代に造られたものだが、影塑を除き、五代、宋、明時代に幾度も修理がなされた結果、原形は損なわれてしまっている。丸彫り像は、宋時代に重修されたときの姿であり、一仏八菩薩

が置かれた第3および5窟を除くと一仏二弟子六菩薩像という構成になっている。それぞれの仏龕に1体ずつ配されたボリューム感のある坐仏像（像高2.37～2.50メートル）は、七つ横並びにされることで全体として過去七仏を表していると考えられる。また前廊の両端上部には、それぞれ仏龕が穿たれ、維摩と文殊像が入れられ、その下には力士像が2体置かれた。左側力士像の像高は4メートル、右側は4，3メートル。前廊の格天井には仏教故事が描かれ、その線や色彩の美しさは、北周仏教美術の水準の高さを示している。各仏龕外面上部は、それぞれが天蓋で飾られ、その上にはさらに縦1，9メートル、横3，4メートルの壁画が描かれる。4体ずつの飛天が見られるが、よく見ると顔や腕など肉身部分だけが塑土を盛り上げて立体感を表出させている。彫刻と絵画を融合させたこのような造形は、他に例を見ないものである。

　　第5窟（牛児堂）

　　この窟は東崖の最上層の西端に開かれた。第4窟と隣り合っているが、これらは

　　トンネルで連なっている。第4窟と同様、大型の崖閣式の石窟である。三つの仏龕からされる窟の前には、柱間3間の柱廊が開かれる。中央の大龕は馬蹄形のプランとボールト天井を持つ。窟高5，5メートル、幅5，9メートル、奥行き4メートル。左右の仏龕は馬蹄形平面の円拱龕で、窟高3，3メートル、幅2，7メートル、奥行き1，6メートル。仏龕はみな左右に柱を持ち、柱頭には火炎宝珠と蓮華を飾る。3龕に配された3体の如来坐像で、三世仏が形成される。中央の大龕に造られた一仏二菩薩四弟子像は隋時代の作品であるが、残り2龕の一仏二菩薩像は麦積山石窟には数少ない唐代の作品である。左龕の主尊は倚坐像で、右龕主尊は結跏趺坐する。中央大龕入り口左右の天王は牛を踏み、これがこの窟の通称の由来となっている。壁画は70平方メートルが保存され、前廊の格天井には天馬図、建物内の馬、宝珠、飛天などが描かれ、仏伝故事などの情景が表現されている。右仏龕窟外面上方には、唐時代の西方浄土変が描かれる。中央大龕の頂部には、説法図と供養人の行列が描かれる。供養人は三列に分れ、左側に見られる女性の供養人、右側の男性の供養人像は、唐代の絵画、服飾史研究にとって、重要

　　な資料を提供している。

3. 計測、撮影の記録

　　10月9日よりレーザー計測機（LeicaGeosystems社製HDS3000）を用いて麦積山の崖体および窟内部を測量した。また一眼レフカメラを用いて特定の視点の全周囲を撮影した。これはパノラマ画像作成ソフト（realviz社製Sticher）を用いて、コンピュータ上で全周囲が閲覧できるパノラマ画像を作成するためである。実際の測量、撮影をおこなったのは、キャドセンター高瀬　裕、岸上剛、吉田真也の3人である。

　　10月8日

　　15：30～18：00　下見として窟を見て回った。計測および撮影ポイント等の選定及び、計測、撮影スケジュールの計画をたてる。

　　10月9日

　　○レーザー計測

　　8：30　計測開始。宿舎のバルコニーから試みるが、遠すぎて計測できず。

　　8：45－9：30　研究所施設内から。距離がある為に岩が黒い部分までは計測できず。

10：00－12：40　土産物屋がある芝生のエリアから計測。

12：45－14：30　西側階段下から計測。

14：40－16：10　第13窟前から計測。

16：20－16：50　東側小屋脇から多数の小仏像が並んでいる部分を計測。

17：00－17：40　第1，2窟の外部を計測。

○写真撮影

麦積山石窟周囲よりパノラマ写真、全景写真を撮影。

（午前）　研究所前、トイレの前、宿舎3F、芝生のエリアから撮影をおこなう。

（午後）　正面入り口前、正面入り口より東に上った草地、東側入り口前より撮影。

10月10日

○レーザー計測。

9：00－14：00/4窟廊下の計測

14：00－17：30　第4窟内部（左から2番目の窟）計測。

○写真撮影

各石窟のパノラマ写真、細部写真を撮影。

（午前）　研究所前、第5窟、第4窟内部、展望台より全景写真。

（午後）　西側の各石窟の写真を撮影、第4窟、第5窟外部写真。

10月11日

○レーザー計測。

9：30－12：10　第5窟廊下の計測。

12：10－15：00　第5窟内部（中央の窟）計測。

15：50－17：45　第126窟内部計測。

○写真撮影

各石窟のパノラマ写真、細部写真を撮影。

（午前）　第4窟細部、第115窟パノラマ、第114窟パノラマ、第126窟パノラマ、東側石窟の写真撮影。

（午後）　西側の各石窟の写真撮影、第4窟前パノラマ、第5窟内部パノラマ及び細部

10月12日

○レーザー計測

9：00－9：30　第126窟前廊下の計測

9：40－12：15　第115窟内部、廊下の計測

12：25－16：30　第78窟内部、廊下の計測

16：40－18：0　外観補足。東側大仏付近から。

○写真撮影

各石窟のパノラマ写真、細部写真を撮影

（午前）　正面入り口より第4窟へスライドショー用の写真撮影、東側の数点よりパノラマ

（午後）　第4，5窟前より風景を撮影、第78窟より奥の各窟の写真撮影、第115窟パノラマ、

第78窟パノラマ

10月13日

○レーザー計測

9：00 − 12：00　第44窟内外計測

12：00 − 18：00　外部補足計測（9ヶ所）

10月9日における計測は地上からだったため、桟道によって隠れて計測できていない部分が非常に多かった。全てをカバーすることはできなかったが、東側の大仏付近の形状をキャプチャできるように少し計測精度を落として9ヶ所から計測を行った。

○写真撮影

各石窟のパノラマ写真、細部写真を撮影

（午前）　麦積山周囲より全景写真撮影、西側のスライドショー用写真撮影

（午後）　第115窟外部パノラマ、第126窟外部パノラマ、第44窟パノラマ、第78窟前パノラマ、西側入り口パノラマ、第137窟前パノラマ。

4. コンテンツ使用の現状と課題

第78窟（北魏前期）、第115窟（502年）、第126窟（北魏後期）、第44窟（西魏）、第4窟（北周）、第5窟（隋）を測量の対象として選んだのは、これらが保存状態のよい美しい塑像が見られる、北魏時代から隋時代の各時代を代表する石窟であるだけでなく、特別窟に指定されているためである。現在麦積山石窟で実際に活用されているのは、インターネット上で公開されているWebコンテンツのみで、これは麦積山石窟の麓にある展示場でも観光客が自ら使用できるようになっている（図1−6）。中国語のみならず日本語の解説を選択できることから、現地を訪れた日本人観光客への対応も可能になる。さらに、麦積山石窟芸術研究所のホームページともリンクしているため、研究所ホームページへの日本からのアクセスが増加することも期待される。

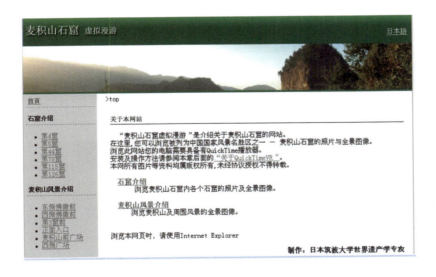

图1　麦积山石窟虚拟漫游首页界面

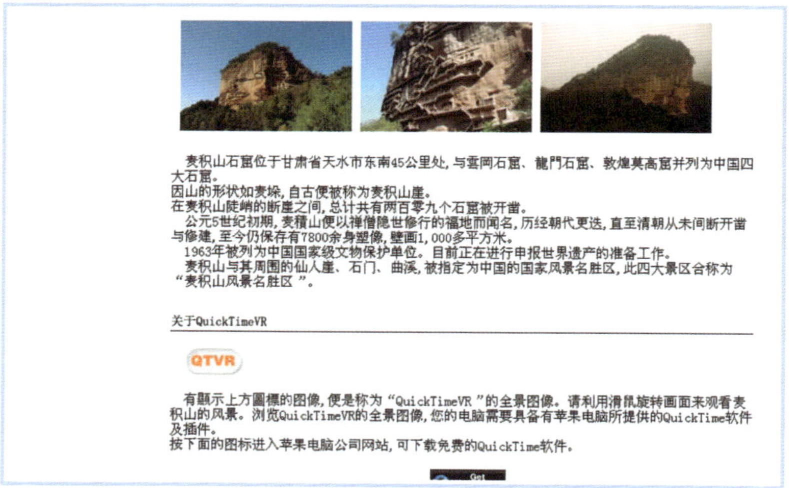

　　麦积山石窟位于甘肃省天水市东南45公里处，与云冈石窟、龙门石窟、敦煌莫高窟并列为中国四大石窟。
因山的形状如麦垛，自古便被称为麦积山崖。
　　在麦积山陡峭的断壁之间，总计共有两百零九个石窟被开凿。
　　公元5世纪初期，麦积山便以禅僧隐世修行的福地而闻名，历经朝代更迭，直至清朝从未间断开凿与修建，至今仍保存有7800余身塑像，壁画1,000多平方米。
　　1963年被列为中国国家级文物保护单位。目前正在进行申报世界遗产的准备工作。
　　麦积山与其周围的仙人崖、石门、曲溪，被指定为中国的国家风景名胜区，此四大景区合称为"麦积山风景名胜区"。

关于QuickTimeVR

QTVR

　　有显示上方图标的图像，便是称为"QuickTimeVR"的全景图像。请利用滑鼠旋转画面来观看麦积山的风景。浏览QuickTimeVR的全景图像，您的电脑需要具备有苹果电脑所提供的QuickTime软件及插件。
　　按下面的图标进入苹果电脑公司网站，可下载免费的QuickTime软件。

图2　麦积山石窟虚拟漫游第二页界面

　　①将鼠标移至图像上。

　　②持续按住鼠标左键，往想移动的方向拖动鼠标，图像便会跟着鼠标旋转移动。

　　③按Shift键可放大图像。

　　④按Ctrl键可拓宽视野。

图3　操作示意

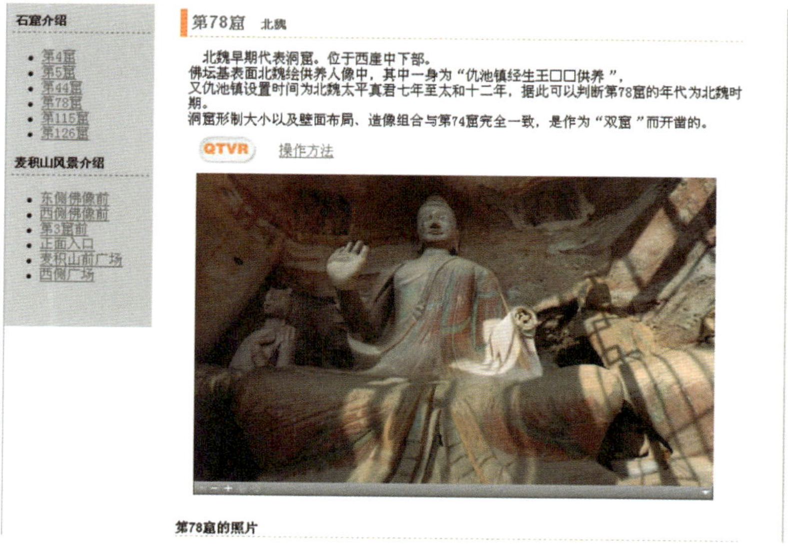

石窟介绍
　第4窟
　第5窟
　第44窟
　第78窟
　第115窟
　第126窟

麦积山风景介绍
　东侧佛像前
　西侧佛像前
　第3窟前
　正面入口
　麦积山前广场
　西侧广场

第78窟　北魏

　　北魏早期代表洞窟。位于西崖中下部。
佛坛基表面北魏绘供养人像中，其中一身为"仇池镇经生王□□供养"，
又仇池镇设置时间为北魏太平真君七年至太和十二年，据此可以判断第78窟的年代为北魏时期。
　　洞窟形制大小以及壁面布局、造像组合与第74窟完全一致，是作为"双窟"而开凿的。

QTVR　操作方法

第78窟的照片

图4　第78窟漫游正面

图 5　第 78 窟镜头旋转向右壁

图 6　第 78 窟镜头旋转向左壁

　　一方インタラクティブ展示コンテツは、残念ながら現在ほとんど活用されていないというのが現状である。筑波大学世界遺産専攻としては、特別窟の参観を希望する観光客に対して事前にこのコンテンツを使用することで、窟の重要性やみどころについての説明を行い、それによって実際の参観に際して、より深い理解を得てもらうことができるよう期待している。しかしこのコンテンツを見ることのできるコンピューターが一台しかなく、麦積山石窟芸術研究所としては、レーザーによって測量されたこのコンテンツを記録資料として位置づけてしまっているため、大切に保管されて使用されていないという現状がある。

　　文字情報と3Dデーターとパノラマ画像をシームレスに組み合わせながらアニメーション表示されるこのコンテンツは、初めてそれらの窟に入る観光客に、具体的なイメージを与えるだけでなく、肉眼では見られない窟内の構造などの情報が把握しやすいように工夫したされている。それゆ

え特別拝観料を支払った観光客に対して、より多くの満足感を与え、さらに今後コンテンツの内容を充実させていくことで、再度麦積山石窟へ訪問するリピーターの増加にも繋がると考えられる。

本节作者：八木春生

第七章　合作调查的成果及麦积山石窟今后保护方向

一、合作调查的成果

麦积山石窟环境与保护调查合作课题于 2006 年正式开展，五年来，筑波大学的师生们每年一次或两次往返于日本与麦积山之间，与麦积山石窟艺术研究所保护、考古方面的研究人员开展了多个方面的调查与试验工作，获得了一系列的调查数据，并形成了初步的成果。这些成果对于麦积山石窟价值的认定、环境景观与文化遗存之间的关系、保护方面存在的问题等都具有十分重要的意义，尤其是对于麦积山石窟申报世界文化遗产工作，也将起到一定的促进作用。综合来看，主要有以下成果。

1. 关于麦积山石窟价值的认识和编年研究。麦积山石窟作为一处重要的石窟寺类文化遗产，有其与同类文化遗产不同的独特价值。麦积山石窟正在作为丝绸之路整体申报世界文化遗产的备选点而开展申报工作。因其处于丝绸之路陇右段的重要位置以及反映中外佛教文化交流的重要信息，其表现出来的价值自然与丝绸之路密切相关，其选址的科学性以及石窟寺建造技术的高超也是其异于其他石窟寺的重要价值。对于其价值的深入研究与认识，不但有助于申报世界文化遗产，更将对其深刻的文化内涵以及与其他地域文化交流的研究起到重要的挖掘和启示意义。麦积山石窟洞窟遗存的断代分期一直是该石窟寺研究的基础和重点工作，自从 20 世纪冯国瑞先生考察以来，不断有学者对麦积山石窟进行分期研究，大部分洞窟的年代得以认定并形成了共识。但有一部分洞窟如最早洞窟、北魏晚期和西魏以及北周晚期和隋代的一些处于过渡期的洞窟，其年代的认定则具有很大难度。八木春生教授在调查的基础上，对现存麦积山石窟的洞窟进行了编年研究，这将是以后麦积山石窟分期断代研究的重要参考。

2. 麦积山石窟的环境景观是麦积山石窟的依存载体，对于环境景观的保护与研究是麦积山石窟保护研究的重要内容。中国古代的文化遗产尤其是石窟寺类遗产特别重视环境景观的选择，北方地区的早期石窟寺因为与禅观有密切的关系，在选址上尤其讲究。地处秦岭以南的麦积山于层嶂叠翠的山峦间，一峰突起，如凸起的农家麦垛，因而得名。其地气候宜人、湿润多雨、植被繁茂，与秦岭以北的黄土高原风貌迥异。"麦积烟雨"被列为"秦州八景"之首，历代诗人对麦积山的景色多有精彩的吟咏。北朝文学家庾信《秦州天水郡麦积崖佛龛铭》"麦积山者，乃陇坻之名山，河西之灵岳。高峰寻云，深谷无量。方之鹫岛，迹遁三禅。……"非常形象地描述了麦积山的景观及适宜坐禅修行的环境。承载人文精神的麦积山山崖及周围地貌形成了独特的自然地理和地质地貌景观，具有一定的唯一性。本次调查对麦积山石窟自身和周围的环境及人文景观做了比较客观的描述，有助于进一步了解麦积山石窟的环境景观价值。

3. 麦积山石窟崖体是麦积山洞窟开凿的载体，其岩石的构造与保护关系到麦积山洞窟的存亡。麦积山石窟崖体为结构疏松的红色粗砂砾岩，容易被水浸湿而变得松软并脱落崩塌，尤为致命的是难以经受

重大的地震灾害。麦积山崖体的局部历史上因为较大的地震破坏而大面积崩毁，使得相当一部分洞窟完全消失或局部坍塌。20世纪70至80年代对崖体进行了大规模的喷锚工程，基本稳定了崖体。但不能排除未经保护的崖体以及洞窟壁面因震动和雨水冲刷、渗漏、浸湿而继续脱落甚至崩塌的危险。因此对于崖体及岩石的结构分析以及补强试验是本次调查的重点之一。本调查选择两个洞窟进行岩石的补强试验。其一是第57窟，该窟造像已经全部无存，壁面泥皮也已全部脱落，岩石裸露。第94窟为一小型洞窟，泥塑造像五身，该窟正处于渗水带上，因潮湿，洞窟壁面沙粒严重掉落，落沙量很大，泥塑造像的下半身都受到了侵蚀。对这两个洞窟进行补强试验具有典型性。试验选择洞窟裸露岩石壁面干湿度的不同部位，采用不同的有机和无机材料按照一定的量和面积进行涂抹。试验结果得出了不同的结论，证明对于特殊环境下的麦积山石窟崖面和岩石是可以采取一些补强加固、解决岩石疏松脱落方面的一些问题，进而起到保护窟内遗存的目的。这无疑对将来麦积山石窟的保护会起到极大的作用。

4. 修复材料的试验。麦积山自20世纪70年代以来，即开始了初步的洞窟、塑像和壁画的保护维修工作。修复从一开始即根据麦积山石窟遗存的自身特点，采用传统的修复技术，对病害比较严重的塑像及壁画进行修复工作。这种修复技术，虽然是在对麦积山塑像用泥的材料构成、比例做了一些实验的基础上而做的，但毕竟没有经过科学的实验和分析，很大程度上还是靠修复人员的实际经验进行手工操作。本次合作时，对于塑土的试验也是一个重点。试验按照各种材料的比例，准确地进行配方，制作成不同的试验块，然后放置在不同的洞窟环境中进行观察其硬度、色彩等的变化。这项试验目前仍在进行中，并每年做记录。该试验的结果将会对麦积山以后采取传统技术与科学试验的修复提供重要的参考。

5. 生物危害性调查取得了初步的成果。麦积山洞窟与塑像的壁画病害种类很多，除了一般常见的变色、发霉、脱落、起甲、地仗脱落等病害外，生物的危害也是一个十分重要而难以解决的问题。如小型哺乳动物、鸟类、昆虫类在洞窟内构筑巢穴、排泄粪便、产卵等，对塑像和壁画都造成了直接的破坏。对其调查有助于将来采取对应的防治措施。调查在掌握对石窟文物有影响的生物种类、时间以及空间分布、对文物危害方式和程度的基础上，对这些生物的生活习性、生活史、世代数、越冬和越夏场所、寄主、在不同生态条件下数量变化情况等进行调查。采用林业病虫害的基本调查方法，采取五点式取样法，首先依据洞窟的分布，分别在石窟中部、上层洞窟的东西位置、下层洞窟的东西位置布置了5个观测点，这样的目的是调查各种生物在整个洞窟区域的分布情况。然后又以石窟为中心以100米为半径，在林区布置了5个观测点，并放置虫情测报箱，在石窟区域和林区定时观察，来观测各种生物在林区各个位置的分布情况。采用灯诱法、网捕法、收集、观察等方法来收集各种昆虫的标本。经过数年的调查并采集标本，基本上摸清楚了生物危害的种类及对塑像、壁画构成的危害状况，从而为今后制定麦积山石窟的生物危害防治方案打下了基础。

6. 麦积山石窟是由洞窟建筑、塑像、壁画构成的综合体。由于麦积山特殊的潮湿的自然地理环境，洞窟壁画大部分脱落，但保存下来的壁画仍然是麦积山甚至北方地区石窟中最有价值的遗存之一。麦积山石窟壁画的构造及其技法的研究目前还处于比较滞后的局面，曾经做过极有限的地仗以及颜料的分析。本次调查采用采样分析和红外光学摄影的方法，对各时代的壁画颜料及地仗通过X射线分析，明确了壁画构造为地仗层、底层以及绘画层，并通过地仗层包含物的分析，可能有助于掌握其时代的变化的不同。壁画各种颜料的分析表明，颗粒较粗的颜料所绘成的壁画较厚，其时代较早，如第74窟。这些分析都有助于了解麦积山石窟壁画的构成方法、颜料的使用以及来源，甚至可以通过颜料颗粒的大小而造成的颜料层厚度的变化，来分析其时代的早晚。无疑，这也将是麦积山石窟断代研究的一个辅助方法。

7. 栈道连接麦积山石窟洞窟之间的通道，也是参观的必由之路，对于栈道的震动试验与危险分析，是关系到游人以及洞窟内文物安全的重要课题。麦积山石窟将来申遗成功后，游客增加势必对洞窟带来影响。此次调查利用专门的测试器和感知器主要进行游客造成的振动及音响对于洞窟的影响。试验选择洞窟栈道的不同部位、不同时间游客的多寡以及走动、音响等的震动波，分析对栈道及洞窟的影响，并根据实际可能产生震动的情况提出了初步的解决方法，如在栈道上铺设胶皮垫以减少震动等。

8. 三维扫描技术逐渐广泛地应用于文化遗产的调查、保护以及展示。数字化时代的到来，为文化遗产的保护、利用与研究提供了更为便捷的条件，数字化技术应用于文化遗产方兴未艾。很多文化遗产保护管理部门已经开始了数字化的应用，主要是展示。本合作项目实施后，筑波大学联系日本的三维扫描公司，投资 300 多万日元，对麦积山石窟的外部及第 4、5、44、78、115、126 等六个洞窟进行了三维扫描，并制作成能快捷浏览的 3D 漫游图像，应用于石窟宣传与展示。这是麦积山石窟对洞窟进行三维数字化的开端，为麦积山石窟的宣传展示利用起到了非常重要的作用，同时为今后麦积山石窟数字化技术应用的开展积累了很好的经验。

二、麦积山石窟今后保护方向

1. 麦积山石窟保护研究的现状

麦积山石窟被誉为"东方雕塑艺术陈列馆"，是我国四大佛教石窟之一。对麦积山石窟的保护古人开窟造像时就附带有一些保护设施，如窟檐、排水沟等，也许他们当时并没有意识到这点。后期历代对破损塑像、壁画的重修、重绘，窟门、栈道的修缮也是一种保护措施。目前为止，麦积山石窟的保护大体上经历了看管不丢的守城阶段、全面修缮的抢救阶段和开展保护研究的科学保护阶段。

（1）理论研究

从 20 世纪 70 年代开始，麦积山石窟的保护研究涵盖了文物本体、背景环境、保护材料和施工工艺等，主要涉及的研究方向包括：石窟栈道的稳固性研究，如 20 世纪 70 年代对麦积山石窟栈道的加固；洞窟门窗的设计、安装，以防止动物、昆虫的进入；石窟环境背景特征研究，如对地质、地貌、气象、水文、地下水、植被的勘察和监测，丰富了麦积山石窟科技保护的基础研究资料；各种环境因素对麦积山石窟岩体、塑像和壁画的破坏机理和影响研究，包括渗水、裂隙、动植物、太阳光等；针对麦积山石窟保护相关的检测分析和新技术的应用研究，包括彩绘颜料、表面沉积物成分组成、沙土比例研究、含纤维成分及比例研究等；麦积山石窟病害的成因及其修复技术研究和实验，包括起甲壁画、空鼓壁画、酥碱壁画等病害的修复，动物粪便的清除，破损塑像的加固；针对麦积山石窟保存现状的专题调查、病害防治对策研究和档案建设等；麦积山石窟保养维护与日常监测管理方法的研究和实践等；保护材料、施工工艺研究，包括黏结、加固、灌浆等材料性能研究和比选、保护修复工艺实验研究等。

（2）修复加固

对塑像、壁画的修复加固是麦积山石窟保护的重中之重。从 20 世纪 70 年代开始，麦积山石窟的修复人员修复加固了大量濒危的塑像和壁画，如 127 窟的塑像，4 号窟的"薄肉塑"飞天等。进入 21 世纪，麦积山石窟瑞应寺壁画的修复，仙人崖南崖塑像、壁画的修复等都是麦积山石窟修复人员的杰出成就，但是这些传统的修复因为缺乏科学思想的指导而无法实现理论的提高。我们的修复师即便只有简陋的设备和艰苦的环境，仍能修复出精美的艺术品。他们在长期的工作实践中形成了对文物的造型、纹

饰、色彩等外观的了解，以及对文物内在的材料质地、制作工艺的朴素认识，所以在对文物进行修复加固的过程中，更能对症下药，修复出好的文物。中国的传统修复技术多起源于下层工匠的实践，而他们很少能将自身经验上升为理论，作为文化层面的上层知识分子又长期缺乏对这类工艺技术的关注。加之修复师的修复技术没有专门的监督和评估制度，在一定程度上导致了他们仅仅停留在工艺的层面上，而无法上升到科学的修复理论中。这也导致其实他们做了很多工作，但不能为外界所了解。这也是麦积山石窟修复面临的一个严重问题，不能把自己做的好多工作上升到理论的高度。

麦积山石窟近年来的保护工作正在向科技保护研究方向的纵深发展。近年来我们先后修复了大量的塑像和壁画，但我们在保护研究方面还有很多不足。对石窟赋存环境特征的研究不够深入和全面，尤其与保护维修结合方面尚不够紧密；保护理论和理念的学习还比较欠缺；对塑像、壁画的基础研究因为缺少设备和仪器的支持而远远不够；对预防性保护的理念和研究都不够深入；虽然对石窟文物的保养维护已在开展，但缺乏监测分析的跟踪评估和提高，相关标准建设、操作规范还需要深化探索与思考；多学科保护专业技术人才的结构构成是以后文物保护方向的发展，这也是我们当前科技保护相对落后的重要原因。

2. 麦积山石窟科技保护研究的发展趋势和展望

历史和经验证明，只有加强保护科研工作，积极推动档案建设和标准规范的执行，麦积山石窟的保护才能长远发展。在国家"十二五规划"的战略决策下，对大型石窟寺遗址的保护和研究将投入越来越多的资金支持，而且麦积山正面临百年一遇的大好时机——申报丝绸之路世界文化遗产，这对我们既是挑战也是机遇。展望未来，麦积山石窟科技保护的发展趋势和研究重点，应包括以下几个方面：

（1）实施麦积山石窟保护规划，将保护理念和保护要求落实到石窟保护措施的关键环节上。科技保护必须制定保护规划，才能使保护工作有步骤、有计划的逐步推进和实施。2005年底，国务院发布了《关于加强文化遗产保护的通知》，第一条就明确指示，"编制和实施保护规划"。麦积山石窟和天津大学合作编制的《麦积山石窟保护总体规划》已制定完成，并通过了国家文物局和甘肃省人民政府批准。我们必须不断并及时的补充和更新规划的内容，严格按规划的要求行事，建立完善的麦积山石窟保护体系，使麦积山石窟得到全面有效的保护。

（2）发展文物保护科研基地和保护中心

文物保护科研基地和保护研究中心的建立是文物保护研究深入的标志。以麦积山石窟现有的保护基础，远远不够建立文物保护科研基地和保护中心的条件。但我们必须以此为目标。我们可以和周边兄弟单位或科研机构合作，发挥彼此的优势，共建保护科研基地和保护中心。保护科研基地和保护中心集中了设备、资金和人才的优势，在文物的分析检测、基础理论研究、保护应用研究、大型工程项目等多个方面具有综合实力，可以借此提高整个麦积山石窟保护的综合能力。

（3）发展保护研究

a　加强石窟环境监测与治理

环境因素是研究石窟病害，探索治理方法，制订保护措施的重要依据。开展麦积山石窟环境因素的监测记录工作，并对它进行研究，是一项极其重要的基础性工作。

b　加强石窟崖体、石窟加固和加固工程附加建筑物稳定性研究

因为石窟寺开放的保存环境，崖体的表面风化、裂隙、渗水等多种因素构成错综的力学关系，严重影响石窟的稳定性，还有石窟栈道的稳定性，都是关系麦积山石窟安全的问题。

c　壁画和塑像的保护研究

麦积山石窟壁画发生了大面积的脱落、起甲、空鼓、粉化、变色和褪色、虫害等，塑像断裂、倾斜、破损等，这些病害严重影响到了文物的寿命。尽管有些病害经过治理，已得到控制，但是原来没有病害的壁画和塑像却又发生了病害，对这些病害发生的机理、防治的措施，修复的工艺、材料等的研究，是我们保护工作的重点。

d　加强石窟档案、资料的制作和保存

和许多文物一样，麦积山石窟的所有文物也处于自身不断变化和外界各种因素不断影响作用下。如保护措施得当，也仅能做到尽可能长久的保存，却不能永久的保存。所以我们必须采用最先进的手段，全面、完整、准确、永久地保存石窟的全部资料。如近几年我们开展的三维扫描和数据库的建设工作，就对麦积山石窟的保存有重要意义。

（4）加强预防性的保护

在文物面前我们都是匆匆过客，因为时代的局限性，我们的认知和科技也带有局限性，这就要求我们尽可能的少干预或者不干预，留给后人尽可能多的干预空间，同时让更多也许未来才能解析的信息完整的保留下去，这就要求我们加强预防性的保护。预防性保护要求我们必须多学科参与、团队合作，在文物的保存、保管和使用的各个环节都提供最适宜文物保护的要求。只有这样才能真正做到对文物科学、有效的保护。

本章作者：魏文斌　岳永强

编后记

　　麦积山石窟的环境、保护以及环境与保护之间的关系，是麦积山石窟研究、保护及其价值认定非常重要的课题。长期以来，对于这方面课题的深入调查与研究是一个难题。

　　麦积山石窟艺术研究所与日本筑波大学之间的合作，经过五、六年的工作，在这一领域做了比较全面的尝试性的有益的调查与探讨，形成了一系列的初步成果，提出了诸多新的课题。本报告书将这些成果集合起来，不只是简单地形成一本书，我想至少有两点值得一提。第一，中日双方合作对麦积山石窟环境与保护的课题展开调查与研究，开启了麦积山石窟保护国际合作的先例；第二，双方在合作中，对于一些长期关注的问题进行了认真的调查，涉及到了麦积山石窟的价值评估、编年、周边环境景观与文化遗产之间的关系、洞窟内外环境之间的关系、岩石的补强试验、壁画成分分析以及通过光学摄影研究壁画的构造方法、栈道震动对于洞窟及其造像的影响等，这些课题恰好都是麦积山石窟环境与保护急需解决的一些问题，因此对以后麦积山石窟环境与遗产的科学调查和保护维修将起到十分重要的启示作用。

　　在合作调查期间，筑波大学的师生们不辞辛劳，每年一次或两次往返于日本与麦积山之间，并且给予了设备与经费上的支持，6 个洞窟的三维扫描是雇用其他公司的设备，制作费用达 300 多万日元。对于日方给予的各种支持在此表示诚挚的感谢！尤其值得我们学习的是他们严谨认真的工作态度！同时对参与这一工作的全体中日双方的同仁表示衷心的感谢，正是由于双方人员的共同努力和认真工作，才得以完成了初步的调查成果。

　　本报告书的各个部分分别由中日双方参与的所有人员完成。由于是中日合作，日方撰写的文稿均用日文编写，未翻译成中文，以利于日方参考。

　　感谢甘肃省文物局杨惠福局长、廖北远和马玉萍副局长以及文物保护处的肖学智处长对我们合作开展这一工作的大力支持！筑波大学人间综合科日高健一郎课长以及斋藤英俊教授始终支持并关注本合作项目的开展，给予了日方参与人员极大的支持与鼓励！八木春生教授自始至终，进行双方的联系与沟通，对于本合作项目的得以实现做出了巨大的努力。日本著名文物保护专家沢田正昭教授在受聘筑波大学短暂的时间内，欣然加盟本调查项目，并多次来麦积山参与调查，完成了他所承担的部分文稿的撰写。对于他们为麦积山所做的工作，麦积山石窟是永远不会忘记的！

　　本报告书的责任编辑李诤女士从本报告书的立项到编辑出版付出了认真的辛苦的劳动，在此表示诚挚的感谢！

魏文斌

2011 年 3 月于麦积山